闽地区新石器时代古学文化研究

吴（）著

文物出版社

图书在版编目（CIP）数据

云南地区新石器时代考古学文化研究／罗伊著．—
北京：文物出版社，2022.4
（考古新视野）
ISBN 978 - 7 - 5010 - 6721 - 3

Ⅰ.①云…　Ⅱ.①罗…　Ⅲ.①新石器时代考古 - 考古
学文化 - 研究 - 西南地区　Ⅳ.①K871.13

中国版本图书馆 CIP 数据核字（2020）第 118173 号

审图号：云 S（2021）17 号

云南地区新石器时代考古学文化研究

著　　者：罗　伊

责任编辑：智　朴
助理编辑：卢可可
封面设计：罗　伊　吴　曦
装帧设计：肖　晓
责任印制：张　丽

出版发行：文物出版社
社　　址：北京市东城区东直门内北小街 2 号楼
邮　　编：100007
网　　址：http://www.wenwu.com
经　　销：新华书店
印　　刷：宝蕾元仁浩（天津）印刷有限公司
开　　本：710mm×1000mm　1/16
印　　张：15　插页：1
版　　次：2022 年 4 月第 1 版
印　　次：2022 年 4 月第 1 次印刷
书　　号：ISBN 978 - 7 - 5010 - 6721 - 3
定　　价：80.00 元

内容提要

本文是区域考古学的基础研究。研究对象是云南地区，对应综合自然地理分区中的西南区，是一个具有热带山原特征的整体，包括今天行政区划中的云南省全境和四川省南部的凉山彝族自治州、攀枝花市。研究内容是云南地区新石器时代的考古学文化面貌，由于与青铜时代遗存密切相关，下限会适当延伸。

本文首先对云南地区内部的新石器时代考古学文化进行研究。在掌握以往考古发现与研究概况的基础上，将考古学文化区系类型划分与综合自然地理分区相结合，以点苍山－哀牢山为界，把云南地区分为 2 个大区共 9 个地理单元，分别对这 9 个地理单元的新石器时代考古学文化进行全面的梳理，大致排出了云南地区从新、旧石器过渡阶段到青铜时代早期的序列，分区基本符合考古学文化分布的情况。然后分别以各地理单元为中心，探讨其与周边地区新石器时代考古学文化的关系。研究发现，点苍山－哀牢山以东的雅砻江下游流域、洱海地区、龙川江流域和乌蒙山西侧受藏东、川西高原和四川盆地影响较大，至青铜时代在洱海地区形成中心，滇东南地区受广西盆地和红河平原影响较大，滇池地区则受南、北文化的共同影响，至青铜时代发展成为地区中心；点苍山－哀牢山以西的怒江、澜沧江下游流域与掸邦高原、伊洛瓦底江流域关系密切，新石器时代有本地起源的可能性，但后续缺环较大，横断山区作为重要的地理通道，至青铜时代开始发挥作用。

作者简介

　　罗伊，云南省德宏州芒市人。首都师范大学历史学院博士，中山大学历史学系（珠海）博士后，现为云南大学历史与档案学院讲师。从硕士阶段开始持续关注中国西南地区新石器时代考古，并延伸至青铜时代，同时关注文化遗产保护和民族考古学的理论与实践。作为第一作者在《中原文物》《南方文物》等期刊发表论文数篇，作为第二作者出版专著一部，并参与美国福特基金、中国社会科学基金、国家文物局专项等多个课题研究。

专家推荐意见（一）

我国新石器时代考古学的发展，如果从安特生发掘仰韶村并命名仰韶文化算起，已经走过了百年的历程。在这个过程中，我国新石器时代考古学研究取得了丰硕的成果，特别是苏秉琦先生提出的区系类型学说，把我国新石器时代考古学研究推上了快车道，广大区域的文化谱系基本建立。但是其中也存在不平衡性，如长期以来的发现与研究集中在中原地区，边疆地区相对薄弱，这在一定程度上影响了对我国新石器时代考古学文化面貌的整体认识。进入21世纪以后，云南也和全国其他省区一样，迎来了考古发展的黄金时期，调查和发掘工作更加全面、深入，基本遍及了整个云南，各个地市几乎都有重要的发现，新石器时代遗址的数量也近400处。对一些重要遗址如大理海东银梭岛、宾川白羊村、元谋大墩子、永平新光、耿马石佛洞等都进行了科学发掘，科技手段的广泛运用使田野和研究工作越来越精细，资料的科学性和全面性显著增强。

罗伊博士正是看到了这些新的变化，想对云南地区新石器时代考古学文化进行一个整体性的系统研究。她选择这个题目做博士论文，有两方面的优势：一是她的硕士论文做的是四川盆地早期文化与中原地区的联系，对西南地区早期文化有一定的研究积累，此次对云南地区新石器时代考古学文化的探讨是研究上的进一步拓展；二是罗伊作为云南人，对当地的自然地理和人文环境较为熟悉，有助于她把握分区以及各区的文化特征和彼此之间的交流情况。

论文的亮点主要体现在几个方面：首先是材料的收集，几乎涵盖了国内与云南新石器相关的论著，材料的丰富性是够的，所以在这个基础上的细致研究是可以得出新认识的，包括厘清遗存性质这类基本问题；其次，论文没有局限于运用考古材料进行研究，而是将本学科与其他学科紧密结合，最大限度地获取资料信息，并在此基础上，多角度、多层次地进行研究，通过对考古学材料全面系统的梳理，并借鉴地理学的相关知识，将考古学文化分区和自然地理分区相结合，实为一次有益的探索；第三，论文基本建立起云南地区新石器时代的区系类型，并与青铜时代紧密衔接，这对整个云南地区早期文化研究具有参考价值；最后是视角问题，虽然云南从传统来看属于边疆，但当我们把它作为主体来看，它也是一个地区的中心，与周边不同地区为邻，内部也包含多个中心，它们彼此之间或多或少都有文化上的交流。罗伊博士把云南地区放到更为广阔的背景中去考察，这一视角值得称赞，但是在实际的研究过程中对周边地区、特别是境外考古学材料运用不足，是一大缺憾。另外，云南地区的考古活动虽然起步较早，但长期以来未能取得突破性进展，与遗存本身有一定关系，如遗址多以调查为主，正式发掘的少，地层关系明确的更少，单个遗址文化内涵相对简单，但整体呈现出复杂的面貌，这些均增加了研究的难度。因此，在此基础上得出的结论仍需要更多材料的支撑，并可更深入地探讨背后的自然或历史原因。

　　总之，罗伊博士的这篇论文从选题、论证到结论均具有重要的学术意义，颇多创见令人赞赏，将有助于我们认识云南地区史前文化的面貌，并且可以看出是罗伊博士的用心之作，所以我非常乐意把它推荐给大家。

袁广阔

2020 年 2 月 29 日

专家推荐意见（二）

苏秉琦先生的区系类型学说是具有典范价值的重要理论，实证性地实现了从"一脉相承"到"满天星斗"的格局变迁，数代考古学人投入到考古学文化谱系的搭建和完善的事业之中。罗伊博士的著作就是在区系类型学说的指导下，考古学文化分析和地理分析相结合，在边疆考古学上的富有成效的工作。本书着眼于具有独立而完整的地理单位意义的云南，按照9个地理单元，分门别类地梳理了当地新石器时代考古学文化。在此基础之上，进而在更大的时空框架下讨论不同地理单元考古学文化的来龙去脉。本书不仅有助于我们理解云南地区新石器时代文化复杂而动态的全貌，在方法论上的探索也对类似研究具有启发价值。

区系类型学说是高屋建瓴的认识和行之有效的方法，但也不是僵化的条规。本书也体现了罗伊博士对区系类型学说的反思。本书试图表达空间的整合感：云南并不仅仅是现代政区概念，而是自然地理特征和考古学文化面貌耦合形成的相对完整的区块。"满天星斗"并不是一盘散沙，而是可能形成交互作用的系统。本书随后在内部分区基础之上进一步铺陈细化。首先在对区系类型的梳理、厘清遗存性质的基础上，分别建立起各区的谱系，同时总结出云南地区新石器时代考古学文化的整体面貌。接下来以各区为中心，探讨它们与周邻地区的关系，动态地呈现出云南地区新石器时代的发展过程。本书不惮其烦地投入大量篇幅整理基础材料和细节，唯有在此坚实的基础之上，我们才能相对客观地观察到不同分区不同文化之间的源流演变。当然，在分区的假设－验证过程和具体的类型学分析上也有可商之处，读者也会期待更多地援引云南地区之外的比较资料，以及在更广阔的交互作用体系中反思云南地区新石器时代文化面貌。

罗伊博士生长于云南。读者不难从严谨、科学的行文中感受到她质朴、真诚的乡土关怀。同样明显的是她优秀的考古学素养和对这个学科的投入和热爱。执着的学科之爱和节制的乡土之爱相结合，为读者提供了从一个特别视角重新审视云南的历史与现实所获得的全新认识，对于中国新石器时代考古学研究来说，这是别开生面，又发人深省的。也许因为我也长期工作和生活在同一片红土地上，罗伊博士认为我能理解平实严谨的叙述下的两种思绪，故乐于向我展示书稿。当然，我非常乐意推荐本书，也期待见到边疆考古学走向舞台中央的高光时刻。

2020 年 5 月 12 日

目　录

插图目录

第一章 绪 论

第一节 关于时空概念的说明

本文研究的空间范围对应地理概念上的云南地区，包括今天行政区划中云南省的全境和四川省南部的凉山彝族自治州、攀枝花市，属综合自然地理分区中的"西南区"，划分依据除了地质、地貌等非地带性因素，更重要的是气候、生物、土壤等地带性因素。西南区"总的来说是一个新构造运动掀升的高原，广大夷平面自北向南倾斜"，平均海拔 1500 ~ 2000 米，"冬季受热带大陆气团的控制，气温较高，夏季受海拔较高的影响，天气凉爽，气候具有冬暖夏凉、四季如春的特点"①，这样一个热带山原特征鲜明的整体，自古以来就是人们理想的生息之地。

西南区与以东的贵州高原、以北的四川盆地、西北的青藏高原在自然地理上都有着较为明显的差异。以往经常提到的云贵高原实际上以昆明准静止锋为界分为云南高原和贵州高原，这条气候锋是我国自然地理的重要分界，大致在昭通 – 威宁 – 盘县 – 兴义一线，两边的气候和自然景观差异较大，昆明准静止锋以西的云南高原几乎终年受热带气团控制，冬季温暖干燥，昆明准静止锋以东的贵州高原则终年多雨，冬季受极地大陆气团影响，气温较低。从考古学研究的角度来看，贵州高原目前公布的资料相对较少，并且多集中在靠近云南高原的西北部，故暂不把贵州高原

---

① 任美锷主编：《中国自然地理纲要》（修订第三版），北京：商务印书馆，1999 年。

作为主要的研究对象。正是由于受热带气团控制，西南区的热带范围可达北纬28°左右的西昌地区，将四川南部与云南高原连为一个整体，而与四川盆地区别开来，考古学文化面貌也具有同样的特点。滇西北的横断山区与青藏高原东南缘相连，以北为高寒山区，横断山区则具有亚热带山地气候的特点，考古学文化面貌也有不同的呈现。西南区以西、以南虽至国界止，但随地势逐渐降低、大江大河南流，与东南亚各国一衣带水、关系密切，以西有同为热带山原的掸邦高原，相似的自然地理条件可能会形成相似的考古学文化面貌，以南直面越南的红河中下游平原并与以东的广西盆地相接，彼此之间的考古学文化也存在千丝万缕的联系。

　　本文研究的时间范围主要是新石器时代，极少涉及旧石器时代的内容。虽然金属器不是本文的研究对象，但云南地区目前的考古学资料以青铜时代遗存为大宗，研究也自然集中在这一时期，这些考古发现和研究表明云南地区经历了一个发达而相对短暂的青铜时代，探讨青铜时代之前的遗存有助于了解其成因，并且涉及到遗存性质判定的重要问题，所以为了更好地探讨云南地区新石器时代和青铜时代遗存的关系，本文的时间下限会适当延伸，涉及部分青铜时代的内容，并尝试考察云南地区新石器时代向青铜时代过渡的情况。

第二节　发现与研究概况

　　由于整个云南地区内部考古发现与研究进程各不相同，所以我们将具体的发现与研究概况分置于各个地理单元之下进行述评，这样既有利于完整把握每个地理单元自身考古发现与研究的过程，也有利于以此为基础展开综合研究，绪论只是总括性地介绍云南地区新石器时代考古发现与研究的概况。

一　发现概况

（一）20世纪20年代至40年代

云南地区最早的考古发现集中在北部，多与国外学者的考察活动和国内学者躲避战乱有关，最大的成果便是吴金鼎、曾昭燏、王介忱等学者在洱海地区进行的调查和发掘工作并出版《云南苍洱境考古报告》①。随着战争结束，大批学者撤离，云南地区的考古工作产生断层，极大地影响了此后的发展。

（二）20 世纪 50 年代至 70 年代

这一阶段的考古工作主要由云南省博物馆文物工作队主持，"1951 年成立云南省博物馆筹备委员会，1959 年在馆内建立云南省文物工作队"②，开始在全省范围内展开调查和发掘工作，凉山州的考古工作则有四川省博物馆、地方文博机构、高校联合参与。虽然整体进展缓慢，但先后发现了以晋宁石寨山、鲁甸马厂、维西哥登、昭通闸心场、景洪曼蚌囡、元谋大墩子、宾川白羊村、西昌礼州、云县忙怀、麻栗坡小河洞等为代表的多个重要遗址，这些遗址均被命名为地方类型，奠定了云南地区新石器时代考古学文化研究的基础，对后来的发现和研究产生了深远的影响。

（三）20 世纪 80 年代至 90 年代

进入 80 年代以后，各地、州、县先后建立起文物考古相关机构，大大促进了考古事业的发展，尤其是 1988 年云南省文物考古研究所成立，取代云南省博物馆文物工作队成为云南考古工作的主力军，1981 年四川省文物考古研究所从四川省博物馆分离出来，也参与到凉山州的考古工作中。随着大规模文物普查工作的开展，这一阶段积累了丰富的资料，除了新发现的重要遗址如通海海东、永平新光、龙陵大花石、耿马石佛洞、景洪娜咪囡等，更多的是对前一阶段新石器遗存内涵的补充，青铜时代遗存的逐渐明朗也使得人们对早年的资料有了新的认识。

（四）21 世纪以来

21 世纪云南地区迎来了考古发展的黄金时期，调查和发掘工作更加全面、深入，基本遍及了整个云南地区，各个地理单元几乎都有重要的发现，有研究总结截至 2009 年，云南省共发现近 400 处新石器时代遗址和地点③，加上凉山州的大量发现，总数已在 400 处以上。新发现有兰坪玉水坪、大理海东银梭岛、永仁菜园子和磨盘

① 吴金鼎、曾昭燏、王介忱合著，曾昭燏缩写：《云南苍洱境考古报告》，国立中央博物院专刊乙种之一，1942 年。
② 肖明华：《云南考古述略》，《考古》2001 年第 12 期。
③ 李昆声、胡习珍：《云南考古 60 年》，《思想战线》2009 年第 4 期。

地、西昌横栏山、德昌董家坡、冕宁高坡、威宁鸡公山等遗址，还包括对以往重要遗址的再发掘，如元谋大墩子、宾川白羊村、耿马石佛洞、保山塘子沟等，以往的认识也在不断修正。这一阶段最突出的特征是科技手段的广泛运用，使调查和发掘工作越来越精细化，资料的科学性和全面性显著增强。

二　研究概况

由于地理区位的独特性和地方文化的多样性，云南地区并不在传统的主流考古学研究范畴之内，虽然考古工作起步较早，但没有形成持续的发展。新中国成立后云南地区的考古发现不断增多，为整体性的研究奠定了基础，云南地区新石器时代考古学文化的独特性和多样性也吸引着国内外众多学者，研究内容逐渐丰富，主要包括以下几个方面：

（一）区系类型

区系类型是云南地区新石器时代考古学文化研究最为重要的基础性内容，根据云南地区的考古发现，学者们对区系类型划分的基本意见差别不是太大，早年遗址数量少且集中，划分的区系类型相对较少，随着各地的发现越来越多，划分的区系类型也随之增多，越来越细化。

1980 年，汪宁生最早根据典型遗址中居址、墓葬、陶器、石器的基本情况，分洱海、金沙江中游、滇池、澜沧江中上游、滇东北 5 个地区，海门口遗址为铜石并用阶段的代表，仍属新石器时代。他认为云南新石器文化存在一些共同特点，如洱海、金沙江中游、滇池陶器以刻划纹和压印纹为主，普遍存在梯形扁圆柱状石斧，滇池、滇东北共有有肩石斧，同时与内地及邻近地区有一定联系，如洱海陶器的压印断线纹、鼎足和海门口的陶豆与内地及北方文化相关，滇池的有肩有段石斧与东南沿海地区文化相关，半月形双孔石刀源自龙山文化，多孔石刀常见于长江下游地区，忙怀有肩石锄与川西及北方文化相关，洱海和金沙江中游的建筑形制、金沙江中游的瓮棺葬形制见于中原地区仰韶文化中。另外还涉及云南早期文化中的重要内容——岩画，他认为澜沧江下游流域沧源岩画的红色颜料很可能是血与赤铁矿调和而成，大部分似手指作画，有的可能用羽毛或毛刷绘制，推测与今天聚居当地的佤族的祖先有关，风格不同于分布在左江、明江沿岸的广西岩画①。

同年，李昆声、肖秋根据自然环境的不同将云南新石器遗址分为河旁台地、贝丘和洞穴 3 种，根据各地典型遗址的内涵命名了 8 个地方类型，分别是滇池地区石寨山类型、滇东北闸心场类型、滇东南小河洞类型、滇南曼蚌囡类型、金沙江中游大墩子类型、洱海地区马龙类型、澜沧江中游忙怀类型、滇西北哥登类型。在汪宁生的基础上将澜沧江中上游细化为滇西北和澜沧江中游，增加滇南和滇东南，没有涉及海门口遗址的内容，应是将其判定为青铜时代遗存。他们认为滇东北、滇池、滇东南、滇南地区的 4 个类型皆以梯形石锛为主，同出的有肩、有段斧锛与东南沿海地区相同，大墩子和马龙型多柱状石斧和光柄石锛，与哥登类型同属滇西地区农业文化，与甘青地区齐家、寺洼文化有关，大墩子和白羊村遗址的陶、石器则与藏东昌都卡若遗址十分相近，也认为洱海和金沙江中游诸多基本特征与仰韶文化有关。总的来看，云南新石器文化是受到东南沿海和西北腹地两大区域文化的影响②。

随后的 1981 年，阚勇将云南新石器文化调整为 7 个类型，洱海地区由于宾川白羊村遗址发掘资料的公布更名为白羊村类型，将大墩子类型限定在龙川江流域，澜沧江中上游统一为忙怀类型，将滇南曼蚌囡类型归入滇东南小河洞类型，余滇池地区石寨山类型、滇东北闸心场类型、滇西北哥登村类型同李昆声、肖秋。除了认为受到中原地区仰韶、龙山文化和东南沿海地区早期文化影响之外，阚勇还提到大墩子、白羊村、忙怀类型与长江上游，尤其是西昌礼州和昌都卡若等遗址近似。虽然遗址碳十四测定数据是白羊村早于大墩子，但阚勇根据遗迹、遗物判断大墩子类型似稍早于白羊村类型，大致在距今 4000～3500 年，闸心场类型较晚，石寨山类型与海门口遗址一样相当于铜石并用时期，小河洞、忙怀类型与石寨山类型年代接近，哥登村类型稍早于青铜时代遗存，大致在距今 3500～3000 年，所以云南新石器文化的上限在距今 4000 年左右，以大墩子、白羊村类型为代表，并发展成为其他地方类型，下限在距今 3500～3000 年，最终形成以滇池、洱海为中心的两个不同类型的青铜文化。同时，阚勇认为云南新石器文化类型的多变是由时代差异和复杂的自然环

① 汪宁生：《云南考古》，昆明：云南人民出版社，1980 年。
② 李昆声、肖秋：《试论云南新石器时代文化》，《文物集刊》（2），北京：文物出版社，1980 年。

境造成的,并且意识到水系即文化通道的重要性①。

进入 20 世纪 90 年代以后,王大道在李昆声、肖秋 8 个类型的基础上,根据新发掘的资料增加海东村、石佛洞、大花石早期类型,成为 11 个类型,又根据典型石器的特征分 4 个系统:石寨山、海东村、闸心场类型属磨制有段石锛和有肩有段石锛系统,与东南沿海遗存相关;小河洞、曼蚌囡类型属磨制双肩斧、锛和靴形斧系统,与东南沿海与越南北部地区遗存相关;大墩子、白羊村、哥登村、大花石早期、石佛洞类型属磨制梯形石斧和长方形、半月形穿孔石刀系统,与黄河流域遗存相关,其中哥登村陶器与甘青地区较接近,大花石早期和石佛洞精磨小梯形石斧与缅甸相关;忙怀类型属打制双肩石斧和梯形石斧系统,与四川、甘肃等地遗存相关。他认为云南新石器类型多样的原因除了自然环境复杂,还有特殊地理位置造成的文化交流与碰撞。他推测云南新石器的年代在距今 7000～3350 年,上限晚于保山塘子沟旧石器遗存,下限早于龙陵大花石青铜时代遗存,早期为距今 7000～5500 年,中期为距今 5500～4500 年,晚期为距今 4500～3350 年②。

2001 年,肖明华根据遗存分布情况又细分为河边阶地、河边洞穴、湖滨或湖滨贝丘遗址 3 种,在王大道 11 个类型的基础上,将大花石早期并入忙怀类型、海东村并入石寨山类型,分为白羊村、大墩子、哥登村、石佛洞、忙怀、石寨山、闸心场、小河洞、曼蚌囡 9 个类型,并认为白羊村、大墩子、石佛洞、忙怀、石寨山等类型分布地域明确、发掘地层清楚、文化特征突出,可命名为文化③。

同年,国家文物局主编的《中国文物地图集·云南分册》(以下简称《分册》)出版,公布了较为全面的统计数据。截至 1995 年底,云南共发现新石器时代遗址191 个、墓地 7 处,遗址遍布全省,墓葬主要分布在楚雄州境内。与青铜时代的 8 个遗址和 121 处墓地相比,数据反差明显,遗址中的青铜器大多与石器共存,器形也有继承关系,表明新石器时代与青铜时代衔接紧密。《分册》将云南新石器遗存分为 3个区域、10 个地方类型:滇东及滇东南地区包括滇东北的闸心场、马厂类型,滇池的石寨山、海东类型,滇东南的小河洞类型;滇西北及滇中地区包括滇中金沙江流

---

①　阚勇:《试论云南新石器文化》,《云南省博物馆建馆三十周年纪念文集》,昆明:云南省博物馆,1981 年。

②　王大道:《再论云南新石器时代文化的类型》,《西藏考古》(第 1 辑),成都:四川大学出版社,1994 年。

③　肖明华:《云南考古述略》,《考古》2001 年第 12 期。

域的大墩子类型，洱海的马龙、白羊村类型，滇西北的哥登村类型；滇西南及滇南地区包括怒江、澜沧江中游的忙怀类型，澜沧江下游的曼蚌囡、老鹰山类型，滇西的营盘山、新光类型，小黑江流域的石佛洞类型。其中滇西地区发现了更具代表性的昌宁营盘山和永平新光遗址，替代了原来的大花石早期类型，除了仍将海东村归入滇池类型，余皆同王大道所分，但距今 4000 ~ 2500 年的年代范围与王大道的推断差别较大。岩画方面，《分册》认为沧源岩画与邻近的耿马大芒光和永德红岩、吐送岩画均为新石器遗存，集中在怒江、澜沧江下游之间的南定河流域①。

2004 年，云南省地方志编纂委员会编写的《云南省志·文物志》认为云南的文物"主要分布于自然条件较好、经济文化较发达的平坝区。又因这些坝子分布零散，各个坝子之间山峦阻隔，相互交流受限，往往形成多种地域文化并存的格局"②。其中新石器遗存的 9 个类型与肖明华所分一致，并认为沧源、耿马大芒光、元江它克、麻栗坡大王岩、西畴狮子山等早期岩画多为新石器遗存。

2010 年，杨帆、万扬、胡长城的新版《云南考古（1979 ~ 2009）》全面收集了 1979 年以后的新材料，在总结前人区系类型研究成果的基础上，根据自然环境和民族分布等因素分 4 个流域对遗址和墓地进行了详细介绍，金沙江流域包括滇池、滇东北及滇中部分地区，南盘江流域包括滇东、滇东南及滇中部分地区，怒江、澜沧江流域包括滇西北和滇西南，红河流域包括滇中局部和滇南大部，但各流域包括的遗址存在诸多交错。其中包含铜器遗存的遗址有剑川海门口、大理海东银梭岛、景东丙况、临沧那蚌、耿马石佛洞、晋宁小平山、鲁甸野石山等，他们认为"云南新石器时代遗址的晚期，发现铜器残件和铜锈渣的情况也较为普遍，说明新石器时代与铜器时代有过并存，并且地区间发展是不平衡的"③。

由于不属于今天行政区划的云南省，凉山州始终没有被纳入讨论，但礼州类型早年多与大墩子类型合称为大墩子 – 礼州文化类型，后又将两者区分开来，各自代表当地的新石器遗存。作为云南地区实际的一部分，凉山州与其他地理单元的联系是显而

---

① 国家文物局主编：《中国文物地图集·云南分册》，昆明：云南科技出版社，2001 年。
② 云南省地方志编纂委员会：《云南省志·文物志》，昆明：云南人民出版社，2004 年。
③ 杨帆、万扬、胡长城：《云南考古（1979 ~ 2009）》，昆明：云南出版集团公司、云南人民出版社，2010 年。

易见的。由于凉山州考古工作的迅猛发展，后来又发现了不同于礼州类型的横栏山文化、董家坡遗存、畈家堡遗存和高坡遗存，为云南地区新石器研究提供了重要资料。

（二）农业起源与传播

农业起源与新石器时代文化的发展密切相关，云南有着得天独厚的地理优势以及内部和周边地区的诸多农业考古发现，自然成为探索农业起源的重点区域之一。李昆声根据考古发现、文献记载和现代野生稻分布的情况，结合历史学、民族学、遗传学、语言学等方面的材料，认为云南和东南亚北部是亚洲栽培稻的起源地之一①。严文明则提出了不同看法，他认为云南考古发现的栽培稻遗存年代较晚，而且作为栽培稻直接祖本的普通野生稻仅在南部热带气候区有少量分布，云南更可能在以东南亚为中心的史前稻谷粳型化过程中发挥重要作用，也可能受到稻作农业起源较早的长江中下游流域的影响②。东南亚地区的稻谷遗存见于泰国东北部的能诺它、班清和西南部的班告等遗址以及越南北部的冯原文化遗址，年代在距今5000年左右，但最新的测年数据似乎表明这些包含稻谷的遗存上限并没有以往认为的那样早。云南地区目前考古发现的作物遗存以稻为主，见于西昌横栏山、元谋大墩子、永平新光、冕宁高坡、威宁鸡公山、永仁磨盘地、宾川白羊村、剑川海门口、昌宁营盘山、通海兴义、耿马石佛洞等遗址，还在盐源畈家堡、西昌横栏山、元谋大墩子、剑川海门口、耿马石佛洞等遗址发现了粟，在剑川海门口和维西宗咱发现了麦，其中有的遗存已经进入青铜时代，遗存的相对年代关系大致反映出可能的传播路线。

与云南地区一衣带水的东南亚的农业起源研究也给我们提供了重要参考。有学者指出，"早期研究者在讨论东南亚农业起源问题时，基本上都是以现今东南亚稻作农业为背景，因此自然把农业起源问题等同于稻作农业起源问题"③。随着发现的增多和科技考古尤其是植物考古的发展，人们逐步形成了更全面的认识，即稻作农业在距今4500~4000年才传入东南亚④，更早之前东南亚的农业对象以根茎类、果树

---

① 李昆声：《亚洲稻作文化的起源》，《云南文物》1984年第1期。

② 严文明：《再论中国稻作农业的起源》，《农业考古》1989年第2期。

③ 李意愿：《东南亚地区农业起源研究综论》，《东南文化》2011年第4期。

④ C. Higham, Language and farming dispersals Austro – Asiatic languages and rice cultivation, in P. Bellwood and C. Renfrew (eds), Examining the Language Farming Dispersal Hypothesis, Cambridge McDonald Institute for Archaeological Research, 2002.

类作物为主，这类作物的驯化也应被视作农业起源的形式之一。国内虽有学者较早意识到长江以南地区有与东南亚农业起源类似的情况①，但由于遗存发现的局限和科技手段较晚的介入而没有引起学界足够重视。本文也将尝试结合近年来植物考古的研究成果，重新思考云南地区农业起源与传播的问题。

（三）综合研究

汪宁生是最早对云南新石器时代考古学文化进行综合研究的学者，以滇池地区作为其研究的重点②。童恩正以整个西南地区为研究对象做了大量的工作，从旧石器时代到铁器时代、从农业起源到跨文化交流，涵盖诸多领域，云南是重要的研究内容③。张增祺则从民族考古的角度对西南地区进行了综合研究，以云南为主④。李昆声的研究领域与童恩正类似，以云南为专门的研究对象⑤。

（四）与周边地区的比较研究

中国境内主要涉及邻近的藏东川西高原、四川盆地、贵州高原和广西盆地，境外主要涉及越南、老挝、泰国、缅甸的北部地区。早年邻近地区的资料较少，研究多将云南的新石器遗存与较远的北方地区、中原地区、长江下游、东南沿海建立联系，随着云南及周边地区考古资料的增多，重心逐渐转向云南与邻近地区的比较研究。

三 存在的问题

云南地区考古发现与研究最为突出的问题是发展的不平衡性，最早以洱海地区为中心，新中国成立后以滇池地区为中心，近年来凉山州发展尤其迅速，滇东南和横断山区始终发展缓慢，这既有历史的原因，也取决于考古工作的分配和力度。但

---

① 童恩正：《中国南方农业的起源及其特征》，《农业考古》1989 年第 2 期；陈淳：《岭南史前研究的思考》，《岭南考古论文集》，广州：岭南美术出版社，2001 年；赵志军：《对华南地区原始农业的再认识》，《华南及东南亚地区史前考古》，北京：文物出版社，2006 年。

② 汪宁生：《云南考古》，昆明：云南人民出版社，1980 年。

③ 童恩正：《中国西南民族考古论文集》，北京：文物出版社，1990 年。

④ 张增祺：《中国西南民族考古》，昆明：云南人民出版社，1990 年。

⑤ 李昆声：《云南考古学论集》，昆明：云南人民出版社，1998 年。

田野工作的过度展开也存在弊端，容易造成资料的囤积，影响研究的跟进。

云南地区新石器时代考古学文化研究的最大问题在于区系类型，孙华曾敏锐地指出："在云贵高原从事考古工作的学者没有沿着吴金鼎开创的正确的途径，继续致力于建立和完善包括苍洱地区在内的每个历史自然地理单元的考古学材料的分期编年工作，而是急于提出不同的文化和文化类型，从而使整个云贵高原的史前文化谱系长期没有能够建立。人们尽管通过上个世纪后五十年大量的考古工作，在云贵高原上辨认出了多种不同文化面貌的遗存，并赋予这些遗存不同的文化或文化类型的命名，但却没有证据来确认这些文化的先后时间关系，更难以判断这些文化彼此之间的源流关系，以至于在相当长一段时期内还将一些青铜文化当作新石器时代文化"①，这正是云南地区新石器时代考古学文化研究在资料越来越丰富的条件下却没能有相应进展的主要原因，早年建立的区系类型在一定程度上束缚了研究的发展。

早年研究受材料所限，只能将云南地区发现的少量新石器遗存与其他地区新石器遗存进行简单的对应，其中有的只是一些线索或普遍存在的客观规律，证据并不充分。这些比较研究往往倾向于强调境内周边文化和主流文化对云南的影响和云南对境外周边文化的影响，而弱化双向的文化交流，体现了不同立场的本位色彩。另外，对境外遗址名称的翻译比较混乱，没有统一的定名，也给研究造成了一定困难。

云南地区的新石器时代遗存集中属于晚期，至今尚未发现较为明确的绝对年代在距今 5000 年以前的新石器遗存，相比于丰富的旧石器遗存，云南地区新石器时代早、中期存在较大的空白，而且新石器时代的下限较晚，可至距今 3000 年左右，表现出明显的滞后性，这也是云南地区新石器时代考古学研究中一个值得探讨的问题。我们认为可以从研究思路的角度去看，如周志清在对整个西南地区早期青铜时代的研究中曾指出类似问题："以中原地区文化发展的均质性模式取代边缘地区异质性特质，忽略或弱化其文化内涵的复杂性与多样性"②，虽然大家普遍认同云南地区的历史发展具有特殊性，但仍然避免不了惯性套用较为单一的框架，体现在新石器时代的界定、分期以及当时当地人群生计方式、社会形态的探讨等方面，而不是从资料出发得出相应的推论。

① 孙华：《苍洱考古拾零》，《考古与文物》2009 年第 6 期。
② 周志清：《中国西南早期青铜时代刍议》，《成都考古研究》（三），北京：科学出版社，2016 年。

第三节 选题意义和研究方法

一 选题意义

云南地区作为一个自然地理概念上的完整区域，虽然位于祖国的西南边陲，但北有青藏高原和四川盆地，东有贵州高原和广西盆地，南部和西部有中南半岛的越南、老挝、泰国、缅甸，将这些周边地区连起来形成一个圆，云南地区正好位于这个圆的中心，其地理区位的重要性不言而喻，再加上内部自然环境复杂多样，使其兼具开放性和封闭性，造就了云南地区独特的历史与现实。

我们所要探讨的正是云南地区独特历史与现实最初的形成过程，即以这样的自然环境和地理区位为根基生成的新石器时代的考古学文化面貌，通过对内部各个地理单元的重新梳理来确认云南地区新石器时代考古学文化的区系类型，进一步探讨各个地理单元及其周边地区交流互动的可能性，以期对理解云南地区青铜时代的兴盛和多民族聚居、多文化并存的历史与现状有一定帮助。

二 研究方法

本文实质上是区域考古学的基础研究，特点在于将考古学文化区系类型划分与综合自然地理分区相结合，对以此划分的各地理单元分别进行综合研究，研究过程同时也是检验划分正确性的过程。在确认各地理单元的考古学文化面貌之后，是以各地理单元为中心分别展开的比较研究。研究仍从考古材料出发，运用地层学、类型学、区系类型学说、文化因素分析法等考古学的基本理论和方法，并借助环境考古、科技考古、地理学等相关学科的理论方法和研究成果。我们对研究方法涉及的重要内容需在此说明：

（一）区系类型的划分

我们在对云南地区新石器时代考古学文化的发现与研究概况有了基本把握的前

提下，结合综合自然地理分区，将云南地区分为2个大区9个地理单元：以点苍山－
哀牢山为界分东、西2个大区，点苍山－哀牢山以东是云南高原的主体部分，包括
雅砻江下游流域、洱海地区、龙川江流域、乌蒙山西侧、滇东南地区和滇池地区；
点苍山－哀牢山以西包括怒江下游流域、澜沧江下游流域和横断山区。对云南地区
新石器时代考古学文化的探讨即在这2个大区9个地理单元的框架下进行，以往的探
讨多集中在洱海地区和滇池地区，其他地理单元相对薄弱，我们将结合新的考古发
现，对各个地理单元的新石器时代考古学文化进行全面梳理，一方面可以检验分区
的正确性，另一方面也为比较研究奠定基础。

（二）遗存性质的辨析

在云南地区开展考古工作的早期阶段，由于可供对比的资料较少，一些以陶、
石器为主且不见金属器的遗存基本都被认为是新石器遗存，甚至仅采集到磨制石器
即称新石器，这是早年发现与研究普遍存在的问题。之后随着发现的增多，人们的
认识不断改进，有的遗存性质得以修正，有的仍有待重新考量，所以在实际研究过
程中，对云南地区新石器时代遗存性质的辨析可能会成为重要的内容。我们将根据
各遗址发掘的地层关系，以陶器的类型学研究为主，结合石器的情况，参照青铜时
代遗存的内涵，尤其是与铜器共存的陶、石器，来探讨遗存的性质。

（三）地理单元的比较

由于目前云南地区尚未发现明确早于距今5000年的新石器时代遗存，年代比较
集中，所以我们所做的多为横向的比较。以各个地理单元为中心探讨其与周边地区
的关系时，不考虑今天的行政界线，已经探讨过的内容不再重复，直至全部涉及。

第二章　云南地区新石器时代考古学文化分区研究之一——点苍山－哀牢山以东

点苍山－哀牢山以东的云南高原主体包括滇中川西高原湖盆区、滇东黔西喀斯特高原和滇东南岩溶高原，地势自北向南倾斜。滇中川西高原夷平面保存最为完整，由于新构造运动活跃，在高原面上形成较多的断陷盆地和湖泊，如西昌、盐源、大理、昆明、澄江、晋宁、开远、蒙自盆地和洱海、滇池、抚仙湖、星云湖、杞麓湖等，早期遗存亦集中分布在盆地内和湖泊沿岸。滇东黔西和滇东南岩溶地貌发育，洞穴遗址较多，滇东黔西沿乌蒙山与贵州高原为邻，滇东南与广西盆地和越南红河平原相连。由于处在西南季风的背风坡，这一地区降水不足，干季明显，在河流深切的谷地形成准热带景观，寒潮则可自贵州高原循南盘江谷地或自广西盆地循右江河谷入侵，对滇东南影响较大。

第一节　雅砻江下游流域

一　地理概况

滇中川西高原湖盆区以金沙江为界分南北，雅砻江下游流域即位于金沙江以北，东、西有南北向山脉分布，东为五莲峰和鲁南山，西为横断山，北与川西高原和四

川盆地大致以九龙 - 汉源 - 大凉山为界，地势较滇中高原起伏大，海拔较高，冬季受热带大陆气团的控制，气候具有冬暖夏凉的特点，干湿季明显。安宁河是雅砻江下游流域最大的支流，"安宁河谷串珠状的断陷盆地与峡谷相间，既有利于农作，也有利于水能的集中利用"①，亦是早期遗存分布的中心地带。该地理单元大致对应今天行政区划的四川省凉山彝族自治州和攀枝花市。

二　发现与研究述评

雅砻江下游流域最早的考古活动开展于 20 世纪 30 年代，美国人包戈登和洛克先后在当时的西康省境内即今天的凉山州西部地区进行调查②，但具体情况均不详。正式的考古工作则从 60 年代开始起步，大致以 90 年代初期为界，分两个阶段。

（一）20 世纪 60 年代至 90 年代初期

雅砻江下游流域的考古学文化研究是以大石墓的发现为基础的。20 世纪 70 年代随着西昌、喜德多处大石墓的发掘，率先确立了战国至西汉时期这一地区独特的大石墓器物群，与铜、铁器共存的典型因素有带耳陶罐、管状流陶壶、圈足陶杯、陶纺轮、磨制条石、骨玦等③。

稍早或同期展开的调查和发掘便以大石墓器物群为参照，将面貌不同且不见金属器的遗存均判定为新石器时代遗存。

1965 年调查喜德四合村、瓦木遗址，均位于金沙江支流孙水河左岸台地，四合村还发现了石板墓遗存，两个遗址面貌基本一致，采集多夹砂红陶，石器均为磨制。简报认为人群已进入相对定居状态，主要从事农业和狩猎活动④。

西昌礼州遗址位于县城以北 25 千米的安宁河东岸阶地，1974 年第一次发掘，

① 任美锷主编：《中国自然地理纲要》（修订第三版），北京：商务印书馆，1999 年。
② 黄承宗：《四川凉山州新石器时代文化调查》，《考古与文物》1990 年第 4 期。
③ 四川省金沙江渡口西昌段、安宁河流域联合考古调查队：《西昌坝河堡子大石墓发掘简报》，《考古》1976 年第 5 期；西昌地区博物馆、四川省博物馆、四川大学历史系、西昌县文化馆：《西昌坝河堡子大石墓第二次发掘简报》，《考古》1978 年第 2 期；凉山彝族地区考古队：《四川凉山喜德拉克公社大石墓》，《考古》1978 年第 2 期；西昌地区博物馆：《西昌河西大石墓群》，《考古》1978 年第 2 期。
④ 王恒杰：《四川凉山彝族自治州喜德县的新石器时代遗址》，《考古》1979 年第 1 期。

1976 年两次发掘。文化层共两层，遗迹有窑址、灰坑、土坑墓，遗物主要有陶、石器两类，陶片均夹砂、多红陶，石器除打制砍砸器外均为磨制。同时清理的大石墓和汉代土坑墓均打破文化层，认为遗址属新石器时代，下限在战国以前。判断遗址与金沙江以南龙川江流域以元谋大墩子遗址为代表的遗存是同一类型，两者年代相当，统称为"大墩子 - 礼州文化类型"①，经济生活以农业为主，兼营狩猎采集，根据大墩子遗址的碳十四校正数据推测相当于商代晚期。

　　1978 年调查和试掘西昌杨家山遗址，在西昌县城以南 4.5 千米，东南距邛海约 500 米，遗址位于杨家山北侧。文化层共两层，上层多泥质红陶，被汉墓打破，根据文化层包含的完整陶器有规律地集中放置和土质土色难以分辨的特点，推测是土坑墓遗迹。随葬和采集多夹砂褐陶，有的纹饰与大石墓所见相同，采集石器均磨制。认为陶、石器主体与礼州遗址一致，属新石器晚期，上限相当于商周时期，下限在西汉以前②。

　　雅砻江二滩电站库区调查从 1979 年开始，持续到 1994 年，涉及盐边、米易、盐源、德昌、西昌 5 县。在盐边县城以西的永兴、渔门、惠民和盐源的茅家坝发现了石板墓，1980 ~ 1981 年清理渔门完小 4 座石板墓，位于河岸台地，随葬仅见陶器，均为夹砂灰陶，认为所出陶器形制与礼州遗址同类器近似，不见金属器，推测上限为战国、下限为秦汉③。在盐边红星发现文化层堆积，遗物采集点有盐边万家、麻柳湾、街村和盐源荞地村等，认为出土和采集的泥质灰陶片、泥质灰褐陶网坠和打磨兼制的石器与礼州、大墩子遗址近似，同属新石器时代遗物④。

　　1980 年普格县境内金沙江支流沿岸调查发现 4 处遗址和 6 处石器地点，采集石器均为磨制。小兴场文化层包含陶片、木炭、灰烬，多夹砂红陶，遗址周围有大石墓分布。中村与小兴场基本一致，田坝采集多泥质红褐陶，团田文化层包含物很少，曾出土双耳陶罐。认为这些遗址均属于新石器晚期，可归入大墩子 - 礼州文化类型⑤。其中中村陶器出土时成组排列，与杨家山情况相同，可能是土坑墓遗迹。

①　礼州遗址联合考古发掘队：《四川西昌礼州新石器时代遗址》，《考古学报》1980 年第 4 期。

②　刘世旭：《西昌杨家山新石器时代晚期遗存》，《文物资料丛刊》（5），北京：文物出版社，1981 年。

③　渡口市文物管理处：《四川盐边县石棺葬发掘简报》，《考古与文物》1986 年第 2 期。

④　莫洪贵：《雅砻江二滩电站库区内文物考古调查记》，《四川文物》1995 年第 6 期。

⑤　凉山彝族自治州博物馆、普格县文化馆：《四川普格县新石器时代遗址调查简报》，《考古与文物》1982 年第 5 期。

　　同年调查盐源县城东北 9 千米的轿顶山遗址，位于盐源盆地边缘小山的东南缓坡。试掘的灰坑包含大量烧土块、炭屑和陶、石器，采集多夹砂红陶，石器除两侧缺口网坠为打制外余皆磨制。遗址附近有集中分布的石圈墓，因遭破坏，具体情况不详。认为遗址属于新石器晚期，推测当时人群以农业为主，渔猎经济占一定地位①。出土时呈品字形排列的一组陶器可能属于土坑墓。

　　1980 年前后大渡河沿岸调查发现石棉宰羊溪遗址，位于大渡河北岸。文化层包含烧土和炭屑，不见陶片，采集夹砂灰陶网坠、磨制石器和铜钺。认为属新石器晚期即铜石并用时代遗存，相当于商周时期②。

　　1987 年调查西昌横栏山遗址，位于西昌县城东南 15 千米的横栏山西北缓坡，前有河流自东向西注入邛海，西距邛海约 1 千米。遗址周围有大石墓分布，文化层包含大量陶、石器和烧土、炭渣，采集陶片多夹砂红陶，石器打磨精细，不见金属器。与礼州遗址有诸多相似，认为同属大墩子－礼州文化类型，但较礼州遗址体现出进步性，与大石墓遗存有一定联系，初步判断其年代介于礼州遗址和大石墓遗存之间③。

　　大墩子－礼州文化类型提出之后，雅砻江下游流域的大多数遗存随之被归入这一类型。马长舟较早指出礼州遗址内涵单一的情况，并通过比较礼州与大墩子遗址在陶、石器和建筑及其相关遗迹、墓葬等方面的异同，认为这两处虽然都是新石器时代的遗址，但文化性质有明显的差别，不属于同一文化类型④。段志刚认为礼州土坑墓是专门的墓地，与龙川江流域以石棺葬为主的葬俗不同⑤。之后学界基本认同把两个流域区分开来，将"礼州类型"作为雅砻江下游流域新石器时代考古学文化的代表。

　　另外，罗开玉重新探讨了川西南的大石墓遗存，认为以往研究对其上限的估计偏晚，应属于雅砻江下游流域新石器至青铜时代的土著文化系统，源于礼州遗址的长条形竖穴土坑墓⑥。

① 四川凉山彝族自治州博物馆、四川盐源县文化馆：《四川盐源县轿顶山发现新石器时代遗址》，《考古》1984 年第 9 期。

② 石棉县文化馆：《四川石棉县考古调查》，《考古》1982 年第 2 期。

③ 西昌市文物管理所：《四川西昌市横栏山新石器时代遗址调查》，《考古》1998 年第 2 期。

④ 马长舟：《金沙江流域新石器遗址的文化类型问题》，《考古》1987 年第 10 期。

⑤ 段志刚：《对元谋大墩子新石器时代遗址成人墓葬的几点看法》，《云南文物》1990 年第 1~2 期。

⑥ 罗开玉：《川西南与滇西大石墓试析》，《考古》1989 年第 12 期。

黄承宗对凉山州的早期遗存进行了阶段性的综合梳理，将调查的遗址分为三种类型：河谷阶地、山间坡地和丘陵山地。文化层堆积均较简单，包含陶、石器和大量灰烬，有的文化层被大石墓和汉墓打破，正式发掘仅礼州遗址一处，而且破坏、扰乱严重，对这些遗存整体面貌和特征的概括多基于采集的遗物。陶片以夹砂红陶为主，石器多有残断，认为是使用废弃，以磨制为主，少量打制，均属新石器晚期。与大墩子遗址相比更接近礼州遗址，并进一步指出凉山州新石器遗存兼具南北文化的特点，是南北文化交流的走廊，但缺乏旧石器和新石器早期的资料①。

（二）20 世纪 90 年代初期至今

90 年代初期以后，随着发掘工作的全面展开，雅砻江下游流域青铜时代遗存的整体内涵逐渐明朗，同时有越来越多不同于"礼州类型"的早期遗存被发现，人们的认识也随之改变。

1. 青铜时代遗存的确认

大量青铜时代遗存的发现为云南地区新石器时代考古学文化的研究提供了对比资料，与青铜器共存的陶、石器群即是遗存性质辨析的重要参考。西昌经久大洋堆早期土坑墓②、会理粪箕湾土坑墓③、昭觉好谷俄巴布吉石板墓④、会理东咀晚期文化层⑤、九龙查尔石棺葬⑥、西昌棲木沟晚期土坑墓⑦以及早年清理的会理瓦石田土坑墓⑧均出土了明确的青铜器，与大石墓共有带耳陶罐和管状流陶壶，不见骨玦和复

① 黄承宗：《四川凉山州新石器时代文化调查》，《考古与文物》1990 年第 4 期。

② 西昌市文物管理所、四川省文物考古研究所、凉山彝族自治州博物馆：《四川西昌市经久大洋堆遗址的发掘》，《考古》2004 年第 10 期。

③ 会理县文物管理所、凉山彝族自治州博物馆、四川省文物考古研究所：《四川会理县粪箕湾墓群发掘简报》，《考古》2004 年第 10 期。

④ 凉山彝族自治州博物馆、四川大学考古学系、昭觉县文物管理所：《四川昭觉县好谷村古墓群的调查和清理》，《考古》2009 年第 4 期。

⑤ 成都文物考古研究所、凉山州博物馆、会理县文物管理所：《2006 年度四川会理县东咀遗址发掘简报》，《成都考古发现》（2006），北京：科学出版社，2008 年。

⑥ 成都文物考古研究所、甘孜藏族自治州文物局、九龙县旅游文化局：《四川九龙县查尔村石棺葬墓地发掘简报》，《成都考古发现》（2006），北京：科学出版社，2008 年。

⑦ 四川省文物考古研究院、凉山彝族自治州博物馆、西昌市文物管理所：《四川西昌市棲木沟遗址 2006 年度试掘简报》，《成都考古发现》（2006），北京：科学出版社，2008 年。

⑧ 陶鸣宽、赵殿增：《四川会理县发现瓦石田遗址》，《文物资料丛刊》（5），北京：文物出版社，1981 年。

杂铜器、钱币、铁器等，上、下限均要早于大石墓。这类青铜时代遗存在西昌境内多泥质黑陶，所见均为磨制石器，与大石墓共有圈足陶杯和磨制条石，在会理境内多夹砂灰、褐陶，与大石墓共有陶纺轮和少量打制石器。一北一南两地的陶、石器群差异较大，亦存在内部差异，应是年代早晚不同所致。西昌是大石墓分布的中心，与青铜时代遗存共性更多，其中棱木沟晚期土坑墓与大石墓所出最为接近。

以青铜时代遗存为基础，德昌王家田遗址和灰坑①、西昌麻柳村灰坑②、冕宁三分屯遗址③、西昌咪咪啷晚期文化层④、昭觉好谷濮苏波涅石板墓⑤、西昌棱木沟晚期文化层⑥、会理雷家山土坑墓⑦、会理郭家堡和庙子老包土坑墓⑧、九龙乌拉溪石棺葬⑨、木里情人堡遗址⑩、德昌董家坡晚期文化层⑪虽不见金属器，但出土的陶、

① 四川省文物考古研究院、凉山彝族自治州博物馆：《凉山州德昌县王家田遗址发掘简报》，《四川文物》2006 年第 1 期。

② 四川省文物考古研究院、凉山彝族自治州博物馆、西昌市文物管理所：《凉山州西昌市麻柳村灰坑清理简报》，《四川文物》2006 年第 1 期。

③ 凉山彝族自治州博物馆、冕宁县文物管理所：《四川凉山冕宁三分屯遗址试掘简报》，《四川文物》2006 年第 5 期。

④ 凉山彝族自治州博物馆、成都文物考古研究所、西昌市文物管理所：《四川西昌市咪咪啷遗址调查试掘简报》，《成都考古发现》（2004），北京：科学出版社，2006 年。

⑤ 凉山彝族自治州博物馆、四川大学考古学系、昭觉县文物管理所：《四川昭觉县好谷村古墓群的调查和清理》，《考古》2009 年第 4 期。

⑥ 四川省文物考古研究院、凉山彝族自治州博物馆、西昌市文物管理所：《凉山州西昌市棱木沟遗址试掘简报》，《四川文物》2006 年第 1 期；四川省文物考古研究院、凉山彝族自治州博物馆、西昌市文物管理所：《四川西昌市棱木沟遗址 2006 年度试掘简报》，《成都考古发现》（2006），北京：科学出版社，2008 年。

⑦ 成都市文物考古研究所、凉山州博物馆、会理县文物管理所：《四川会理县雷家山一号墓的发掘》，《考古》2010 年第 4 期。

⑧ 成都文物考古研究所、会理县文物管理所、四川大学考古系、凉山州博物馆：《2009 年度会理县新发乡考古调查简报》，《成都考古发现》（2008），北京：科学出版社，2010 年。

⑨ 四川省文物考古研究院、九龙县文化旅游局：《九龙县乌拉溪乡石棺葬墓调查清理简报》，《四川文物》2011 年第 1 期。

⑩ 四川省文物考古研究院、凉山彝族自治州博物馆、木里县文物管理所：《四川木里县娃日瓦村考古调查试掘简报》，《四川文物》2012 年第 6 期。

⑪ 成都文物考古研究所、凉山州博物馆、德昌县文管所：《2009 年四川德昌县董家坡遗址发掘简报》，《南方民族考古》（第七辑），北京：科学出版社，2011 年；成都文物考古研究所、凉山彝族自治州博物馆、德昌县文物管理所：《2010 年德昌县董家坡遗址发掘简报》，《成都考古发现》（2010），北京：科学出版社，2012 年。

石器基本都在青铜时代器物群范围内，年代应相当。

2. 早期遗存的发现与研究

随着青铜时代遗存的确认，人们对雅砻江下游流域早于大石墓的早期遗存有了更准确和更全面深入的认识。

（1）安宁河谷

早期遗存的发现与研究以安宁河谷为中心，安宁河谷又以西昌为中心。

安宁河流域调查的西昌横南山、钟官坡、大麻柳遗址均为单一的文化层堆积，包含陶、石器和灰烬、炭屑、烧土。从遗址类型来看，横南山和钟官坡位于山坡，大麻柳位于河岸阶地。从文化面貌来看，横南山和大麻柳较相似，以夹砂褐或黑褐陶为主，兼有打制和磨制石器，其中横南山灰坑出泥质黑陶，石器除两侧缺口网坠为打制外余皆磨制，钟官坡以夹砂红、黄陶为主，石器均磨制。简报认为安宁河流域的早期遗址存在时代和性质的差异，并非都属于礼州类型①。

学者们也开始重新探讨"礼州类型"的一些基本问题。黄家祥再次明确"礼州类型"的内涵实际只是墓葬遗存，并对这些土坑墓进行了分期②。徐学书认为其"年代下限下接西汉，并且是当地大石墓文化的文化源头之一"③。周志清认为礼州遗址信息的缺失表明其并非"礼州类型"的典型遗址，而应该在新发现的遗存中寻找④。

2004 年对西昌横栏山遗址的试掘至关重要，清理出建筑遗迹和灰坑，文化层包含丰富的陶、石器，以夹砂灰褐陶为主，石器均磨制，与以往调查采集的内容差别较大，在性质和年代上均不同于礼州遗址和青铜时代遗存，但与礼州遗址有一定联系，推测要早于以礼州遗址为代表的遗存，更早于大石墓遗存，属于新石器时代，遗存创造者可能是以粗放农业为主的定居人群，渔猎仍占相当比重，在很大程度上修正了横栏山遗址调查简报的认识⑤。

① 凉山州博物馆、西昌市文管所：《安宁河流域的古遗址》，《四川文物》2000 年第 1 期。

② 黄家祥：《西昌礼州新石器时代遗址之检讨》，《四川文物》2000 年第 4 期。

③ 徐学书：《由石棺葬遗存谈对金沙江中游新石器时代文化的再认识》，《中华文化论坛》2002 年第 4 期。

④ 周志清：《浅析金沙江流域新石器时代文化类型》，《中华文化论坛》2002 年第 4 期。

⑤ 成都文物考古研究所、凉山彝族自治州博物馆、西昌市文物管理所：《四川西昌市大兴横栏山遗址调查试掘简报》，《成都考古发现》（2004），北京：科学出版社，2006 年。

2005 年相继试掘西昌棱木沟①、经久马鞍山②、西昌营盘山③遗址，均分布于安宁河沿岸，棱木沟和经久马鞍山为山坡遗址，西昌营盘山为台地遗址。这些遗址中最早的遗存都与横栏山试掘的内容非常相似，其中经久马鞍山简报最先提出"横栏山文化"的命名，认为横栏山遗址要早于其他三处遗址，并根据横栏山遗址第③、④层碳十四校正数据分别为距今 4150~4030 年、4575~4480 年判断横栏山文化的发展阶段为新石器时代晚期。

随着安宁河流域资料的积累，江章华首先进行了整体性的研究，将安宁河流域从距今 4500 年至东汉早期的考古学文化分为三个大的发展阶段，一期为横栏山文化，二期包括较早的礼州中段、大洋堆下层和较晚的礼州晚段、咪咪啷遗存，三期为大石墓遗存，认为大洋堆下层与西北地区齐家文化关系密切④。随后周志清专门研究了安宁河流域的新石器文化类型，结合横栏山遗址第③、④层的木炭碳十四和陶片热释光测定数据推测遗址年代距今 4000~3700 年，认为横栏山文化是安宁河中游流域年代最早的新石器遗存，而礼州遗址文化层的陶、石器与横栏山文化接近，可能属于新石器遗存，礼州遗址的土坑墓与大石墓有很多相同因素，可能是大石墓的前身，两者分属不同的时代，并指出管状流陶器是安宁河流域的本地传统，流行时间很长，带耳陶器则是来自西北地区的传统⑤。

安宁河谷两端的德昌、冕宁分别是西昌以南、以北早期遗存分布的中心，遗存均位于安宁河沿岸。

2004 年发掘位于安宁河东岸阶地的德昌毛家坎遗址。遗迹有灰坑和沟，陶片均夹砂，陶色较杂，早期多灰、黑、红陶，晚期多黄褐、红褐陶，石器以磨制为主、少量打制。认为是早于礼州遗址的新的早期遗存，并指出安宁河流域独特的地理环

---

① 四川省文物考古研究院、凉山彝族自治州博物馆、西昌市文物管理所：《凉山州西昌市棱木沟遗址试掘简报》，《四川文物》2006 年第 1 期。

② 成都文物考古研究所、凉山彝族自治州博物馆、西昌市文物管理所：《四川西昌市经久乡马鞍山遗址调查试掘简报》，《成都考古发现》（2005），北京：科学出版社，2007 年。

③ 成都文物考古研究所、凉山彝族自治州博物馆、西昌市文物管理所：《四川西昌市营盘山遗址发掘简报》，《成都考古发现》（2005），北京：科学出版社，2007 年。

④ 江章华：《安宁河流域考古学文化试析》，《四川文物》2007 年第 5 期。

⑤ 周志清：《浅析安宁河流域的新石器文化类型》，《成都考古研究》（一），北京：科学出版社，2009 年。

境造成人群迁徙频繁，这可能是早期遗址堆积普遍较薄的主要原因①。

2008 年试掘德昌汪家坪遗址，位于安宁河西岸支流台地。文化堆积薄且简单，遗迹有灰坑和柱洞。陶片均夹砂，多灰褐、黑灰陶，石器均磨制，坯料、半成品、残石器较多。认为与横栏山文化近似，与大石墓遗存差异较大，结合第③层炭样碳十四测定数据距今 3865 ± 35 年、树轮校正为距今 4470～4270 年，简报推测遗址距今 4500～4200 年，属新石器晚期②。

德昌董家坡遗址同样位于安宁河西岸支流台地，2009 年发掘清理出建筑遗迹和灰坑。文化层分早晚，早期陶片以夹砂红褐为主，石器均磨制，但较粗糙，与邻近的汪家坪遗址最为相似、年代相当，与横栏山文化既相似又存在差异，陶器纹饰风格则见于金沙江以南、滇池以西的多数地区，认为其可能代表了安宁河流域一种新的新石器文化类型，晚期则与大石墓遗存相当③。2010 年发掘内容与 2009 年基本一致，认为遗址早期的"董家坡遗存"与滇西北地区关系密切，横栏山文化则明显受到川西北地区的影响，根据 H1 各层的碳十四校正数据推测遗址早期距今 4400～4000 年，尽管遗址晚期早段碳十四校正数据与早期一致，但由于被大石墓遗存扰乱严重，下限只能以大石墓遗存为参考④。

2010 年试掘冕宁赵家湾遗址，位于安宁河以西的冲积扇扇缘。堆积简单，文化层扰乱严重，遗迹现象仅见柱洞，遗物以陶片为主，多夹砂红褐陶，面貌与横栏山文化和大石墓遗存均不相同，可能代表了安宁河流域又一种新的遗存⑤。同年发掘的冕宁高坡遗址更为典型，位于安宁河西岸台地。遗存单一，文化层多出陶片，石器少见，陶器典型因素有带或不带向上角形錾的侈口卷沿深腹罐、折肩钵或豆、钵形

① 四川省文物考古研究院、凉山彝族自治州博物馆：《四川德昌县毛家坎新石器时代遗址发掘简报》，《四川文物》2007 年第 1 期。
② 成都文物考古研究所等：《四川凉山州德昌县汪家坪遗址调查简报》，《成都考古发现》（2007），北京：科学出版社，2009 年。
③ 成都文物考古研究所、凉山州博物馆、德昌县文管所：《2009 年四川德昌县董家坡遗址发掘简报》，《南方民族考古》（第七辑），北京：科学出版社，2011 年。
④ 成都文物考古研究所、凉山彝族自治州博物馆、德昌县文物管理所：《2010 年德昌县董家坡遗址发掘简报》，《成都考古发现》（2010），北京：科学出版社，2012 年。
⑤ 成都文物考古研究所、凉山州博物馆、冕宁县文物管理所：《2010 年四川省冕宁县赵家湾遗址调查简报》，《成都考古发现》（2009），北京：科学出版社，2011 年。

口垂腹罐、管状流、叶脉纹平底等，石器均残，为磨制。类似的遗存除赵家湾外，还见于大洋堆中期器物坑和乌蒙山西侧的野石山遗存。高坡遗址碳十四测定数据年代范围在距今3100～2900年，与野石山遗存相当①。高坡遗址2011年发掘与2010年情况一致，碳十四测定数据年代范围经树轮校正为距今3400～3000年，类似的遗存还有大洋堆早期土坑墓和早年调查的四合村、瓦木遗址。简报认为以高坡遗址为代表的这类遗存特征鲜明，年代和分布范围明确，建议称之为"高坡遗存"，"与齐家文化、野石山遗存甚至鸡公山文化有着不同程度的相似性"②。高坡遗址2011年发掘还进行了浮选工作，发现的植物遗存以稻谷最多，有个别黍，通过观察稻谷基盘，认为稻谷经过人工强行脱粒，应属栽培稻。结合周边地区发现稻谷遗存的情况，进一步认为"新石器时代晚期至商末西周时期，稻作在西南地区可能存在着'汉源→凉山地区→云南→贵州'这样一条传播路径"③。

江章华随即对高坡遗存展开研究，认为其包含的大洋堆中期器物坑应是瓮棺葬遗存，与较晚的西昌营盘山瓮棺葬类似，并再次明确了高坡遗存与乌蒙山西侧的野石山遗存、鸡公山文化的密切关系，三者年代相当，由于鸡公山文化晚期出现高坡遗存因素，而鸡公山文化因素不见于高坡遗存，野石山遗存处在中间地带，因素复杂，可知这一时期文化多自西向东传播，来自西北地区的双大耳陶罐亦遵循这一传播规律④。

安宁河流域丰富的遗存类型为整体性的再研究奠定了基础。左志强重新讨论了安宁河流域的新石器文化，指出毛家坎遗址发表的遗物大多为口、底残片，年代存疑，礼州、杨家山等遗址的性质和年代判定仍是问题，认为横栏山文化和董家坡遗存是两类特征鲜明的新石器遗存，横栏山文化与以北的大渡河流域、岷江上游流域

① 成都文物考古研究所、凉山彝族自治州博物馆、冕宁县文物管理所：《2010年凉山彝族自治州冕宁县高坡遗址调查简报》，《成都考古发现》（2010），北京：科学出版社，2012年。
② 成都文物考古研究所、凉山彝族自治州博物馆、冕宁县文物管理所、北京联合大学：《2011年凉山彝族自治州冕宁县高坡遗址发掘简报》，《成都考古发现》（2011），北京：科学出版社，2013年。
③ 姜铭、耿平、刘灵鹤、孙策、左志强：《冕宁县高坡遗址2011年度浮选结果鉴定简报及初步分析》，《成都考古发现》（2011），北京：科学出版社，2013年。
④ 江章华：《试论高坡遗存》，《南方民族考古》（第九辑），北京：科学出版社，2013年。

遗存相关，董家坡遗存与以南的龙川江流域遗存相关①。

横栏山 2011、2013、2014 年三次发掘的浮选结果表明遗址的农业结构很可能从新石器时代开始一直以稻作为主，兼有粟、黍，目前发现的麦类作物年代在中晚唐时期。除了农业，横栏山新石器时代人群也从事渔猎采集活动，只是现有资料还不足以判断各种生计方式所占的比重②。

（2）安宁河谷以外地区

在安宁河谷中心区以外，有学者对 20 世纪 80 年代至 21 世纪初攀枝花境内的考古工作进行了综述性研究，认为新石器晚期遗址有盐边红星、仁和下湾、米易挂榜和袁家堡，堆积不厚，采集陶片多夹砂，包含少量印纹硬陶，石器均磨制，年代距今 4000 ~ 3000 年，面貌与大墩子遗址相似，主要受西北地区影响，也有来自东南地区的影响③。

会理新安小营盘石板墓分布于金沙江支流东岸台地。2002 年清理的 20 座仅见少量陶、石器，陶器均夹砂、陶色不均，石器为一件磨制梯形石斧，简报认为与龙川江流域的永仁石板墓有一定联系，年代在新石器晚期④。2009 年清理的 1 座出陶器、牙饰、海贝⑤。

2009 年会理城河下游流域调查了多处遗址、采集点和石棺葬遗存。观田山遗址采集夹砂褐、红褐、灰陶，石器打制多于磨制，邻近的黎溪营盘山地点采集陶片与之相同，两者均位于山坡，认为与东咀遗址、粪箕湾土坑墓存在差异，推测年代在新石器晚期或殷商时期。其他遗存均位于河岸台地。猴子洞遗址采集夹砂褐陶、黑皮灰陶，石器打制和磨制数量相当，认为与岷江上游流域新石器晚期遗存有相似的因素，年代也大致相当于新石器晚期或殷商时期。田坝村遗址采集夹砂黄褐、褐陶

① 左志强：《安宁河流域新石器文化初论》，《成都考古研究》（二），北京：科学出版社，2013 年。
② 成都文物考古研究所、凉山彝族自治州博物馆、西昌市文物管理所：《西昌市横栏山遗址 2014 年浮选结果及初步研究》，《成都考古发现》（2014），北京：科学出版社，2016 年。
③ 马云喜：《攀枝花先秦考古发现与研究》，《中华文化论坛》2002 年第 4 期。
④ 昆明市博物馆、凉山州博物馆、禄劝县文物管理所、会理县文物管理所：《金沙江中游地区两处新石器时代石棺葬的发掘》，《考古》2007 年第 11 期。
⑤ 四川省文物考古研究院凉山州博物馆、会理县文物管理所：《四川会理城河下游考古调查报告》，《四川文物》2009 年第 4 期。

和磨制石镞、打制石核各一件，认为与对岸的瓦石田土坑墓接近，年代相当于春秋战国时期。该流域石棺葬地点有猴子洞、小营盘、河东田，认为其下限早于土坑墓或与早期土坑墓相当，在战国中期以前，上限可至新石器晚期①。

2006 年发掘的石棉三星遗址位于大渡河北岸台地，遗迹有建筑和灰坑，出土大量陶、石器，陶片均夹砂，早期以红褐陶为主，细石器和打制石器多于磨制石器，属大渡河流域新石器晚期遗存，认为与成都平原三星堆文化有渊源关系，年代相当于西周至春秋时期，青铜时代遗存则为成都平原十二桥文化的地方类型，以夹砂灰、黑陶为主，石器多打制，年代相当于战国中晚期②。

2015 年试掘的皈家堡遗址是盐源盆地首次确认的新石器时代遗址，意义重大，我们目前可以通过植物遗存分析了解到一些信息。皈家堡人群在新石器时代晚期经营着粟、黍混作的旱地农业，对比同位于盐源盆地的道座庙遗址，在汉代呈现出稻、粟、黍混作的农业形态③。

三　综合研究

雅砻江下游流域目前比较明确的新石器时代遗存有横栏山文化和董家坡遗存，最早提出的礼州类型的内涵仍需进一步探讨，早年归入礼州类型的遗存也随之待定。南部会理地区不见金属器的遗存与青铜时代遗存有一定差异，可能属于新石器时代。高坡遗存与包含青铜器的野石山遗存和鸡公山文化相比较为原始，可能处在新石器时代向青铜时代过渡的阶段。青铜时代遗存面貌的明确为我们探讨上述遗存奠定了基础。

（一）新石器时代遗存的再探讨

1. 横栏山文化

由于横栏山文化发掘遗址较多、资料较丰富，时空范围和文化面貌基本确定，可作为雅砻江下游流域新石器时代考古学文化研究的标尺。

---

① 四川省文物考古研究院凉山州博物馆、会理县文物管理所：《四川会理城河下游考古调查报告》，《四川文物》2009 年第 4 期。

② 四川省文物考古研究院等：《四川石棉三星遗址发掘简报》，《四川文物》2008 年第 6 期。

③ 成都文物考古研究所、凉山彝族自治州博物馆、盐源县文物管理所：《2015 年盐源县皈家堡遗址、道座庙遗址出土植物遗存分析报告》，《成都考古发现》（2014），北京：科学出版社，2016 年。

横栏山遗址最早调查采集的陶、石器特征与发掘出土差别较大，大型陶器以夹砂红陶为主，小型陶器以泥质灰陶为主，有的带黑衣；石斧多为打制，锛、刀、镞、环等多为磨制，出现了青铜时代遗存中常见的管状流和圈足，主要原因在于遗址周围有大石墓分布，下限较晚，也与礼州遗址有诸多相似，为我们探讨礼州遗址的内涵提供了一定线索。

横栏山遗址两次试掘统一地层后可分早晚两期，2004 年的第④层和 2011 年的第③层为早期，2004 年第③、④层之间的灰坑和第③层、2011 年的第②层为晚期。均以夹砂灰褐陶、素面为主，夹砂灰陶次之，少量夹砂红褐陶，唇部饰绳纹和戳点纹，外沿下饰附加堆纹和凸弦纹，颈、肩饰点线纹和刻划平行线纹、网格纹，仅见平底，始终以侈口卷沿深腹罐为大宗。虽然早晚衔接紧密，但也有一些变化。早期侈口卷沿深腹罐和敞口深腹盆或钵的外沿下多有附加堆纹，另有喇叭状流和浅腹平底盘，晚期侈口斜折沿深腹罐和喇叭口束颈罐或壶增多，唇部多饰绳纹和戳点纹，敞口钵腹部变浅，其附加堆纹变成凸弦纹，出现敛口钵、鼓腹豆形器和器盖或盘口器座，唯平折沿深腹罐或盆早晚变化不大。同属横栏山文化的遗存包括棲木沟遗址 2005 年试掘的第④层、西昌营盘山遗址第⑥层、经久马鞍山遗址第⑤~⑧层和灰坑。其中经久马鞍山的遗存较丰富，最早即出外沿下饰凸弦纹的浅腹钵和器盖或盘口器座，另有外沿下饰附加堆纹的喇叭口束颈罐或壶，主体可能相当于横栏山文化晚期，最晚出管状流和叶脉纹平底，下限应晚于横栏山文化。棲木沟和西昌营盘山资料较少。棲木沟多为带附加堆纹的卷沿残片，一件敛直口器类似经久马鞍山所出，年代可能相当。西昌营盘山出大口径的侈口卷沿深腹罐和外沿下饰附加堆纹的喇叭口束颈罐或壶，年代亦与经久马鞍山相当。横栏山文化石器数量不多，以磨制为主，个别打制，斧、锛、凿为基本器类，多呈长梯形、长方形或长条形，另有长条形双孔石刀、扁平柳叶形石镞、石杵、石磨盘（图 2.1）。

横栏山文化以西昌为分布中心，各遗址虽互有早晚，但面貌一致性较强，根据横栏山遗址出土木炭和陶片的碳十四校正数据推测距今 4500~4200 年[①]，我们认为其与后续青铜时代遗存衔接紧密，年代下限或可适当推后。

---

① 成都文物考古研究所、凉山彝族自治州博物馆、西昌市文物管理所：《西昌市大兴乡横栏山遗址 2011 年试掘简报》，《成都考古发现》（2012），北京：科学出版社，2014 年。

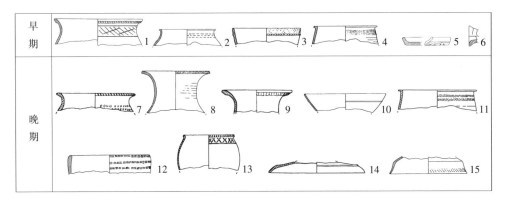

图 2.1　横栏山文化陶器对比

1、2、7. 侈口罐（横栏山 2004T102④：52、横栏山 2004T201④：47、横栏山 2004T201③：22）　3、10. 敞口钵（横栏山 2004T203④：2、横栏山 2004H3：8）　4、11. 折沿罐/盆（横栏山 2004T201④：50、横栏山 2004T202③：28）　5. 平底盘（横栏山 2011T4③：4）　6. 喇叭状流（横栏山 2011T1③：26）　8、9. 喇叭口罐/壶（横栏山 2004H3：13、西昌营盘山 T3⑥：16）　12. 敛口钵（横栏山 2004H2：4）　13. 豆形器（横栏山 2004H3：5）　14、15. 器盖/盘口器座（横栏山 2004T202③：22、经久马鞍山 T1⑧：42）

2. 董家坡遗存

董家坡遗存是安宁河谷与横栏山文化年代相当的另一类遗存，两者既有联系又有区别。

董家坡遗址两次发掘统一来看，东汉以前的遗存可分早晚，第④层及开口于第③层下的灰坑为早期，第③层为晚期。早晚基本特征一致，陶片均夹砂，以红褐陶为主，少量灰褐陶，纹饰丰富，均为平底，同样以侈口卷沿深腹罐为大宗。早期即董家坡遗存，最早有黄褐陶，纹饰以刻划为主，有平行线纹、折线纹、网格纹、叶脉纹，点线纹特色，另有乳钉纹，缺乏附加堆纹，唇部饰点线纹、按窝纹、绳纹，外沿下多刻划网格纹，侈口卷沿深腹罐卷沿沿面有点线纹构成的连续三角形，侈口斜折沿深腹罐、喇叭口束颈罐或壶、器盖或盘口器座亦较典型，另有少量卷折沿深腹罐或盆、深腹钵、敛直口器，石器均磨制，以石锛为大宗，有近三角形、长梯形、长方形，另有扁平宽叶形石矛、石斧、石杵。晚期在早期基础上发生变化，陶器绳纹增多，少量附加堆纹，唇部饰按窝纹、绳纹和波浪形花边，出现诸多新的因素，如圆圈纹、耳面附加泥条双耳罐、向下折沿束颈罐、钵形口深腹罐、叶脉纹平底，石器除打制两侧缺口网坠外余均磨制，种类明显较早期丰富，新增长条形石斧和石凿、半月形和长条形双孔石刀、扁平纺轮或石环、扁平宽叶形石镞，其中耳面附加泥条双耳罐、向下折沿束颈罐、叶脉纹平底、打制两侧缺口网坠等多见于当地青铜时代遗存，但不见金属器，可能处在新石器时代向青铜时代过渡的阶段或青铜时代初期。简报认为早晚期之间存在很大断层，但从整体面貌来看，仍有延续性，时间差应不会太大。

汪家坪遗址第③层和开口于第③层下的灰坑包含陶片多夹砂灰褐、素面，接近横栏山文化的基本特征，纹饰有绳纹、网格纹、附加堆纹。灰坑出土一件完整的盘口器座 H2：1 可作为标准器，与之类似的盘口罐和器盖都有可能是盘口器座。另有外沿下饰网格纹或附加堆纹的侈口卷沿深腹罐、喇叭口束颈罐或壶和一件形制不明确的小平底或尖底器。多石料、石片、半成品和残石器。主体仍在董家坡遗存的范畴内，虽然碳十四测年数据较晚，但上限可能要早于董家坡遗址（图2.2）。

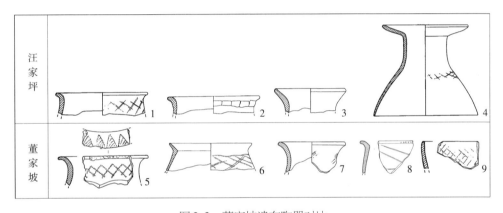

图 2.2　董家坡遗存陶器对比

1、2、5、6. 侈口罐（H1：1、TG1③：5、2009T1④：12、2010H3：5）　　3、7. 喇叭口罐/壶（TG1③：28、2010T4④：2）　　4. 盘口器座（H2：1）　　8. 深腹罐/盆（2010H4：6）　　9. 深腹钵（2009T10④：34）

董家坡遗存以德昌为分布中心，与横栏山文化相比，陶色偏红褐，纹饰较丰富，两者均只见平底器，最典型的侈口卷沿深腹罐一致，董家坡遗存沿面点线纹特色，横栏山文化外沿下附加堆纹特色，董家坡遗存的侈口斜折沿深腹罐、喇叭口束颈罐或壶、器盖或盘口器座较多，横栏山文化的盆、钵较多。董家坡遗存由于资料较少，暂时难以划分早晚，其因素多见于横栏山文化晚期，又不包含横栏山文化最晚的因素，上、下限应均不超出横栏山文化的年代范围，董家坡 2010 年发掘简报综合其与汪家坪两个遗址的碳十四校正数据得出距今 4400～4000 年的年代范围可供参考[①]。

---

① 成都文物考古研究所、凉山彝族自治州博物馆、德昌县文物管理所：《2010 年德昌县董家坡遗址发掘简报》，《成都考古发现》（2010），北京：科学出版社，2012 年。

(二)"礼州类型"的再探讨

已有学者指出礼州遗址的文化层和土坑墓分属不同的时代,但文化层公布的资料相当有限,所以仍然只能通过土坑墓的研究推知文化层的情况。礼州土坑墓墓坑均呈长条形,相同形制见于青铜时代的土坑墓和大石墓,随葬陶器多置于两端,数量差距悬殊。从简报给出的遗迹分布平面图可知,共同开口于第②层下的土坑墓与汉代土坑墓、大石墓没有叠压打破关系,并不能确定这批土坑墓早于汉代土坑墓和大石墓。我们同意黄家祥对礼州土坑墓两期的分法,但分段上略有不同。一期根据开口层位不同和 BM4 出土陶器种类较少、AM10 陶器纹饰较丰富判断 BM4 要稍早于AM10,分为一期 I 段 BM4 和一期 II 段 AM10;原二期 III 段的 BM2 除浅腹平底盘之外的其他器形都在原二期 II 段陶器群的范围之内,二期各墓虽存在少量叠压打破关系,但基本面貌一致,年代应相当,不予分段。

一期 I 段的 BM4 以束颈罐或壶和带流壶为主要随葬器类,罐次之,有个别带纽器盖;一期 II 段的 AM10 以罐为主,束颈罐或壶和带流壶次之,另有钵和杯。BM4仅公布了一件形制为喇叭口的束颈罐或壶,AM10 则有多件束颈罐或壶和带流壶,多为喇叭口、少量小口,但仅公布了一件敛口单耳罐,另有一件敛口钵。喇叭口束颈罐或壶是横栏山文化晚期和董家坡遗存的常见器形之一,带流壶的喇叭状流见于横栏山遗址 2004 年试掘的第④层和 2011 年试掘的第③层,均属横栏山文化早期,应是源自新石器时代的遗存。礼州受横栏山影响更为直接,一期土坑墓束颈罐或壶和带流壶形制和纹饰变化均较多,可能要晚于横栏山文化,也可能是出土环境的差异所致。二期发生较大变化,纹饰简单、多素面,但器形复杂,不见带流壶,出现较多双耳器和少量圈足器,喇叭口束颈罐或壶由鼓腹发展为深腹,侈口深腹罐多为斜折沿,喇叭口束颈罐或壶和侈口深腹罐的这两种形制常见于青铜时代遗存。另外,双耳小罐见于米易弯丘大石墓[①]和会理粪箕湾土坑墓,敞口斜直腹钵见于西昌咪咪啷遗址、喜德拉克大石墓、会理粪箕湾土坑墓,敛口杯见于大洋堆早期土坑墓、中期器物坑、晚期大石墓和米易弯丘大石墓,圈足带椭圆形镂孔的喇叭形器见于大洋堆晚期灰坑,涉及遗存均属青铜时代。角形把小罐和双联罐较特殊,前者在打破遗址文

---

① 凉山彝族自治州博物馆:《米易弯丘的两座大石墓》,《考古学集刊》(第 1 集),北京:中国社会科学出版社,1981 年。

化层的汉墓中有最为接近的形制①，后者则可能与西北地区齐家文化有关。BM2 的浅腹平底盘最早见于横栏山遗址 2004 年试掘的第④层，可能有相关性，其中一件椭圆形的形制较罕见。礼州二期土坑墓虽然没有发现金属器，但基本可以确定为青铜时代遗存，由于一期 II 段 AM10 的陶器种类、器形具有承上启下的特点，一期与二期的时间差应不会太大，故礼州一期土坑墓可能处在新石器时代向青铜时代过渡的阶段。

礼州文化层包括遗址第③、④层，以夹砂红陶为主，少量灰、褐陶，部分施黑衣，公布的唯一一件陶器为带流壶 BT1：3，石器以打制砍砸器和磨制石刀为主，石刀为穿孔半月形和长条形，另有长梯形或长条形斧、锛、凿和扁平纺轮、石环，遗物编号均未反映所属地层，但可知集中出土于第③层。礼州土坑墓除一期的两座外，余均属二期，最早的 BM4 开口于第③层下、打破第④层，第④层还有一个窑址打破生土，遗址上限早于土坑墓，第③层多被二期土坑墓打破，遗址下限早于或相当于二期土坑墓。简报提及文化层陶器形制与土坑墓所出大体相同，应主要是指作为遗存主体的第③层与二期土坑墓，故文化层包含遗物的基本特征呈现出类似青铜时代的面貌，第④层仅出少量破碎陶片和残石器，因难以看出变化而没有与第③层区分开来，但 BT1：3 卷沿与敛口器流相连的形制较原始，应早于一期土坑墓的带流壶，可能属于第④层的遗物。我们推测礼州文化层存在早晚关系，第③层早于或相当于青铜时代，第④层可能为新石器晚期堆积，囿于资料，要做出准确的判断仍相当困难。

原来认为属于礼州类型的遗存有西昌杨家山土坑墓和普格小兴场、中村、田坝、团田遗址。杨家山土坑墓也分早晚，早期土坑墓打破的文化层陶片情况不详，随葬陶器均为夹砂褐陶，一件平折沿深腹盆 M3：3 外沿下饰戳点构成的斜线纹，上腹泥条盘筑痕迹明显，与横栏山文化平折沿深腹罐或盆非常类似，但横栏山文化同类器折沿较短、腹部较鼓，杨家山盆可能是有所发展的形制，M3：2 则与礼州一期土坑墓中的小口束颈罐或壶 AM10：99 最为接近，M3 还出土了两件不太典型的侈口卷沿深腹罐，矮胖似盆，我们认为杨家山 M3 可能要晚于横栏山文化，与礼州 AM10 年代相当；晚期土坑墓打破的文化层多泥质红陶，随葬的一件敞口深直腹钵 M1：5 与普格小兴场、西昌横南山采集同类器一致。小兴场采集陶片均为夹砂红陶，仅见细绳纹，器形以盆、钵为主，一件

---

① 礼州遗址联合考古发掘队：《四川西昌礼州发现的汉墓》，《考古》1980 年第 5 期。

瘦长的深腹罐类似礼州二期土坑墓同类器,遗址周围有大石墓分布。横南山开口于耕土层下的灰坑出一件泥质黑陶豆,较横栏山文化鼓腹豆形器更接近豆的形态,另采集的矮领罐和敞口斜直腹钵均见于礼州二期土坑墓,采集石器有打制两侧缺口网坠。杨家山晚期应与小兴场、横南山同属青铜时代遗存。中村采集亦为夹砂红陶,多素面,有单、双耳罐,双耳罐还见于团田,田坝多泥质红褐陶的特征与杨家山晚期多泥质红陶相似,另外,与横南山基本特征相似的西昌大麻柳采集一件侈口斜折沿深腹罐类似礼州二期土坑墓所出,这些遗存基本也都属于青铜时代(图2.3)。

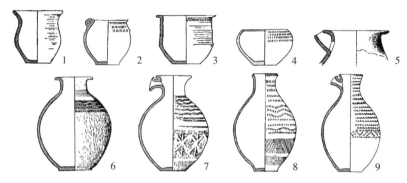

图 2.3　礼州遗存陶器

1. 侈口罐(杨家山 M3:7)　2. 单耳罐(礼州 AM10:108)　3. 折沿盆(杨家山 M3:3)　4. 敛口钵(礼州 AM10:97)　5、7、9. 带流壶(礼州 BT1:3、礼州 AM10:107、礼州 AM10:103)　6. 喇叭口罐/壶(礼州 BM4:24)　8. 小口罐/壶(礼州 AM10:99)

根据目前的资料,我们认为礼州类型至少包含两类遗存,一类以礼州遗址一期土坑墓和杨家山早期土坑墓为代表,一类以礼州遗址二期土坑墓为代表,后者是较为明确的青铜时代遗存,前者要早于后者,可能处在新石器时代向青铜时代过渡的阶段,与同样分布于西昌的横栏山文化密切相关,所以我们建议将礼州类型中早于青铜时代的遗存作为雅砻江下游流域新石器时代向青铜时代过渡的类型,称礼州遗存。

(三)其他遗存的探讨

1. 北部石棉地区

三星遗址是大渡河流域的典型遗址之一,文化既有自身特点,又明显受到成都平原强势文化的影响,与雅砻江下游流域整体面貌不同,是雅砻江下游流域的北部边界。早年调查的宰羊溪遗址采集陶器仅见橄榄形中空网坠,采集磨制石器以长梯形石锛为主,另有长条形石斧,一件石钺与铜钺形制相似,多为较晚近的因素,上限应不会早于青铜时代。

2. 高坡遗存

安宁河谷北端的冕宁地区以高坡遗存为代表，夹砂红褐陶、素面为主，平底或小平底多有叶脉纹，圈足或高或矮，以折肩钵或豆为大宗，侈口卷沿深腹罐仍是基本器形，但器身变矮胖，肩饰向上角形錾是特色，垂腹罐亦特色，侈口斜折沿深腹罐、管状流较多，另有少量敞口深腹盆或钵、敛直口器，有的浅腹钵可能为器盖或盘口器座，石器少见，该遗存很可能是在横栏山文化基础上吸收外来文化因素发展而成。雅砻江下游流域与之类似的赵家湾、四合村、瓦木遗址和大洋堆早期土坑墓、大洋堆中期器物坑分布在冕宁、喜德、西昌一线，流域外类似的有乌蒙山西侧的野石山遗存和鸡公山文化。最北的高坡和赵家湾遗址陶器形制较原始，不见金属器，越往南因素越丰富，大洋堆早期土坑墓出铜剑，野石山遗存和鸡公山文化均包含铜器，已有学者指出这一时期文化普遍自西向东传播[1]，具体来看，高坡遗存应是自西北向东南传播。虽然目前高坡遗存距今 3400 ~ 3000 年的碳十四测年数据范围与野石山遗存和鸡公山文化大体相当，但上限应较早，可能早至新石器时代向青铜时代过渡的阶段（图 2.4）。

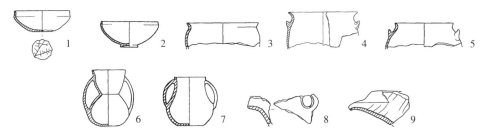

图 2.4　高坡遗存陶器

1、2. 折肩钵（高坡 2010T1③：2、高坡 2010T1③：1）　3 ~ 5. 侈口罐（高坡 2010T1③：74、高坡 2010T1③：51、高坡 2010T1③：72）　6、7. 垂腹罐（大洋堆 M9：1、大洋堆 Ka13：5）　8、9. 管状流（高坡 2010T1③：20、高坡 2010T1③：13）

3. 西昌、德昌、盐源等地遗存探讨

已有学者指出毛家坎遗址年代存疑[2]，早期多夹砂灰、黑、红陶，晚期多夹砂黄

① 江章华：《试论高坡遗存》，《南方民族考古》（第九辑），北京：科学出版社，2013 年。

② 左志强：《安宁河流域新石器文化初论》，《成都考古研究》（二），北京：科学出版社，2013 年。

褐、红褐陶，几乎都为素面，有圈足、打制石器和细石器，其中开口于第④层下、打破生土的 H1 出土的一件侈口卷沿深腹罐与棱木沟汉代瓮棺葬 W1：1 最为接近，可作为毛家坎遗址上限的参考。钟官坡以夹砂红、黄陶为主的特征接近毛家坎晚期，采集石器中有梭形穿孔石刀，除棱木沟晚期土坑墓为明确出土外，雅砻江下游流域所见梭形穿孔石刀均为采集品。轿顶山以夹砂红陶为主，采集双大耳罐、叶脉纹平底、打制两侧缺口网坠。这三处遗址均体现出青铜时代的特征，应是在当地或周边新石器晚期遗存基础上发展起来的青铜时代遗存，不属于新石器时代。

4. 南部会理地区

盐边渔门完小石板墓所出均为小型夹砂灰陶平底器，分置墓坑两端的现象与礼州土坑墓一致，公布的唯一一件直口双耳鼓腹罐 M1：1 与大洋堆早期土坑墓 M3：1 形制最为接近，下限可能已经进入青铜时代。涉及盐边、米易等地遗址调查的内容前后不一，但均认为与龙川江流域的大墩子类型近似，根据采集到橄榄形中空陶网坠和印纹硬陶可知下限较晚。

会理地区的早期遗存多分布于金沙江支流城河沿岸，主要有遗址、石板墓和土坑墓，其中土坑墓多为明确的青铜时代遗存。遗址共有夹砂灰、褐陶和侈口斜折沿深腹罐，猴子洞的夹砂黑皮灰陶较罕见，纹饰有刻划、戳点、附加堆纹，均平底，另有侈口卷沿深腹罐和喇叭口束颈罐或壶，观田山和黎溪营盘山陶色偏红褐，仅见细绳纹，采集有梭形穿孔石刀，打制石器所占比例较高。小营盘石板墓随葬陶器陶色不均，多呈红褐，均素面、平底，可辨小口瓶、喇叭口束颈深腹罐或壶、敞口杯，不见当地青铜时代遗存的唇部装饰、带耳、向上角形錾、管状流、叶脉纹平底、圈足等因素。其中猴子洞可能早至新石器晚期，观田山、黎溪营盘山、小营盘等可能相当于新石器时代向青铜时代过渡的阶段（图 2.5）。

图 2.5　会理地区早期陶器
1. 侈口罐（黎溪营盘山 09SHLY 采：1）　2. 喇叭口罐/壶（小营盘 XM13：1）　3、4. 小口瓶
（小营盘 XM20：1、小营盘 09SHLXM21：1）　5. 敞口杯（小营盘 XM5：1）

（四）遗迹现象及生计方式探讨

1. 建筑

雅砻江下游流域较为明确的新石器时代建筑遗迹均为带柱洞的长方形木构建筑，但自北向南也存在一些差异。北部边界的三星遗址发现双面涂抹的草拌泥，为带基槽的木骨泥墙建筑，应为地面式，与大渡河流域同时期的建筑一致。横栏山和经久马鞍山柱洞内包含陶片和炭屑，经久马鞍山有的垫卵石，由于没有发现居住面，可能为地面式也可能为干栏式。董家坡为半地穴式，柱洞内不见包含物，疑似有中心柱洞和门道。至青铜时代雅砻江下游流域建筑形式多样化，但仍以木构建筑为主，石构建筑见于情人堡遗址，位于西部边界的木里。

2. 灰坑

灰坑从平面形状来看，北部边界的三星遗址为圆形或椭圆形，横栏山文化有椭圆形和长方形，董家坡遗存多椭圆形，除董家坡遗存弧壁平底较多外，其他大都直壁平底，总的来看形制较为规整。均包含有陶片，另有石器、石块、草木灰、烧土等，除汪家坪 H2 坑底平铺一层烧土、中间有一件较完整器座的情况较为特殊外，余大致都可看作垃圾坑。至青铜时代灰坑平面以圆形为主，形制较丰富，有弧壁平底、直壁平底、斜壁平底、袋状、锅底状，包含较完整陶器的个例较多，可能具有特殊的性质，如大洋堆晚期 H1、H2 包含的陶器有序放置，大都完好，发掘者认为可能是与同期大石墓相关的祭祀坑[①]。

3. 墓葬

雅砻江下游流域墓葬遗存的上限较晚，与遗址存在的时间差可能是发现上的缺环造成，也可能是实用器和随葬品性质的不同造成的认知偏差。

土坑墓从早到晚都有发现，集中见于西昌和会理地区。礼州遗存较早，随葬仅见陶器，长条形墓坑的形制延续到青铜时代的土坑墓和大石墓。会理地区土坑墓均属青铜时代，随葬扁圆形卵石的葬俗较为独特。

石板墓与大石墓似乎存在错开分布的现象。石板墓多分布在安宁河谷外围，南边见于会理地区，有带头箱或足箱的情况，随葬陶、石器，不见金属器，上限要早

---

① 西昌市文物管理所、四川省文物考古研究所、凉山彝族自治州博物馆：《四川西昌市经久大洋堆遗址的发掘》，《考古》2004 年第 10 期。

于当地土坑墓,北边见于九龙、喜德、昭觉,基本都属于青铜时代遗存,最晚的昭觉俄巴布吉地点出汉式铜盆。大石墓以西昌为中心,见于周边的喜德、德昌、盐源,从青铜时代延续到铁器时代。

瓮棺葬出现较晚。大洋堆中期器物坑陶器以带向上角形錾的侈口斜折沿深腹罐为主,可能为瓮棺葬葬具。西昌营盘山和楼木沟以侈口斜折沿或卷沿深腹罐为葬具的瓮棺葬均打破汉代地层。

4. 生计方式

早年在坝河堡子大石墓 M1 近墓底发现稻壳痕迹,礼州遗址三次发掘在不同文化层都发现炭化谷物,均初步判断为野生稻。随着植物考古的发展,对雅砻江下游流域作物遗存的研究有了显著的成果。

横栏山遗址浮选结果"都是稻谷占有非常明显的优势,粟的重要性次之,黍的重要性非常小"①,而且遗址从新石器时代开始一直以稻作农业为主,渔猎采集也一直是生计方式之一。饭家堡遗址则是粟、黍并重的旱地农业,暂未发现稻类遗存。值得注意的是,横栏山遗址 2014 年浮选结果以稻谷和马唐属数量最为突出,其他种类仅有零星发现,马唐属通常被认为是旱地杂草,不知能否指示旱稻种植的可能性。高坡遗址浮选结果与横栏山类似,稻谷最多,仅有个别黍,但不见粟,因此稻作农业被认为经由安宁河谷自北向南传播。目前证据显示盐源盆地至汉代出现稻、粟、黍混作农业,麦类作物则晚至唐代。

虽然现有资料不足以判断不同生计方式在雅砻江下游流域新石器时代人群生活中所占的比重,但相信随着动物考古资料的公布会有更清晰的认识。

四 小 结

雅砻江下游流域较为明确的新石器遗存有横栏山文化、董家坡遗存和饭家堡遗存,目前已知年代上限均不超出距今5000 年,下限在距今4000 年左右。除饭家堡遗存以盐源盆地为中心外,横栏山文化和董家坡遗存分别以安宁河谷的西昌和德昌为

---

① 成都文物考古研究所、凉山彝族自治州博物馆、西昌市文物管理所:《西昌市横栏山遗址 2014 年浮选结果及初步研究》,《成都考古发现》(2014),北京:科学出版社,2016 年。

中心。横栏山文化内涵较丰富，可分早晚，上、下限均超出董家坡遗存的年代范围。以横栏山文化为基础在当地形成了礼州遗存，位于安宁河谷北端的冕宁与南下的外来文化相结合形成了高坡遗存，两者大致处在新石器时代向青铜时代过渡的阶段。安宁河谷以南的会理地区早期受到董家坡遗存的一定影响，后与雅砻江以西的盐源盆地在青铜时代发展起来，应分别与铜、盐两种重要资源的开采利用密切相关，安宁河谷则形成了大石墓遗存，表明这三个地区自古以来就是雅砻江下游流域人群聚居的理想之地（图2.6）。

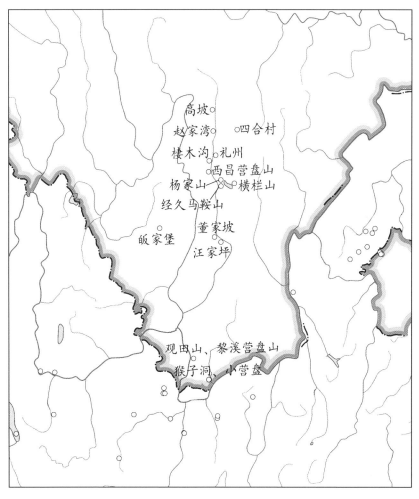

图2.6　雅砻江下游流域新石器时代（含过渡期）遗址分布示意图

第二节　洱海地区

一　地理概况

洱海古名叶榆泽，是云南地区第二大高原淡水湖泊，正好处在点苍山－哀牢山地理分界线的东侧，西靠点苍山，东接宾川、祥云、弥渡坝子，北邻剑川、鹤庆、永胜、华坪，地区范围大致对应今天行政区划的大理白族自治州东部和丽江市南部。洱海地区属于横断山区和云南高原的结合部，地势西北高、东南低，地貌复杂，断陷湖盆发育，河流众多，由于处在西南季风的背风坡，又深居内陆，受东南季风影响也较小，故降水较少、气候干燥，气温较横断山区高，早期遗存多分布在河湖沿岸或小盆地内。

二　发现与研究述评

洱海地区由于历史和文化的原因，成为云南地区最早开展正式考古调查和发掘工作的地方。

1938～1940年吴金鼎、曾昭燏、王介忱等学者调查和发掘的内容最终形成《云南苍洱境考古报告》甲、乙编两部成果，以南诏时期作为洱海地区有文字的历史起始来分，南诏以前的内容均在甲编。此次发现的遗址均位于山麓缓坡地带，发掘最精细的马龙遗址分两期，均以夹砂橙黄或褐陶为主，晚期出夹砂磨光红衣陶，多磨制石器，认为不早于汉代，早期多打制石器，在汉以前，或为新石器时代。其他发掘的遗址中，佛顶甲址与马龙早期相当或略早，佛顶乙址早于甲址，但时间差不大，龙泉遗址与马龙晚期相当，白云甲址上限或与马龙末期衔接，下限与南诏初期相当或略早。调查的遗址中，小岑与马龙早期相当，马耳、中和甲址、三阳、鹤云、莲花甲址、苍琅乙址和丙址与马龙晚期相当。当时在资料匮乏的条件下，学者们根据发掘情况推定了遗址的相对年代关系，并未急于确定汉以前的遗存性质，而且清楚地认识到"见一石器而遂谓此地为石器时代，其结果鲜不谬误"①，治学之严谨可见一斑。

之后随着战争的扩大、结束和相关学人的撤离，洱海地区的考古工作就此中断。新中国成立后仍然进展缓慢，个别的新发现没能与早年的资料建立联系，研究则多参考《云南苍洱境考古报告》的内容，其奠定的基础并未得到很好的继承。中华人民共和国成立后洱海地区的考古工作大致可分为三个发展阶段。

（一）中华人民共和国成立后至 20 世纪 80 年代初期

1957 年刘启益首先复查了马龙和佛顶甲址，采集多为夹砂红近橙黄陶片，石器打制、磨制兼有，与早年调查和发掘的内容基本一致②。

同年因为挖掘河道发现并简单清理了剑川海门口遗址，遗址位于剑川坝子南部的剑湖出水口西岸，发现干栏式建筑和陶、石、骨、角、牙、铜器，另有动植物遗存。简报作者根据陶器轮制且装饰复杂、石器精致、铜器很少等特点，推测属新石器时代晚期，并认为没有发现农具、谷物数量较少、以渔猎生活为主等特点也符合新石器时代的情况。编者则认为这些特点都不能作为判断遗存为新石器时代的证据，海门口应属铜器时代，至少归入铜石并用时期③。不难看出，在新中国成立初期的考古工作中，发掘者本身对遗存性质的判定存在简单套用标准的现象，即使明确出土了铜器，仍然将遗存年代提至新石器时代，并不符合考古学研究的基本原则。海门口此次发掘有一个木桩碳十四测定数据为距今 3115±90 年④。

1973～1974 年发掘的宾川白羊村是洱海地区此阶段正式发掘的首个重要遗址，位于洱海以东宾川盆地内的宾居河东岸。遗迹有建筑、灰坑、墓葬，灰坑中填大量稻谷遗存的为窖穴。遗物有陶、石、骨器，陶片均夹砂，早期多灰陶，晚期多褐陶，石器以磨制为主，个别琢磨或打制，伴出大量兽骨。认为遗址人群以农业为主，兼营狩猎、采集、饲养家畜，与邻近的祥云清华洞、剑川海门口遗址属同一类型。虽然在建筑形式、瓮棺葬形制、磨制石器等方面与龙川江流域的元谋大墩子

① 吴金鼎、曾昭燏、王介忱合著，曾昭燏缩写：《云南苍洱境考古报告》，国立中央博物院专刊乙种之一，1942 年。
② 刘启益：《广西云南所见古文化遗址》，《文物参考资料》1958 年第 3 期。
③ 云南省博物馆筹备处：《剑川海门口古文化遗址清理简报》，《考古通讯》1958 年第 6 期。
④ 中国科学院考古研究所实验室：《放射性碳素测定年代报告》（二），《考古》1972 年第 5 期。

遗址相似，但是不同于大墩子的又一新石器文化地方类型，比滇池地区的贝丘遗址早且差别明显①。白羊村遗址 T6F3 木炭碳十四测定数据为距今 3770 ± 85 和距今 3670 ± 85 年、T7 早期文化层木炭碳十四测定数据为距今 3675 ± 85 和距今 3575 ± 85 年②。

在白羊村遗址发掘简报公布之前，汪宁生对洱海地区新石器文化的描述以《云南苍洱境考古报告》的内容为主，将海门口作为铜石并用时期的代表，并认为铜石并用时期仍属新石器时代范畴③。李昆声、肖秋则以发掘最精细的马龙遗址命名，称洱海地区新石器遗存为马龙类型，但没有包括海门口遗址④。白羊村遗址发掘简报一经公布，阚勇随即将洱海地区新石器遗存更名为白羊村类型，沿用至今，并推测白羊村遗址的无头葬与猎头祭祀习俗有关，同时认为虽然白羊村遗址的测年数据早于大墩子遗址，但大墩子类型的上限似稍早于白羊村类型⑤。

（二）20 世纪 80 年代初期至 21 世纪初期

进入 80 年代以后，学者们开始利用科技手段对海门口铜器进行分析，以探讨遗存性质等相关问题。王大道以是否有意识地加入锡、铅作为判断是否为青铜器的标准，根据海门口 1957 年发掘的 11 件铜器的化学成分定性分析，认为以锡青铜为主、大件器物合范铸造的特点已经超越了铜石并用时期的范畴，所以海门口应是青铜时代初期遗址，同时认为海门口铜斧、钺与白羊村长条形石斧、澜沧江下游流域云县忙怀遗址的打制双肩石斧有关，小件铜器可能受到西北地区齐家文化的影响，并发展成为洱海地区青铜文化，与滇池地区青铜文化有不同的来源⑥。

张增祺通过对调查和发掘资料的研究，总结出洱海地区的遗址下层普遍是以磨制梯形石斧和半月形石刀为主的新石器遗存，上层是青铜时代遗存，有的中间存在铜石并用时期的过渡层，认为"文化上的连续性，说明创造这些文化的主人是同一古代民族"⑦。

---

① 云南省博物馆：《云南宾川白羊村遗址》，《考古学报》1981 年第 3 期。

② 中国社会科学院考古研究所实验室：《放射性碳素测定年代报告》（五），《考古》1978 年第 4 期。

③ 汪宁生：《云南考古》，昆明：云南人民出版社，1980 年。

④ 李昆声、肖秋：《试论云南新石器时代文化》，《文物集刊》（2），北京：文物出版社，1980 年。

⑤ 阚勇：《试论云南新石器文化》，《云南省博物馆建馆三十周年纪念文集》，昆明：云南省博物馆，1981 年。

⑥ 王大道：《云南剑川海门口早期铜器研究》，《中国考古学会第四次年会论文集》，北京：文物出版社，1985 年。

⑦ 张增祺：《洱海区域的古代民族与文化》，《云南民族学院学报》1987 年第 4 期。

1988 年调查毗雄江东岸的弥渡龙潭山山麓缓坡台地遗址，采集较多陶、石器，陶片为夹砂橙黄、灰陶，纹饰、器形与马龙、白羊村遗址类似，石器以打制为主、石片大部分未经二次加工、器形较小等特点与藏东高原昌都卡若遗址相似，认为早于白羊村遗址，年代与卡若遗址相当[1]。

1989 年调查祥云大波那村北的龙山遗址，采集夹砂黑、橙黄、红陶片和磨制石器，有个别打制石器，认为属于洱海地区新石器遗存地方类型。遗址东侧即为 1964 年发现的木椁铜棺墓 M1，该墓出土的陶罐、铜豆与遗址采集的陶罐、陶豆极似，认为木椁铜棺墓是否在新石器遗存基础上发展起来是一个值得研究的问题[2]。

海门口遗址 1978 年第二次发掘的文字资料由于种种原因下落不明，有学者通过整理两次发掘的遗物，发现文化层中铜器与陶、石、骨、角、牙、木器共存，也认为遗址属于青铜时代初期，并根据石器的总体形制呈梯形，将海门口看作横断山区新石器文化的继承者，下启云南青铜文化。1978 年发掘的一个木桩碳十四校正数据为距今 2660 ± 125 年[3]。

这一阶段除有学者对洱海地区早期文化的面貌进行了初步研究外，调查的少量遗址也扩了洱海地区新石器遗存的内涵，最重要的成果是将海门口遗址的性质重新判定为青铜时代，体现出多学科研究的先进性。

（三）21 世纪初期至今

进入 21 世纪以后，洱海地区发掘了多处重要遗址，科学、完整的资料为综合研究奠定了基础。

2003～2004 年和 2006 年先后两次发掘洱海东南岸的大理海东银梭岛贝丘遗址，两次发掘的资料一并发表。遗址堆积深厚，均包含螺壳和兽骨，遗迹有建筑、火塘、灰坑、沟、墓葬等，陶片均夹砂，有早晚变化，石器多磨制，始终以打磨两侧缺口网坠为主。发掘者分四期，一期多灰黑陶，有少量细石器和打制石器，不出铜器，为新石器晚期；后三期出铜器，分别为青铜时代早、中、晚期，先后以灰、红褐、红衣陶为主，不见细石器和打制石器。根据碳十四校正数据推测，一期年代在距今

---

① 大理州博物馆：《弥渡龙潭山新石器遗址调查简报》，《云南文物》1993 年第 2 期。

② 田怀清：《祥云大波那发现新石器遗址》，《云南文物》1995 年第 2 期。

③ 云南省博物馆：《云南剑川海门口青铜时代早期遗址》，《考古》1995 年第 9 期。

5000～4400 年，后三期的年代从距今 3500 年延续到距今 2400 年。由于时间跨度长、内涵丰富，可作为洱海地区的年代标尺①。

有学者对海门口铜器进行了重新取样和分析，发现遗址两次发掘共鉴定的 18 件铜器均以铜锡合金为主，出现高锡青铜和铜铅合金，还有少量红铜，而且制造技术进步，应晚于以红铜为主的楚雄万家坝 M1，并指出遗址地质环境为次生堆积，不同时代的遗物可能相互混杂，测年数据的准确性不高，最终将海门口铜器的年代推定在春秋晚期②。

鉴于海门口遗址的重要性，2008 年对其进行了第三次发掘，实为首次完整的发掘和整理工作。清理出大量木构建筑遗迹和少量火堆，遗物不仅涵盖了之前所见，而且更加丰富。发掘者分三期，石器均多为磨制。一期以夹砂灰黑陶为主，泥质磨光黑陶较多，不出铜器，认为陶片刻划纹饰与龙川江流域的永仁菜园子遗址极似，建筑形式也相似，两面磨槽穿孔石刀见于藏东高原昌都卡若遗址，属新石器晚期，年代大致在距今 5000～3900 年；二期始出铜器，与三期分属青铜时代早、中期，均以夹砂灰陶为主，二期还有少量泥质陶，三期几乎都为夹砂陶，年代分别距今 3800～3200 年、距今 3100～2500 年，进而判断海门口是云贵高原最早的青铜时代遗址，也是云贵高原青铜冶铸技术的重要起源之一。简报认为海门口青铜时代遗存与银梭岛差异较大，但未对两个遗址的新石器晚期遗存进行比较，命名的"海门口文化"似包括新石器晚期到青铜时代的全部遗存，另立一个晚期遗存属铁器时代③。

海门口第三次发掘的简报将遗址上限提得较早，之后发掘者结合树轮校正数据，将分期年代修正为一期距今 4000～3800 年、二期距今 3700～3200 年、三期距今 2600～2400 年，认为其新石器晚期遗存与周边同时期遗存有诸多相似点，青铜时代遗存与甘青地区有关，整体以来自西北方向文化的影响为主④。

2010 年试掘祥云清华洞遗址，是祥云坝子西南边缘的一个石灰岩溶洞。出土大

---

① 云南省文物考古研究所、大理市博物馆、大理市文物管理所、大理州文物管理所：《云南大理市海东银梭岛遗址发掘简报》，《考古》2009 年第 8 期。

② 李晓岑、韩汝玢：《云南剑川县海门口遗址出土铜器的技术分析及其年代》，《考古》2006 年第 7 期。

③ 云南省文物考古研究所、大理州文物管理所、剑川县文物管理所：《云南剑川县海门口遗址第三次发掘》，《考古》2009 年第 8 期。

④ 闵锐：《剑川海门口遗址综合研究》，《学园》2013 年第 15 期。

量夹砂陶片、少量磨制石器、个别骨器和一件铜锥，早期文化层包含大量螺壳和部分羊骨。认为其整体面貌与银梭岛、海门口遗址的青铜时代遗存一致，且上限要晚于这两处遗存，年代大致在距今 2900～2500 年，将长期以来认为的新石器时代遗址性质改判为青铜时代①。

同年发掘金沙江北岸的永胜枣子坪和堆子遗址，均发现建筑遗迹、灰坑、墓葬和陶、石、骨器。枣子坪遗址主体为新石器遗存，陶片均夹砂，以灰黑陶为主，另有大量打制和磨制石器，推测遗址是一处规模较大的石器制造场所，人群兼营狩猎采集和农业，认为与白羊村、大墩子、菜园子和磨盘地等周边遗址有诸多相似，整体面貌与白羊村最为接近，年代与这些遗址的测年数据大致相当，少量青铜时代遗存不见铜器②。堆子遗址早期文化层以夹砂灰陶为主，石器均磨制，晚期文化层出铜针和铜渣，另有少量牙、贝饰，打破晚期文化层的墓葬出铁器，初步判断时间跨度从新石器晚期延续至青铜时代③。

2013～2014 年第二次发掘白羊村遗址。遗迹的类型、数量丰富，有建筑、活动面、柱洞、灶、火塘、火堆、灰坑、墓葬等。早期文化层分三期，一期陶片多内外磨光，二、三期出大量石器，多为磨制。通过与周边遗址的陶、石器特征比较，认为一期不早于银梭岛一期，二期与银梭岛二期相似，三期与海门口一期相似，推测白羊村遗址距今 4200～3700 年④。

（四）相关的青铜时代遗存

随着洱海地区青铜时代墓葬发掘资料的积累，与铜器共存的陶、石器面貌也更加完整。洱海地区青铜时代墓葬形制多样，年代大致在战国至西汉时期，其中祥云境内铜器多以红铜为主，可能稍早。

① 云南省文物考古研究所、大理白族自治州文物管理所、祥云县文物管理所：《云南祥云县清华洞遗址 2010 年试掘报告》，《南方民族考古》（第九辑），北京：科学出版社，2013 年。

② 云南省文物考古研究所、西北大学文化遗产学院、吉林大学边疆考古研究中心、永胜县文物管理所：《云南永胜县枣子坪遗址发掘报告》，《边疆考古研究》（第 16 辑），北京：科学出版社，2014 年。

③ 朱泓、赵东月、刘旭：《云南永胜堆子遗址战国秦汉时期人骨研究》，《边疆考古研究》（第 16 辑），北京：科学出版社，2014 年；"云南考古"微信公众号：《金沙江流域早期考古学文化研究的标尺——堆子遗址》，2015 年 8 月 31 日。

④ 闵锐、何林珊：《洱海地区史前文化的最新发现》，《中国文物报》2014 年 9 月 12 日第 008 版。

　　洱海以北以土坑墓为主。永胜枣子坪和鹤庆黄坪不见双耳罐，枣子坪侈口卷沿深腹罐较多，单耳罐亦较瘦高，豆形器较矮胖，另有敛口斜直腹矮圈足豆，黄坪则相反，单耳罐和管状流罐均较矮胖，豆形器较瘦高，另有扁平条石和磨刃条石①。剑川鳌凤山除喇叭口折腹罐较瘦高外，侈口卷沿罐和单、双耳罐均较矮胖，另有陶纺轮，石器以扁平柳叶形石镞最多，长条形穿孔石坠次之，个别半月形穿孔石刀、石斧或钺范和海贝，儿童瓮棺葬具多为无耳深腹罐，有大口带管状流的形制，成人火葬罐多带耳，内涵复杂，表明墓地沿用时间较长②。出铁器的永胜堆子石棺葬与鳌凤山近似，陶罐多单、双耳，有的为双重耳，另有陶豆、陶纺轮和海贝，年代相当的儿童瓮棺葬具有无耳罐、双耳罐和陶釜，摆放形式多样，有的罐口盖石板，下限要晚于鳌凤山③。永胜金官龙潭仅做调查，没有发现葬具遗痕，推测为土坑墓，采集侈口向上角形鳌深腹罐、敛口平底钵、敞口双耳杯、陶纺轮，体现出来自雅砻江下游流域的影响④。洱海东北、金沙江以南的宾川境内石棺葬多为石板墓，陶器可辨罐和钵，但具体形制不详⑤。洱海东南的祥云大波那土坑木椁墓⑥、检村石板墓⑦、红土坡石棺葬⑧和弥渡苴力石块墓⑨共出侈口卷沿深腹或鼓腹罐，大波那另有侈口斜折沿深腹罐、豆和陶纺轮，检村另有浅盘高圈足豆，大波那铜豆亦为浅盘高圈足，陶豆应形制相当，苴力则以喇叭形钵为主，平底有带凸棱和叶脉纹，简报所称浅盘器盖疑似浅盘高圈足豆。洱海东岸的银梭岛土坑墓所出陶纺轮、石镞⑩和三棵树石板墓所

①　大理州文管所：《黄坪土坑墓调查、清理简报》，《云南文物》1993 年第 2 期。

②　云南省文物考古研究所：《剑川鳌凤山古墓发掘报告》，《考古学报》1990 年第 2 期。

③　"云南考古"微信公众号：《金沙江流域早期考古学文化研究的标尺——堆子遗址》，2015 年 8 月 31 日。

④　云南省博物馆保管部：《云南永胜金官龙潭出土青铜器》，《云南文物》1986 年第 1 期。

⑤　宾川县文管所：《宾川县石棺墓、土坑墓调查简报》，《云南文物》1992 年第 1 期。

⑥　云南省文物工作队：《云南祥云大波那木椁铜棺墓清理报告》，《考古》1964 年第 12 期；大理州文管所、祥云县文化馆：《云南祥云大波那木椁墓》，《文物》1986 年第 7 期；大理白族自治州文物管理所、祥云县文物管理所：《云南祥云大波那土坑木椁墓（M3）抢救清理简报》，《大理民族文化研究论丛》（第五辑），北京：民族出版社，2012 年。

⑦　大理州文物管理所、祥云县文化馆：《云南祥云检村石椁墓》，《文物》1983 年第 5 期。

⑧　大理白族自治州博物馆：《云南祥云红土坡 14 号墓清理简报》，《文物》2011 年第 1 期。

⑨　云南省博物馆文物工作队：《云南弥渡苴力战国石墓》，《文物》1986 年第 7 期。

⑩　云南省文物考古研究所、大理市博物馆、大理市文物管理所、大理州文物管理所：《云南大理市海东银梭岛遗址发掘简报》，《考古》2009 年第 8 期。

出釜、甑组合①，不见于洱海地区同时期其他遗存，年代应较晚。

　　王大道早年基于墓葬资料总结的洱海地区青铜文化典型陶器群包括侈口深腹罐、双耳罐、敞口平底钵、高圈足豆②，结合新资料可以发现存在内部差异。洱海以北石棺葬和瓮棺葬的流行要晚于土坑墓，多见单、双耳罐。洱海东南石棺葬较为普遍，多见敞口平底钵和高圈足豆。

三　综合研究

（一）银梭岛一期遗存的确认

　　银梭岛遗址一期不出铜器且与之后的青铜时代遗存有一定差距，最早的碳十四校正数据将遗址上限提到距今5000年左右，是目前认为的洱海地区最早的新石器遗存。陶片以夹砂灰黑为主，夹砂黄褐次之，少量夹砂红，泥质陶所占比例较高，纹饰多以细密点线纹为母题构成平行线纹、折线纹、网格纹，另有绳纹及绳纹构成的网格纹，喇叭口束颈罐或壶、侈口卷沿罐、侈口折沿罐或盆较多，敛口浅腹钵较少，其中侈口卷沿罐有唇部花边和外沿下附加堆纹。石器中打磨两侧缺口网坠数量最多，石器崩片和磨制弯月形双孔石刀、扁平宽叶形石镞、梯形小石锛、长条形石凿次之，另有少量石核。

　　银梭岛二期陶器发生较大变化，以夹砂灰褐为主，不见灰黑陶，泥质陶和纹饰锐减，不见点线纹，以刻划的弦纹、折线纹、网格纹为主，少量压印粗点纹和短线纹，不见侈口卷沿罐和侈口折沿罐或盆，喇叭口束颈罐或壶唇部压印椭圆形，少量敛口浅腹钵、网坠、纺轮，新增侈口卷折沿鼓腹罐或釜、平流匜、花边浅腹平底盘。石器则变化不大，圆形或椭圆形打磨两侧缺口网坠较一期减少，但仍然最多，斧、锛残件较多，石镞新增扁平柳叶形。三期以夹砂红、红褐陶为主，出现红衣陶，弦纹和波浪纹组合特色，侈口卷折沿折腹釜器形明确，敛口盆有带喇叭状流，网坠和纺轮形制较多，新增带耳罐、支座、支足，石器新增长方形穿孔石刀，余皆大致同

① 杨德文：《大理洱海东岸石棺墓清理简报》，《云南文物》1992年第3期。
② 王大道：《云南青铜文化与新石器晚期文化的关系》，香港中文大学中国考古艺术研究中心编《南中国及邻近地区古文化研究》，香港：香港中文大学出版社，1994年。

二期。四期以带陶衣的夹砂红褐陶为主，多有抹痕，唇部有饰圆点纹，折腹处有饰弦纹和点纹，喇叭口束颈罐折沿向下，新增折腹钵、肩檐匜、圆陶片，余皆大致同三期。虽然提及二期出铜器，归为青铜时代早期，但简报中未见二期铜器的介绍，可看作新石器时代向青铜时代过渡的阶段。三、四期有明确的铜器，均为小件，三期可见锥、镯、鱼钩、铜条以及铜渣，四期可见镞和鱼钩（图2.7）。

　　网坠始终是银梭岛数量最多的石器，陶网坠也呈逐渐增多的趋势，铜器中鱼钩亦较多，表明湖滨贝丘遗址持续以渔业为主要生计方式，并且越来越兴盛，这与文化层和遗迹中螺壳越来越多的趋势是一致的。

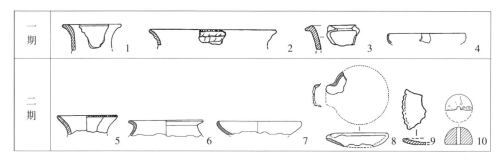

图2.7　银梭岛遗址陶器对比

1、5. 喇叭口罐/壶（T15⑳：10、T23⑭：14）　2、6. 侈口罐（T23⑰：55、T10㊼：14）　3. 折沿罐/盆（T15㉔：13）　4、7. 敛口钵（T24⑱：21、T10㊼：15）　8. 平流匜（T22⑥：70）　9. 浅腹盘（T10㊾：3）　10. 纺轮（T15⑰：1）

（二）白羊村类型再研究

1. 白羊村遗址再分期

　　白羊村遗址是该类型的典型遗址。第一次发掘出土遗物的编号没有体现层位关系，笼统地分第⑥～⑧层为早期、第②～⑤层为晚期。根据 T7 北壁剖面图观察，早期地层堆积平坦、晚期地层堆积厚度变化较大，结合编号体现的出土顺序和第二次发掘的文字信息，我们对第一次发掘的遗物进行了重新排列，也分早晚。早期相当于第二次发掘的一期，晚期相当于第二次发掘的二、三期。土坑墓和瓮棺葬开口距地表较近且无随葬，大致都可看作是晚期遗存。

　　白羊村陶片均夹砂。早期多灰、褐色系，晚期偏红。早期多为点线构成的平行线、折线、交叉纹，少量刻划平行线、折线和戳印圆圈纹，晚期多素面，出现乳钉纹。早期多平底器，以罐类为主，有侈口卷沿罐、喇叭口束颈罐或壶、敛口罐或壶、小口罐或釜、敛口深腹盆、折沿钵、弧流匜、敞口浅腹平底盘、两面戳点柱状支足、花边扁足、管状流、实心角形鋬、截面近半圆形纺轮等，晚期多圜底器，出现圈足和器耳，以釜类为主，有大口釜、小口釜、管状流釜、敛口深腹盆、平流匜、鼓腹平底杯、两面戳点柱状支足、空心角形鋬和截面近方形、菱形、束腰形纺轮等。石器以磨制为主。早期有少量斧、锛、镞，集中出土于晚期，种类丰富。斧、锛多长梯形，石凿长条形，穿孔石刀有长条形、半月形、弯月形，石镞由扁平宽叶形向扁平柳叶形、锥状转变，另有石镰、网坠、石拍、石饰。骨器亦在晚期有种类和数量上的增加，早期为骨饰件，晚期新增骨镞和骨抿子。

　　白羊村早期与银梭岛一期相比，陶色较浅，不见泥质陶，但典型纹饰一致，共有侈口罐、梯形石锛、扁平宽叶形石镞，相似的器形不多，可能存在时间差。白羊村早期陶色更接近银梭岛二期，共有刻划纹，匜、盘、纺轮等器形有一定关联，推测白羊村早期介于银梭岛一、二期之间。白羊村晚期虽然釜的形制与银梭岛二期卷折沿罐类似，但凹流匜较银梭岛二期的平流匜又有演进，陶纺轮、石刀、石镞的形制均比银梭岛二期丰富，陶色变红的特征和大口径的敛口盆近似银梭岛三期，推测白羊村晚期介于银梭岛二、三期之间，由于没有发现铜器，可能处在新石器时代向青铜时代过渡的阶段。白羊村类型作为洱海地区新石器遗存的代表，主要指的是白羊村遗址早期，年代范围可能在距今4200～4000年（图2.8）。

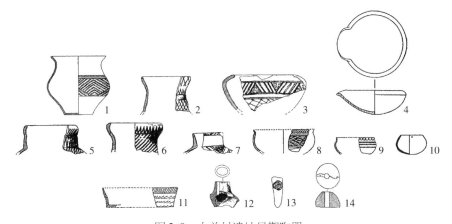

图2.8　白羊村遗址早期陶器

1. 侈口罐（T7∶90）　2. 束颈罐/壶（T5∶60）　3. 敛口盆（T1∶80）　4. 弧流匜（T8∶71）　5、6. 敛口罐/壶（T6∶80、T5∶61）　7. 小口罐/釜（T6∶81）　8、9. 折沿钵（T3∶90、T5∶90）　10. 敛口钵（T1∶66）　11. 浅腹盘（T5∶89）　12. 管状流（T5∶79）　13. 角形鋬（T4∶83）　14. 纺轮（T1∶60）

白羊村遗址网坠少见，斧、锛类和刀、镰类石器形制丰富，表明渔业不占重要地位，而以狩猎采集为主。

2. 枣子坪、堆子遗址再探讨

枣子坪遗址被认为是与白羊村遗址整体面貌最为接近的遗址，由于白羊村遗址内涵并不单纯，所以可做进一步探讨。

枣子坪遗址文化层包含陶片基本一致，均夹砂，灰黑为主，纹饰丰富，除了点线纹构成的平行线纹、折线纹、垂弧纹，也有刻划而成的弦纹、波浪纹、网格纹，另有附加堆纹、戳点纹、指甲纹等，常组合出现，几乎不见绳纹，平底为主。最早的外沿折线纹敛口罐或壶与白羊村早期同类器非常相似，稍晚的唇部刻划花边和外沿下附加堆纹的喇叭口束颈罐或壶、鼓腹饰纹的侈口卷沿罐、折肩平底钵、敛口深腹钵、管状流、实心角形錾在白羊村早期都有类似的器形，另有外沿下戳点纹的直口罐、小口长颈罐或壶、敞口圈足钵、截面梯形和束腰形纺轮等，有的因素见于雅砻江下游流域和龙川江流域。早期灰坑陶器多夹砂红褐、黄褐，鼓腹饰纹的侈口卷沿罐比文化层所出更接近白羊村早期同类器，另有小口长颈鼓腹罐或壶和小口长颈瓶。早期土坑墓陶器以夹砂灰、灰黑为主，长颈折腹罐较特殊，侈口卷沿深腹罐与青铜时代土坑墓所出相比显得较矮胖，喇叭口束颈鼓腹小平底罐与文化层所出喇叭口束颈罐类似，接近白羊村晚期小口釜的形制，折肩平底钵与文化层所出一致，敞口斜直腹钵和弧流匜、直口杯均为平底。扰土层中出一件肩饰乳钉的大口釜与白羊村晚期同类器近似。

枣子坪遗址出土了大量砾石、断块、石片和磨制石器半成品、废料，少量打制工具如刮削器、石钻，个别石核，推测是一处石器加工场所。器形以石斧为主，石锛、石刀、石凿、石球次之，另有少量研磨器、石纺轮、磨光石片，个别石锛、磨槽砺石、石杵、石锥、石网坠、石齿状器、山字形石片、穿孔石片、坠饰，其中斧、锛多长梯形，石凿多长条形，石镰有扁平柳叶形和宽叶形。文化层所出石刀为半月形，灰坑所出为穿孔半月形，土坑墓所出为穿孔弯月形。骨器数量不多，但种类较丰富，有骨锥、骨针、骨镰、磨光骨片、穿孔骨片、刻划骨片、骨齿状器、穿孔骨板等。另有穿孔牙饰。

枣子坪遗址早于青铜时代土坑墓的遗存集中在最上文化层，陶、石器种类丰富，表明遗址发展到最晚阶段比较兴盛，中、下文化层遗迹、遗物较少，陶、石器种类简单，大致可以此分为两期。中、下文化层相当于早期，上文化层相当于晚期，但延续性很强，整体与白羊村早期相似度最高，也包含银梭岛一期的因素，如唇部刻划花边和外沿下饰附加堆纹的喇叭口束颈罐或壶、敛口钵、弯月形穿孔石刀、底上凹的扁平宽叶形石镞等，上限可能比白羊村早期更接近银梭岛一期，陶器纹饰既有银梭岛一期和白羊村早期典型的点线纹，也有银梭岛二期典型的刻划纹，平底的特征相当突出，晚期出现圈足和近似小口釜的形制，扰土层出大口釜，青铜时代土坑墓始出单耳罐。我们认为枣子坪新石器遗存的上、下限可能均超出白羊村早期的范畴，但要早于白羊村晚期，与银梭岛二期差异较大。发掘者根据距今4000年左右遗址所在地区孢粉分析的结果判断当时存在大量人为砍伐森林的行为[1]，一方面可作为枣子坪新石器人群活动峰值年代的参考，另一方面也反映了枣子坪新石器人群对森林资源的利用（图2.9）。

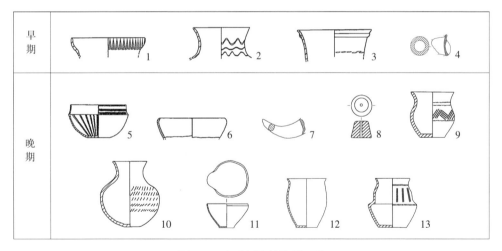

图 2.9　枣子坪遗址陶器对比

1. 敛口罐（T59⑤：89）　　2、3、10. 喇叭口罐/壶（T59⑤：109、T59④：138、M9：4）　4. 管状流（T59④：159）　5. 折肩钵（T58③：115）　6. 敛口钵（T8③：6）　7. 角形錾（T58③：215）　8. 纺轮（T59③：190）　9、12. 侈口罐（H35：7、M26：2）　11. 弧流匜（M26：4）　13. 长颈罐（M23：2）

① 云南省文物考古研究所、西北大学文化遗产学院、吉林大学边疆考古研究中心、永胜县文物管理所：《云南永胜县枣子坪遗址发掘报告》，《边疆考古研究》（第16辑），北京：科学出版社，2014年。

堆子遗址陶片均以夹砂灰陶为主，早期文化层多细绳纹，少量网格纹、附加堆纹和素面，器形多侈口、花边口沿、平底，石器有磨制的斧、锛、凿，其中石锛小型，另有磨制骨锥，与银梭岛一期相似度最高，可能年代相当，但信息量有限，仅为初步推测。包含铜针和铜渣的晚期文化层陶片多素面，可辨罐、盆、豆、纺轮，石器种类较多，新增刀、镞、针、环、镯、研磨器，另有骨、牙、贝饰，与早期文化层有一定差距。

永胜的这两处遗址，比较明确的是枣子坪新石器遗存可归入白羊村类型，堆子新石器遗存似乎更接近银梭岛一期，但两个遗址同处北部山区，石、骨器发达，狩猎采集可能是遗址人群主要的生计方式。

（三）海门口遗址的再探讨

2013 年发掘者对海门口遗址的综合研究将海门口一期推定为距今 4000～3800 年，属新石器晚期，但白羊村遗址 2014 年的发掘认为白羊村二期与银梭岛二期近似，白羊村三期与海门口一期相差不大，又将海门口一期的年代往后推至距今 3700 年左右，海门口遗址的性质再次成为需要探讨的问题。

不出铜器的海门口一期以夹砂灰黑陶为主，泥质黑灰陶较多，另有泥质磨光黑陶，纹饰以刻划为主，有平行线、折线、波浪、网格纹，也有点线纹和乳钉纹，多平底，有镂孔圈足，器形均较小，以侈口卷沿深腹罐为主，另有侈口斜折沿深腹罐、喇叭口束颈罐或壶、带耳罐、截面近梯形纺轮，敞口卷沿深腹钵要早于敛口深腹钵。石器多磨制，石锥最多，长条形穿孔石刀和扁平宽叶形、柳叶形石镞次之，长梯形石斧和长条形石凿较少。另有少量骨饰件。海门口一期陶质、陶色类似银梭岛一期，泥质比例更甚，刻划纹饰与银梭岛二期和枣子坪相同，不见唇部花边和附加堆纹，圈足见于白羊村晚期和枣子坪晚期，带乳钉的侈口卷沿深腹罐近似白羊村晚期和枣子坪扰土层的带乳钉大口釜，侈口斜折沿深腹罐见于银梭岛二期，带耳罐见于银梭岛三期和白羊村晚期，敛口深腹钵见于枣子坪晚期，长条形穿孔石刀见于白羊村晚期，扁平柳叶形石镞见于银梭岛二期、白羊村晚期和枣子坪晚期，这些因素集中出现在海门口一期，表明其年代较晚，碳十四校正数据的范围在距今 3700～3400 年（图 2.10）。

明确出铜器的海门口二期遗存最为丰富，与一期有较强的延续性，泥质陶和纹饰因素锐减的趋势同银梭岛二期，有红彩，新增长颈罐、双耳罐、浅腹钵、匜、各

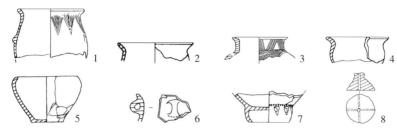

图 2.10　海门口遗址一期陶器

1、2. 侈口罐（DT1305⑧：50、DT1003⑧：8）　3. 喇叭口罐/壶（DT1801⑧：107）　4. 敞口钵
（DT1003⑨：4）　5. 敛口钵（DT1004⑧：1）　6. 带耳罐（DT1003⑧：19）　7. 圈足器（DT1801⑨：112）
8. 纺轮（DT1005⑧：22）

式纺轮，其中长颈罐类似枣子坪早期土坑墓所出长颈折腹罐，浅腹钵和匜均见于银梭岛二期，石器数量大增，磨制为主，石锥仍最多，长、短梯形石锛次之，新增半月形穿孔石刀、圆形研磨器和圆形穿孔器，余皆同一期，骨器亦较多，铜器有小件的凿、刀、锥、铃。海门口三期陶器几乎都夹砂，红褐和灰褐陶明显增多，出少量红衣陶的因素同银梭岛三期，以素面为主，新增单耳罐、敞口钵、椭圆形两侧缺口陶网坠、带管状流的匜和缸，其中管状流大口缸类似鳌凤山青铜时代瓮棺葬具，同出石斧或钺范，石器较二期减少，锥仍最多，斧、锛、刀、镞次之，少量石凿，铜器新增镞和镯。

我们认为海门口三期与银梭岛三期相似度最高，海门口一、二期衔接紧密，整体与银梭岛二期相当，但上、下限均超出银梭岛二期，海门口一期可能处在新石器时代向青铜时代过渡的阶段，上限晚于白羊村和枣子坪，遗址主体属于青铜时代，与银梭岛的差异并不如简报所说的那样大。大量石锥和骨锥是海门口的特色，共见于枣子坪和堆子遗址，可能代表了北部山区遗存的某些共性，又如几乎不见圜底陶器。

（四）其他遗址的再探讨

清华洞遗址仅发现一件铜锥，可能处在青铜时代初期，将其与上述遗存进行对比，有助于我们了解洱海地区新石器时代向青铜时代过渡的情况。

清华洞青铜时代遗存可分早晚，演变关系清楚、衔接紧密。陶片几乎都夹砂，灰黑七成、橙黄两成、褐陶一成，极少灰陶，素面占半数以上并呈递增趋势，纹饰以绳纹为主，另有刻划折线、波浪、网格纹和戳点纹的组合，少量附加堆纹、压印方格纹、器底叶脉纹，多小平底和圜底、少量圈足，典型器由侈口卷沿罐或釜向侈口折沿罐或釜转变，有唇部锯齿纹和沿面波浪纹、网格纹、戳点纹，敛口钵或匜腹部越来越圆鼓，喇叭形钵或器盖的圈足从无到有，平底内凹或边缘凸棱也越来越常见，纺轮始终形制多样，早期另有外沿下附加堆纹的喇叭口束颈罐或壶，晚期另有敛口双耳圜底器、长管状流和支足。石器磨制为主，斧、锛长条形或长梯形，石刀均穿孔，早期有弯月形和长条形，晚期新增长方形和鸟翼形，石镞和石环多见于早期，石镞有扁平柳叶形、宽叶形和锥状，扁圆石器和圆柱状石器变化不大，晚期还有扁平条石。铜锥见于晚期。虽然夹砂灰黑陶为主的特征与银梭岛一期、枣子坪、海门口一期相同，纹饰也见于早期遗存，但其他因素多属青铜时代，如素面为主见于白羊村晚期、堆子晚期、海门口三期，陶釜见于银梭岛三期和白羊村晚期，陶支足见于银梭岛三期，锥状石镞见于白羊村晚期，石环见于堆子晚期，平底边缘凸棱和叶脉纹常见于当地青铜时代典型的喇叭形钵，扁平条石见于黄坪青铜时代土坑墓。总的来看，清华洞与邻近的银梭岛和白羊村遗址密切相关，属于当地典型的青铜时代遗存，年代在距今 3000 年左右（图 2.11）。

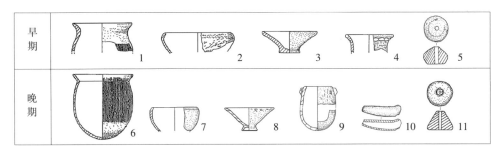

图 2.11　清华洞遗址陶器对比

1. 侈口罐/釜（T7⑥：14）　2、7. 敛口钵（T3④：15、T12③：1）　3、8. 喇叭形钵/器盖（G1：20、T7④：2）　4. 喇叭口罐/壶（T7⑥：23）　5、11. 纺轮（G1：12、T12③：1）　6. 侈口釜（T7②：1）　9. 双耳器（T1①：7）　10. 管状流（T12⑧：1）

　　现在我们再来回顾最早发掘的洱海西岸诸遗址。早期的Ⅰ式陶为夹砂橙黄或褐陶，素面占九成以上，纹饰以戳印点线纹最多，另有唇部饰戳点纹和圆圈纹，刻划纹次之，有短线、斜线、折线、波浪、网格纹，刻划符号较特殊，不见于洱海地区其他遗存。马龙出敛口浅腹钵、喇叭形钵、敛口双耳鼓腹器、圈足器、纺轮等，石器多为石斧。佛顶出带流器。马龙、龙泉早期遗存内涵较为复杂，时间跨度可能较大，整体近似清华洞，但要早于清华洞。马龙、龙泉晚期遗存出红衣陶，喇叭口折腹罐类似鳌凤山青铜时代土坑墓所出，大口鼓腹大平底罐近汉式器，管状流敛口盆与银梭岛三期喇叭状流敛口盆类似，另有小型卷沿釜，陶纺轮和石刀形制多样，与早期遗存有一定差距，最晚的文化层出铜片和铁片，下限可能已经进入汉代。马龙有一个陶片热释光测定数据为距今 3456 ± 202 年①，可供参考（图 2.12）。

图 2.12　马龙遗址早期陶器

1. 敛口钵　2. 喇叭形钵　3. 双耳器　4. 圈足器　5 ~ 7. 纺轮

龙潭山采集陶片以夹砂橙黄、灰陶为主，有刻划网格纹、几何纹和戳点纹、绳纹，可辨罐、豆、支足，另采集有扁平柳叶形石镞。简报根据石器特点与卡若相似，将龙潭山上限提至距今 5000 年，但陶器明显与当地遗存一致，橙黄陶见于马龙、佛顶早期和清华洞，纹饰种类均见于清华洞，支足见于银梭岛三期和清华洞，罐的形制不明，一般认为洱海地区浅盘高圈豆的出现不早于青铜时代，所以龙潭山下限应已进入青铜时代，上限亦不会太早。打制石器可能受到邻近的澜沧江下游流域忙怀类型的影响，也可能类似枣子坪是一个石器加工场所。

大波那龙山采集陶片有夹砂黑、红、橙黄，多刻划或压印斜线纹、交叉纹、网格纹、波浪纹、圆圈纹、绳纹，另有戳点纹和附加堆纹，可辨侈口罐、浅盘豆、纺轮，石器多磨制石斧，与龙潭山情况类似，下限应与大波那土坑木椁墓相当。

（五）遗迹现象及生计方式探讨

1. 建筑

银梭岛一期 F3 为方形地面式石构建筑，内有圆形火堆；二期地面式木构建筑有柱洞和硬面，其中 F2 带基槽、F4 内有火塘，还发现了疑似干栏式建筑的木桩；三期多为零散柱洞；四期有石墙遗迹，大石块砌两边，中间及空隙填小石块，再填黄土加固。马龙早期为圆形和长方形半地穴式石构建筑，底平铺石块，垒石为灶，晚期有木构建筑。佛顶乙址为圆形半地穴式石构建筑，周边围石块，同样垒石为灶。较晚的龙泉和白云仍为相同形制的石构建筑。

---

① 李祥根：《大理盆地全新世沉积、活断层运动速度与洱海古湖岸变迁问题》，《第四纪研究》1989 年第 8 期。

白羊村早晚均以长方形木骨泥墙地面式建筑为主，有的带基槽，居住面经加工。由于叠压打破关系复杂，难以确定用火遗迹的归属。晚期有半地穴式建筑，并出现柱础。

枣子坪 F4 为凸字形半地穴式木构建筑，周围较多柱洞，中心有近圆形灶坑。堆子建筑遗迹平面均呈圆角方形，多半地穴式，有一座干栏式。

海门口均为临河的干栏式建筑，一期 DT1204F1 为长方形木骨泥墙。

石构建筑在洱海沿岸从新石器晚期延续到汉代及以后，虽然青铜时代也有木构建筑，但始终以石构为主要形式，推测洱海沿岸遗址背山面水，石构建筑不仅取材方便，也能增强防御性。白羊村和枣子坪、堆子虽均为河岸台地遗址，但白羊村位于小盆地内，地势平坦，地面式建筑也最为常见，枣子坪和堆子位于金沙江阶地，故形成半地穴式。海门口为水滨遗址，干栏式建筑是自然选择。洱海地区地貌复杂，遗址的建筑形式与生存环境密切相关，故呈现出多样化的面貌。

2. 灰坑

灰坑多分布在建筑内部或附近，除枣子坪开口形状各异外，其他遗址均以圆形或椭圆形为主，多平底、少圜底，包含物有陶片、石器、石块、炭屑、烧土、兽牙等，早晚无明显差异，应是经过焚烧的废弃物堆积。白羊村第一次发掘的"二十三个窖穴内填大量灰白色的粮食粉末与稻壳、稻杆痕迹"[1]，可能具有储藏粮食的性质，根据目前材料判断属遗址晚期，为青铜时代遗存。

3. 墓葬

白羊村和枣子坪均为长方形竖穴土坑墓。

白羊村早期仅有第二次发掘的一座 M17，单人仰身直肢葬，下肢似被捆绑，足端上折，人骨上及填土中有红色粉末状物质，头端有陶罐、折腹钵、壶、椭圆形盘，器类与早期文化层所出一致。白羊村晚期葬式复杂，个别无头葬墓内有砺石、石块、猪下颌骨、兔头骨等，瓮棺葬具多为陶釜，也有釜和匜的组合，墓主除一例为成人外余均为儿童，无随葬。早年研究认为无头葬与猎头祭祀习俗有关，但最新的人骨研究显示无头葬"部分个体的颈椎保存较好，且未在颈椎上发现砍削的迹象"[2]，另

---

① 云南省博物馆：《云南宾川白羊村遗址》，《考古学报》1981 年第 3 期。
② 赵东月、朱泓、闵锐：《云南宾川白羊村新石器时代遗址人骨研究》，《南方文物》2016 年第 1 期。

外根据墓内牙齿、下颌骨残留，推测头骨是二次取走的，应不是猎头，可能是二次葬或其他原因。

枣子坪保存较好的 3 座墓葬均为单人仰身直肢葬且下肢残缺，其中 M22 墓主头侧有长颈折腹罐和敞口斜直深腹钵，M23 墓主肩部有弯月形穿孔石刀、腰部有长颈折腹罐和穿孔骨板，M26 墓主头压石块，头侧有侈口深腹罐、腰部有匜。其他墓还随葬喇叭口束颈罐、折肩钵、直口杯，除一件长颈折腹罐底内凹外，余皆为平底，有的边缘带凸棱，下限接近青铜时代。

堆子早期有长方形竖穴土坑墓和石板墓，随葬陶罐、钵、壶和骨簪、戒指、耳饰等。晚期新增石块墓和瓮棺葬，瓮棺葬具多为陶釜、罐，多用石板封盖，随葬陶器有单、双耳罐和豆、纺轮，另有铜、铁器和骨饰件、绿松石饰件、海贝。

洱海地区在石棺葬流行以前，以长方形竖穴土坑墓为主，北部山区较早出现石棺葬，可能指示其来源。至青铜时代除了土坑墓和石棺葬，儿童瓮棺葬也较为常见。这些墓葬的随葬品与遗址所出基本一致，但存在一些特殊的葬俗。

4. 生计方式

银梭岛一期动物遗存的种类非常丰富，"可以确定为家养动物的有猪、黄牛和狗，其中猪占的比例最大，其次是黄牛，最后是狗"[①]，渔猎的野生动物以鹿类、鱼类、软体动物类为主。之后的青铜时代，银梭岛人群对动物资源的利用越来越强化。白羊村遗址也出土了大量兽骨，经初步鉴定有猪、狗、牛、羊、鹿、麂鹿、野猪、松鼠、黑熊等[②]，暂未发现鱼类和软体动物类。清华洞早期发现较多螺壳，晚期少见，可能反映出环境和生计方式的变化，早期出土的羊骨也见于白羊村，不知是否指示畜牧业的存在。

作物遗存集中发现于海门口遗址，有稻、粟、黍、小麦、大麦、荞麦、大豆、大麻等，体现多种作物并存的特点，但呈现出阶段性的变化：一期稻多粟少，最早的文化层仅出稻；二期稻和粟并重，出现麦类；三期稻和粟仍较多，但麦类迅速发展[③]。结合白羊村青铜时代窖穴内填的大量稻类遗存，推测洱海地区至少从距今 3700

① 赵莹：《云南银梭岛遗址出土的动物遗存研究》，吉林大学硕士学位论文，2011 年。

② 云南省博物馆：《云南宾川白羊村遗址》，《考古学报》1981 年第 3 期。

③ 金和天：《云南剑川海门口遗址炭化植物遗存综合研究》，北京大学博士学位论文，2014 年。

年左右开始以稻作为主，来自北方地区的粟和麦先后进入洱海地区并迅速发展。另外，白羊村还出土了一枚云南山桃的果核，海门口二期采集到野栗子，表明这些植物资源也可能被遗址人群利用。

虽然银梭岛一期已经出现了明确的家养动物，海门口最早的文化层也出土了稻类遗存，但由于早于海门口一期的植物遗存情况暂不清楚，我们很难判断洱海地区新石器时代的植物驯化情况。相关的地理学研究为我们提供了重要参考，磁化率参数反映出人类活动最早在距今 4500 年左右开始影响洱海的湖泊沉积记录，而造成磁化率上升的原因很可能是原始耕作农业的出现。另一个例证是人类活动最早在距今 3300 年左右造成洱海的湖泊营养水平上升，与马龙遗址的测年数据非常接近，表明青铜时代人类活动强度增大，对环境的影响更加显著①。

基于地理学研究的证据更加充分，我们推测洱海地区新石器时代的稻作农业出现在距今 4500 年左右，可能分布在水热条件较好的盆地，而位于山区的枣子坪发达的石、骨器和对森林资源的利用表明了狩猎采集的重要性。至少目前我们可以确定洱海地区新石器时代的人群能够充分利用丰富的动植物资源，在农耕、家畜饲养、渔猎采集中选择适宜的生计方式，至青铜时代更加多元，如粟作、麦作农业以及畜牧业。

四 小 结

目前来看，银梭岛一期代表了洱海地区最早的新石器遗存，但距今 5000 年的上限仍可进一步讨论。我们认为早年提出的白羊村类型的主要内涵限于白羊村遗址早期遗存，年代与之相当的枣子坪遗存内涵更加丰富，两者上限均晚于银梭岛一期，可能受到银梭岛一期的影响。无耳、平底是洱海地区新石器时代陶器的基本特征，石、骨器则反映了不同的生计方式。之后的银梭岛二期、白羊村遗址晚期、海门口一期、马龙早期可能处在新石器时代向青铜时代过渡的时间节点上，带耳、圜底因素开始出现，并随着小件铜器的出土逐渐强化，洱海地区早期遗存陆续进入青铜时

---

① 张振克、吴瑞金、朱育新、潘红玺、吴艳宏、夏威岚、李徐生：《云南洱海流域人类活动的湖泊沉积记录分析》，《地理学报》2000 年第 1 期。

代。值得注意的是带耳因素少见于洱海以南、圜底因素少见于洱海以北，可能指示不同的来源，至青铜时代鼎盛期形成了更为明显的分野。鉴于洱海地区以北的横断山区目前比较明确的是一类与海门口一期相当的遗存，所以我们推测较早与洱海地区发生交流的可能是以东的雅砻江下游流域或龙川江流域，进入青铜时代以后与横断山区的互动开始显现（图 2.13）。

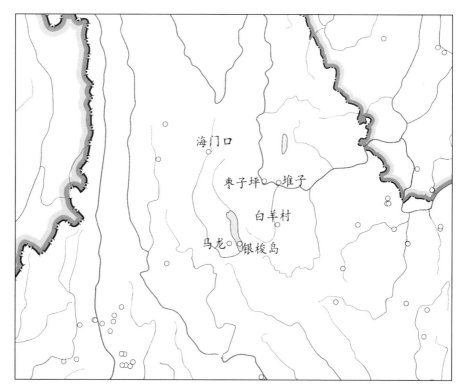

图 2.13　洱海地区新石器时代（含过渡期）遗址分布示意图

第三节　龙川江流域

一　地理概况

　　滇中川西高原湖盆区以金沙江为界分南北，龙川江流域位于金沙江以南，处在洱海地区和滇池地区之间，东、西有南北向山脉分布，南界为哀牢山，范围大致对应今天行政区划的楚雄彝族自治州。龙川江又名苴水，源自南华县苴力铺山，称白龙河，东南流经楚雄市，称龙川江，后经牟定、禄丰、元谋在龙街注入金沙江，流经姚安、大姚的蜻蛉河是其最大支流，流域内散布着楚雄、姚安、元谋等较大的盆地。龙川江流域虽然属高原季风气候，但由于处在点苍山－哀牢山的背风坡，降水量较少，盆地内尤为干燥。早期遗存集中分布在金沙江、龙川江及其支流沿岸台地和盆地内。

二 发现与研究述评

龙川江流域是云南省境内最早有考古活动的地区，1926～1927 年美国国家自然博物馆组织的中亚考察队就在金沙江南岸的元谋龙街调查了一处新石器时代遗址[①]，但具体情况不详，并且没有后续发展。新中国成立后的考古工作大致可分三个阶段。

（一）20 世纪 50 年代至 80 年代初期

新中国成立后龙川江流域考古工作的发展仍较缓慢，70 年代以前仅有 1957 年调查的姚安方家屯遗址，位于坝子边缘缓坡，背山面水，采集夹砂陶片，在邻近的蔡家山采集磨制石器，初步认为属新石器时代[②]。

龙川江流域正式的考古工作始于 1972～1973 年发掘元谋大墩子遗址，遗址位于元谋县城以东不远的龙川江支流台地。文化层分 8 层，有建筑遗迹、火塘、窖穴、墓葬，分早、晚两期。遗物有大量陶片和石、骨、角、牙、蚌器，陶片多夹砂、少量泥质，石器多磨制、少量打制，另有大量兽骨、个别海贝和稻谷遗存。简报认为遗址属新石器时代，大墩子居民"以农业为主，兼营狩猎、采集与饲养家畜"[③]，遗址柱洞出土木炭碳十四测定数据为距今 3210±90、3120±90 年[④]。1984 年在遗址边缘清理 1 座石板墓，采集夹砂陶罐和穿孔蚌饰，遗址以东不远还有石板墓分布[⑤]。

1979 年清理姚安黄牛山山麓缓坡上的 1 座石棺葬，为石块、石板混构墓，随葬

① 肖明华：《云南考古述略》，《考古》2001 年第 12 期。

② 刘启益：《广西云南所见古文化遗址》，《文物参考资料》1958 年第 3 期。

③ 云南省博物馆：《元谋大墩子新石器时代遗址》，《考古学报》1977 年第 1 期。

④ 中国科学院考古研究所实验室：《放射性碳素测定年代报告》（三），《考古》1974 年第 5 期。

⑤ 姜楚：《元谋大墩子新石器时代遗址石棺墓清理简报》，《云南文物》1994 年第 2 期。

夹砂陶器和兽骨，认为与西昌大石墓和德钦石棺葬近似，但陶器较原始，应不晚于西汉早期①。

由于大墩子遗址的发掘，汪宁生将其作为金沙江中游新石器遗存的代表②。李昆声、肖秋首先命名"大墩子类型"，认为遗存主要分布在龙川江沿岸台地③。随后阚勇明确了大墩子类型的分布范围是龙川江流域，指出大墩子遗址成人土坑墓墓主为非正常死亡，这些土坑墓均开口于早、晚期房基之间，推测是奠基仪式的牺牲，并提及元谋龙街、下棋柳遗址出土少量高足陶杯④。

（二）20 世纪 80 年代初期至 90 年代中期

永仁县城以南不远有菜园子和磨盘地两处遗址，菜园子位于永定河南岸二级台地，其东南的一级台地为磨盘地。1981 年调查菜园子，根据采集的陶、石器认为文化面貌和年代与大墩子相当⑤。1982 年清理磨盘地 30 座石板墓，多分布于台地北部边缘，随葬夹砂陶器或石器，简报认为与周边同类墓葬均存在差异，根据菜园子的性质推测"墓葬与遗址当属同一新石器文化系统"⑥。1983 年试掘菜园子，文化层分3 层，建筑内有用火遗迹，遗物有大量陶片和石、骨器，仍以夹砂和磨制为主⑦。

1985 年清理永仁县城以北维的乡的 60 座石板墓⑧，位于山间盆地内的小山丘上，随葬陶器均夹砂、石器均磨制。同年清理元谋下棋柳 2 座石板墓⑨，具体情况不详。

1990 年调查武定县田心乡的 3 处石板墓地点，分布于金沙江及其支流沿岸，采集夹砂陶片和磨制石器，清理了老把村的 3 座，仅出陶器或碎陶片⑩。同年在元谋县城西北的虎溪村发现 1 座石板墓，位于龙川江支流河岸，属于元谋盆地边缘地带，

---

① 姚安县文化馆：《云南姚安西教场黄牛山石棺墓》，《考古》1984 年第 7 期。

② 汪宁生：《云南考古》，昆明：云南人民出版社，1980 年。

③ 李昆声、肖秋：《试论云南新石器时代文化》，《文物集刊》（2），北京：文物出版社，1980 年。

④ 阚勇：《试论云南新石器文化》，《云南省博物馆建馆三十周年纪念文集》，昆明：云南省博物馆，1981 年。

⑤ 云南省博物馆：《云南永仁菜园子新石器时代遗址调查》，《考古》1985 年第 11 期。

⑥ 楚雄彝族自治州文管所、云南省博物馆文物队：《云南永仁永定镇石板墓清理简报》，《文物》1986 年第 7 期。

⑦ 阚勇：《永仁菜园子遗址试掘记略》，《云南文物》1984 年第 2 期。

⑧ 云南省博物馆文物工作队：《云南永仁维的石棺墓地发掘记略》，《云南文物》1986 年第 1 期。

⑨ 段志刚：《元谋县再次发现石棺墓》，《云南文物》1993 年第 1 期。

⑩ 张家华、李剑明：《云南武定田心石棺墓调查简报》，《云南文物》1992 年第 1 期。

不见随葬①。

段志刚认为大墩子遗址成人土坑墓性质特殊，楚雄地区新石器时代的普遍葬俗应该是石棺葬②。后又将楚雄地区的新石器文化分为金沙江流域类型和元江流域类型，从建筑、墓葬遗迹和陶、石器遗物等方面进行对比，进一步认为金沙江流域类型还包括滇西北、洱海、滇东北地区，梯形或长条形斧、锛典型；元江流域类型还包括滇池地区、滇东南和西双版纳的大部，有肩、有段石器典型；还有一个澜沧江流域类型，包括澜沧江中游、西双版纳和滇东南的小部，打制石器典型。这三个类型即是对整个云南新石器文化的划分③。

王大道根据新的资料对大墩子类型进行概括，认为其在元谋盆地分布较密集，遗址类型为河旁台地或盆边浅丘，内涵有所扩充④。此后大墩子类型基本成为定式。

（三）20 世纪 90 年代中期至今

1996 年清理南华孙家屯 70 座土坑墓，分布于龙川江以南山坡，随葬均为夹砂陶器，结合陶片热释光测定数据距今 4000~3500 年，判断为新石器晚期遗存⑤。

1997 年又清理磨盘地 8 座石板墓，随葬多夹砂陶、个别泥质陶，填土包含磨制石器和烧土块⑥。

1998 年调查大姚大粟树箐遗址，位于龙川江支流河岸山脚，采集多夹砂陶、泥质陶次之，石器多磨制、少量打制，一件大型石斧与菜园子采集类似⑦。

大墩子 1999 年发掘发现大量建筑遗迹，另有灰坑、祭祀坑、墓葬，遗物有大量陶片和石、骨、蚌器，同样包含大量兽骨和个别海贝⑧。黄家祥通过对遗址发掘简报的重新梳理，将大墩子文化层分为三期七段，修正了发掘简报中存在的诸多问题，大大推进了遗址的研究⑨。

---

① 段志刚：《元谋县再次发现石棺墓》，《云南文物》1993 年第 1 期。
② 段志刚：《对元谋大墩子新石器时代遗址成人墓葬的几点看法》，《云南文物》1990 年第 1~2 期。
③ 段志刚：《从楚雄地区的新石器文化类型看我省的新石器文化分类》，《云南文物》1994 年第 2 期。
④ 王大道：《再论云南新石器时代文化的类型》，《西藏考古》（第 1 辑），成都：四川大学出版社，1994 年。
⑤ 云南省文物考古研究所：《云南南华县孙家屯墓地发掘简报》，《考古》2001 年第 12 期。
⑥ 于非林：《永仁菜园子石棺墓清理简报》，《云南文物》1998 年第 1 期。
⑦ 段志刚：《大姚大粟树箐新石器遗址调查简报》，《云南文物》2002 年第 2 期。
⑧ 王国付：《试论楚雄地区的新石器文化》，《云南文物》2002 年第 1 期。
⑨ 黄家祥：《元谋大墩子新石器时代遗址的思考》，《考古》2003 年第 10 期。

2001 年正式发掘永仁菜园子和磨盘地遗址。菜园子文化层仍分 3 层，遗迹有建筑和灰坑，磨盘地文化层分 5 层，遗迹有建筑、火塘、沟、石板墓，均出土了丰富的陶、石器和兽骨。陶片几乎全为夹砂，石器多磨制，打制者多为原料、半成品或废品。菜园子另有少量骨器和铜、铁器各一件，表明遗址下限较晚。磨盘地另有大量炭化稻，出土于第③层，鉴定属栽培粳稻，推测是当地生产的地方稻种。发掘者认为两个遗址属同一考古学文化，与大墩子遗址最为近似，根据测年数据判断菜园子上限要早于磨盘地①。菜园子有一个碳十四校正数据为距今 4290 ± 135 年②，标本可能来自 1983 年试掘的 T3 第④层，即最早的文化层。磨盘地距今 3400 年左右的碳十四数据并不见于简报所引的原文③，而且简报也指出原文未注明资料来源，参考性不强。

大墩子 2010 年发掘了一个 4 米 × 1 米的探方，专为收集植物遗存材料。文化层分 12 层，"发现数量巨大的、具有相同重要地位的粟、黍与稻，同时发现了相应的田间杂草"，并且"这种稻粟混作的农业在大墩子遗址从早到晚一直存在。大墩子遗址所处的地势起伏的干热河谷的环境为混合型农业出现和长期存在提供了自然条件"，认为"从距今 5300 年开始，至距今 3400 年左右的时间里，粟的栽培逐渐从四川西部、西藏东部向云南传播开来"④，文中提及遗址最新碳十四测定数据为距今 4000 ~ 3600 年。

2012 年调查永仁永兴岩画，位于金沙江支流北岸崖壁，坐西朝东，均为褐色，推测颜料为赤铁矿粉和动物血调和而成，画面较凌乱，认为手印和人物是手指作画，条带和牛是工具作画，与洱海地区的漾濞苍山岩画在手印密集和人物造型简单的特点上一致，并根据崖壁下方地面采集的磨制石斧和打制石片判断下限为新石器

① 云南省文物考古研究所、中国社会科学院考古研究所云南工作队、成都市文物考古研究所、楚雄州博物馆、永仁县文化馆：《云南永仁菜园子、磨盘地遗址 2001 年发掘报告》，《考古学报》2003 年第 2 期。
② 中国社会科学院考古研究所：《中国考古学中碳十四年代数据集（1965 ~ 1991）》，北京：文物出版社，1992 年。
③ 于非林：《永仁菜园子石棺墓清理简报》，《云南文物》1998 年第 1 期。
④ 金和天、刘旭、闵锐、李小瑞、吴小红：《云南元谋大墩子遗址浮选结果及分析》，《江汉考古》2014 年第 3 期。

时代①。我们认为遗物为采集的单一石器，并不足以作为判断岩画时代的依据。

2012～2013 年发掘元谋县城以北不远的磨盘山遗址，位于龙川江支流沿岸，地层堆积有 15 层，遗迹有建筑、活动面、灰坑、沟和沟槽、窑址、墓葬等，遗物有陶、石、骨、角、蚌器及贝，兽骨种类丰富②。

这一阶段除了新的发现，还重新发掘了几个重要遗址，工作的科学化使人们对遗址的认识更加全面。也有学者对龙川江流域的墓葬进行了研究，认为龙川江流域石棺葬所出陶、石器与大墩子遗址所出同类器相似，属于同一类型和序列，大墩子墓葬跟遗址时代一致，与龙川江流域石棺葬都处于云南新石器晚期③。

三 综合研究

由于大墩子遗址涉及以之命名的大墩子类型，故我们首先对遗址内涵进行确认，然后结合龙川江流域其他重要遗址和墓葬的情况，来辨析遗存的性质。

（一）大墩子遗址的再探讨

大墩子简报所分早期包括第⑦～⑨层和 F4～15、K4～7、H2、H3，晚期包括第②～⑥层和 F1～3、K1～3、H1。

黄家祥所分三期七段未计入没有公布资料的第⑤、⑥、⑨层和 W5、W8、W13，F1～9 和 F13～15 "由于缺乏判定相对早晚的层位依据和包含物，故无法确定在遗址分期中的时间段落"④，分别位于 F5、F6 内的 K6、K7 的层位亦随之无法确定。一期 I、II 段包括第⑦、⑧层和 K4、K5、H3、H4，二期 III、IV 段包括第④层和 F10、H1、W12，三期 V～VII 段包括第②、③层和 K3、M1、M2、M14、M15、M20、W1～4、W6、W7、W9～11、W14～17。介于一期 II 段和二期 III 段之间的遗迹虽多，有 F11、F12、H2、M3～13、M16～19，但同样未计入。

我们认为黄家祥的分期存在一些问题需要探讨，比较突出的体现在以陶器的分

① 付丽娅、李田广：《楚雄永兴岩画调查》，《楚雄师范学院学报》2013 年第 12 期。
② 康利宏：《元谋磨盘山新石器时代遗址发掘收获》，《中国文物报》2013 年 3 月 15 日第 008 版。
③ 郭继艳：《川滇地区石棺葬的区域类型》，四川大学硕士学位论文，2002 年。
④ 黄家祥：《元谋大墩子新石器时代遗址的思考》，《考古》2003 年第 10 期。

型分式为依据而忽略原有的地层关系，如："H1 开口于第④层下，当略早于或相当于二期 IV 段"，F10 被 H1 打破，"年代当处在二期 III 段与 IV 段之间"，"K3 开口于第④层下，当处在三期 V 段，相当于或略早于三期 VI 段"①，同为开口于第④层下、打破第⑤层的 H1 和 K3 被归入了不同的期段，令人费解；M2 开口于第③层下，"应早于三期 VI 段、晚于二期 IV 段"，据此 M2 属于三期 V 段，M1、M14、M15 开口于第②层下，"当晚于三期 VI 段、早于三期 VII 段"②，但是下文将开口同为第②层下的 W1、W2、W9～11 归入三期 V 段，稍显混乱；"开口于第③层下的 W12 所出陶瓮为 A 型 I 式，此式陶瓮在陶器分期中处在二期 III 段，故 W12 当在此时间段"③，简报明确说 W12 "露口于第④层"，即打破第④层，至多与二期 IV 段相当或略晚；将编号为 T4③：1 的圈足归入二期 IV 段，而编号为 T6④：1 的圈足归入三期 VI 段，虽然T6④：1 是重号，但并不能确定其晚于 T4③：1。另外还有个别器物本身的问题，如：一期 I 段的 A 型罐应当对应的是 T10⑧：1，但经过重绘的线图跟原图差异较大，形制难以确定；T7⑧：17 和 T5⑧：1 沿了简报中盆的定名，分别代表 A 型和 B 型，比较牵强。

　　由于大墩子遗址公布的资料有限，做细致的分期非常困难，我们根据简报提供的信息，参考黄家祥的研究，大致分为三期。一期包括第⑦～⑨层，第②层发生明显变化，应单分一期，为第三期，一、三期之间为第二期，其中第⑥层具有过渡性质，位于文化层之间的遗迹单位归入上文化层，分期依据从陶器的连续性变化可以看出（表2.1）。

　　一、二期始终以夹砂灰褐陶为主，大致呈递增趋势，夹砂红陶一成多，较稳定，夹砂橙黄陶在一期较多，从第⑥层开始明显减少，之后消失，出现少量泥质红陶，三期夹砂灰褐陶明显减少，夹砂红陶突然增多，出现泥质灰陶。遗址中素面陶的比例是持续上升的，在三期达到近八成，刻划纹在一期最多，以折线纹为主，另有弦纹、斜线纹、短线纹、网格纹，从第⑥层开始明显减少，之后消失，绳纹、篮纹亦逐渐减少，第⑥层开始以细密点线构成的各种纹饰为主，出现圆圈纹，附加堆纹有所增多。遗址所见器形有罐、盆、钵、瓮、壶、瓶、杯、纺轮等，其中盆、杯不明确，多薄胎、深腹、小平底，以罐类为主。一期侈口折沿深腹罐较典型，敛口深腹

---

① 黄家祥：《元谋大墩子新石器时代遗址的思考》，《考古》2003 年第 10 期。

② 黄家祥：《元谋大墩子新石器时代遗址的思考》，《考古》2003 年第 10 期。

③ 黄家祥：《元谋大墩子新石器时代遗址的思考》，《考古》2003 年第 10 期。

表2.1　大墩子遗址分期对比

大墩子遗址文化层和遗迹	黄家祥分期	本文分期
M20、W3、W4、W6、W7、W14~17	三期	三期
②		
M1、M14、M15、W1、W2、W9~11		
③		
K1、K2、M2、W12		
④	二期	二期
H1→F10、K3		
⑤		
M3~13、M16~19		
⑥		
F11→F12、H2		
⑦	一期	一期
H3、H4		
⑧		
K4、K5		
⑨		

钵仅见于此期，另有喇叭口或钵形口罐，罐多唇部饰纹；二期侈口折沿深腹罐腹部较鼓，喇叭口罐卷沿变短，出现小口鼓腹瓶、束颈小瓶、圈足器；三期陶器大致分两类，即高大的近瓮类罐和矮小的罐或壶，多作为葬具单独或组合出现，近瓮类罐敞口口径不一，腹部更加圆鼓，有的最大径在肩部，小平底多内凹，矮罐多侈口，平底较大，其中一件带双耳，罐类多为卷沿、少量折沿，壶为长直颈、平底，出现一件形制特殊的鸡形壶（图2.14）。

　　另外，黄家祥文中介于一期和二期之间的一批长方形竖穴土坑墓开口于第⑤层下，其中M5包含的扁平柳叶形石镞与开口于第③层下的M2所出相同，变化不大，故我们将这批土坑墓和开口于第③层下的M2、W12均归入二期。三期以瓮棺葬为主，有少量长方形竖穴土坑墓和个别圆形土坑墓。遗址边缘石板墓采集的素面夹砂红陶罐敞口、鼓腹、底内凹，应属于三期。

　　可以看出大墩子遗址从早到晚是一个发展的过程，一、二期联系相对紧密，三

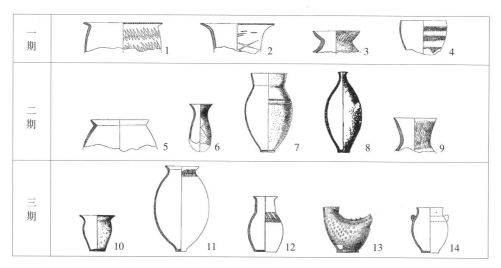

图 2.14　大墩子遗址陶器对比

1、3、5、7. 折沿罐（T7⑧：17、T10⑧：1、T10④：1、W12：1）　2、9. 喇叭口罐（T5⑧：1、T7③：1）
4. 敛口钵（T7⑧：1）　6. 束颈小瓶（T5④：10）　8. 小口瓶（T3③：6）　10、11. 卷沿罐（T3：3、
W10：1）　12. 长颈壶（W10：2）　13. 鸡形壶（W9：2）　14. 双耳罐（W7：2）

期有较大变化，出现较多新的因素，可能与遗存性质的变化有关。

　　大墩子遗址石器以磨制为主，除土坑墓中出土的被视作武器的扁平柳叶形石镞外，梯形或长条形斧、锛、凿最多，较多残石器亦属斧、锛类，少量长条形或弯月形穿孔石刀，另有石环、石镯、饰件、石球、弹丸、纺轮、石拍、砺石、刮削器等。骨、角、牙、蚌器中骨锥和蚌刀数量最多，另有凿、抿子、镞、针、笄、环、镯、饰件等。种类均较丰富。

　　磨盘山遗址地层出土陶器可辨罐和壶，陶质、陶色不详，石器有斧、锛、凿、刀、镞、纺轮、饰件、砺石，骨角器有锥、凿、镞、抿子、饰件，蚌器多为蚌饰，整体面貌与大墩子近似。方家屯遗址以夹砂红陶为主，少量夹砂灰陶，均素面，邻近的蔡家山有磨制石斧，我们认为大致相当于大墩子三期。

　　（二）菜园子、磨盘地遗址的再探讨

　　菜园子和磨盘地 2001 年发掘陶片几乎都夹砂，素面占到九成左右，共有唇部、口沿内侧装饰和器身刻划、戳印、附加堆纹。石器均以磨制为主，斧、锛多呈梯形，石斧弧顶弧刃，石锛刃部较平，共有长条形石凿、扁平宽叶形石镞、石核、石片和半成品。菜园子灰黑陶占半数以上，少量灰褐、红、灰陶，器形以侈口折沿深腹罐为大宗，另有侈口卷沿深腹罐、高领罐或壶、直口直腹器、敛口鼓腹器、敛口钵、纺轮、弹丸等，柱状和环形器耳形制丰富，平底占绝大多数，包含极少量圈足，磨制石器另有少量扁平柳叶形石镞和个别穿孔石刀、刻槽石坠。磨盘地红褐陶近半，灰黑陶次之，少量红、灰陶，点线纹特色，另有圆圈纹，器形以侈口卷沿深腹罐为大宗，另有侈口折沿深腹罐、喇叭口罐或壶、直口钵、敞口钵，均为平底，最晚出极少量宽耳，磨制石器另有纺轮。这两个相邻遗址的主体遗存基本面貌一致，应属于同一个大的时期的连续堆积，早晚变化不大，但也存在一定差异，我们认为菜园子相当于大墩子一、二期，磨盘地相当于大墩子三期。磨盘地由于发掘面积较小，陶、石器均不如菜园子丰富（图2.15）。

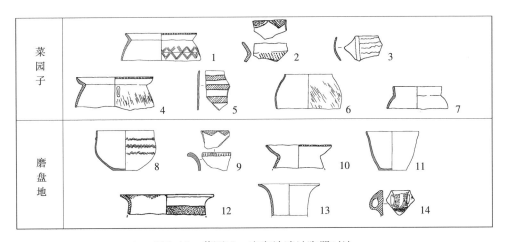

图 2.15　菜园子、磨盘地遗址陶器对比

1、2、4、10. 折沿罐（T5250④：6、T5151④：13、H3：12、T4141④：10）　3. 敛口钵（T5051④：29）　5. 直口器（T5252③：32）　6. 敛口器（T5051③：20）　7. 直口罐（T5153②：28）　8. 直口钵（T4040⑤：13）　9、12. 卷沿罐（T4041④：10、T4040②：7）　11. 敞口钵（T4140④：25）　13. 喇叭口罐（T4140②：11）　14. 带耳罐（T4140②：14）

菜园子开口于耕土层下、打破最上层文化层的 H1、H2 分别包含铜镯和铁构件，H1 内共存的陶、石器有侈口折沿深腹陶罐、敞口陶盆或钵、管状陶器耳和梯形、长条形石斧，H2 内共存的石器有扁平宽叶形石镞，与文化层所出一脉相承，但已经超出了新石器时代的范畴。菜园子早年调查和试掘的内容基本一致，与试掘内容相比，调查采集的泥质陶比例稍高，纹饰有磨盘地典型的点线纹，器形有釜，表明菜园子遗址的下限较晚。

大粟树箐遗址以夹砂褐、红陶为主，泥质褐陶次之，有素面和绳纹、篮纹、刻划纹，可辨侈口折沿罐和敛口罐，有的唇部饰绳纹，多平底，部分小圈足，另有半环形器耳。石器多磨制成弧顶梯形，少量长条形，石斧大宗，少量石锛，个别砺石和打制刮削器、敲砸器，有一件长近50厘米的大型石斧，同类器见于菜园子采集的一件长42厘米的大型石斧。与菜园子相似点较多，应与之相当。

（三）墓葬遗存探讨

姚安营盘山青铜时代土坑墓位于姚安坝子西山山麓台地，北距黄牛山石棺葬约1千米，南距方家屯遗址约500米，土坑墓大致呈东西向长条形，南壁中部带耳室，与铜器共存的陶器为夹砂红褐，多平底、少圜底，器形有无耳罐、双耳罐、釜、豆，罐平底均有叶脉纹[①]。邻近的黄牛山石棺葬形制复杂，四壁用石块叠砌，空隙处填以碎石块和黏土，底铺石板，顶盖条石，分前后室，前后室之间有两块直立石板，似为封门，随葬陶器为夹砂褐、灰陶，均敞口、束颈带双耳，多釜，另有深腹圈足罐和鼓腹平底罐，有的肩饰对称乳钉，另有绳纹、方格纹、叶脉纹，随葬鸡、羊骨的现象较特殊。黄牛山石棺葬虽不见金属器，但形制和随葬均体现出进步性，陶器与姚安营盘山土坑墓亦相似，应同为青铜时代遗存。

龙川江流域不见金属器的土坑墓见于大墩子、磨盘山、孙家屯。大墩子二期的长方形竖穴土坑墓墓主多为成人，头向很不一致，大都骨骼缺失或折断、身中石镞，少数身压大石，均无随葬，即为非正常死亡的埋葬，三期的1座圆形土坑墓墓主为儿童，内有穿孔骨珠1枚。磨盘山4座墓葬有土坑墓和石板墓，资料所限，难以区分，仅知合葬和单人葬各半，既有一次葬，也有二次葬，随葬以陶器为主，有罐、壶、瓶、杯等，另有石锛、砺石、骨器、蚌饰及贝。孙家屯70座长方形竖穴土坑墓出陶器918件，头向基本一致，朝向山顶，陶器均夹砂，多红褐色，少量黑褐或灰褐，多素面，器形有罐、瓶、盘、釜、壶，除小口瓶、束颈小瓶、浅腹盘外，多带单耳或双耳，肩部多饰对称乳钉，除釜外均为平底，平底多有叶脉纹。除大墩子土坑墓较为特殊外，磨盘山随葬器物大致符合大墩子遗址二、三期的遗物特征，年代应相当，孙家屯随葬陶器则与姚安营盘山近似，豆尚未出现，下限要晚于大墩子和磨盘山，但早于姚安营盘山。

龙川江流域数量最多的墓葬形制是石板墓，均不见金属器，集中分布在永仁县

---

① 郭开云：《姚安县营盘山墓葬出土的青铜器》，《云南文物》1992年第1期。

境内，其他地点有大墩子、虎溪和田心所所卡、干龙潭、老把村，均位于龙川江流域北部靠近金沙江的范围内，多有底板和盖板，根据墓坑尺寸推测为单人仰身直肢葬，头向山顶，头端较足端高且宽。磨盘地1982年的30座石板墓中13座有随葬，共出陶器23件、石器4件，陶器除纺轮为泥质外，余均夹砂灰陶，有的呈橙色，以侈口折沿深腹罐为主，另有喇叭口深腹罐、小口鼓腹瓶，多为小平底，标本中有一件罐底微内凹，石器均磨制，有长方形石斧、梯形石锛、扁平柳叶形石镞；1997年的8座石板墓中无底板、有盖板的较多，半数有随葬，随葬均为陶器，夹砂灰陶为主，少量泥质红陶，器形有罐、釜，罐位于头侧、釜位于足端，多伴出少量骨渣，填土出磨制斧、锛和一定数量的烧土块；2001年的7座有底板，因遭到破坏，盖板情况不详且没有发现遗物。磨盘地石板墓随葬陶、石器与遗址所出有一定区别，更接近菜园子遗址，个别出陶釜，下限可能进入青铜时代。维的60座石板墓有个别带头箱或足箱的情况，除3座破坏严重外，余均发现随葬，有1~6件不等，以4件最多，多置于头端，陶器均为夹砂灰陶平底器，以单耳陶罐为大宗，无耳、双耳陶罐次之，少量陶瓶，个别陶壶和陶纺轮，石器均磨制，以石纺轮为大宗，梯形石斧次之，个别梯形石锛，与磨盘地1982年发掘最为近似，多带单耳或双耳的特征与孙家屯土坑墓相同，不见陶釜，年代可能介于两者之间。大墩子和虎溪均为有底板、盖板不详的情况，大墩子敞口、鼓腹、底内凹的夹砂红陶罐属遗址三期，虎溪不见随葬。田心石板墓陶片多夹砂灰、褐，所所卡和干龙潭有少量篮纹和刻划纹，老把村头向不一，另有夹砂红陶，陶器或碎陶片置于头侧的现象见于磨盘地1997年发掘，可辨侈口平底罐、敞口罐、尖底罐、壶，其中尖底罐罕见，石器有磨制梯形斧、锛，推测所所卡和干龙潭年代相当，老把村下限可能较晚。

瓮棺葬仅见于大墩子三期，墓主均为儿童，分布在建筑遗迹附近，葬具多朝同一方向倾斜，以近瓮类罐为主，器形高大，多在瓮棺的肩、腹或底部敲1~3个圆形小孔，另有较矮小的罐和壶，与磨盘地早期石板墓随葬陶器近似。

龙川江流域土坑墓、石棺葬、瓮棺葬共存，随葬陶器与遗址所出相比更加光素，侈口深腹小平底罐典型，随葬石器均磨制，梯形或长方形斧、锛较普遍，另有纺轮、石镞、砺石，与遗址所出相同。结合姚安营盘山青铜时代土坑墓所出陶器的情况，除邻近的黄牛山石棺葬与之相似度较高外，孙家屯土坑墓夹砂红褐陶、平底叶脉纹、带耳、陶釜等因素均与姚安营盘山一致，还与黄牛山共有乳钉纹，孙家屯距今4000～3500年的陶片热释光测定数据是一个较宽的范围，下限应该已经进入青铜时代。带耳因素在维的石板墓亦突出，但不见红陶、叶脉纹和陶釜，应早于孙家屯，是带耳因素可能的来源。磨盘地、大墩子、老把村包含少量红陶，磨盘地还出陶釜，下限亦可能进入青铜时代（图2.16）。

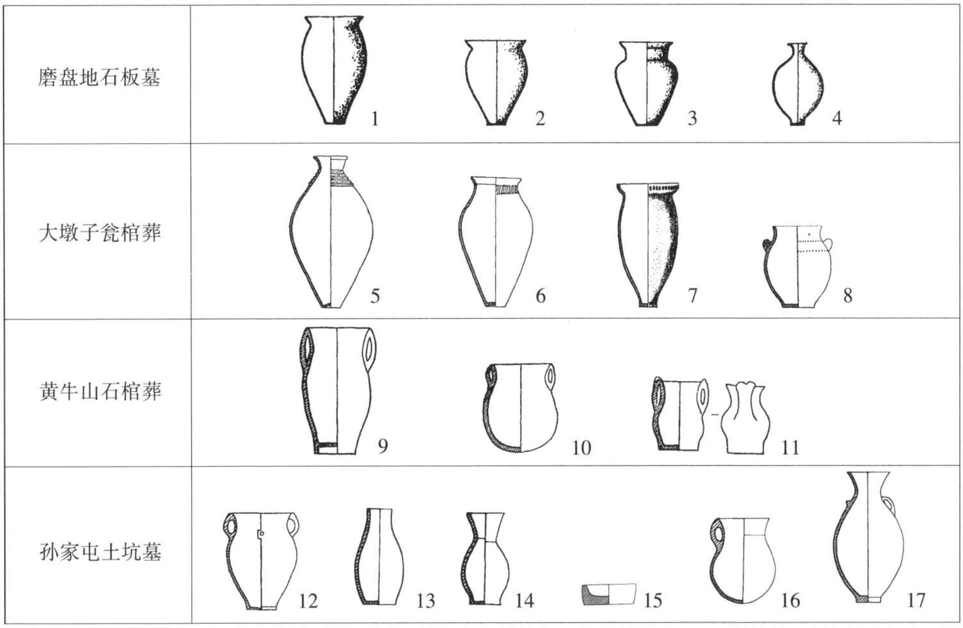

图2.16　龙川江流域随葬陶器对比

1～3、6、7. 无耳罐（M25∶1、M27∶1、M28∶1、W15∶1、W14∶1）　4、13. 小口瓶（M12∶1、M21∶12）　5. 小口罐（W16∶1）　8、9、11、12. 双耳罐（W7∶2、黄牛山、黄牛山、M21∶2）　10. 双耳釜（黄牛山）　14. 束颈小瓶（M7∶14）　15. 浅腹盘（M18∶6）　16. 单耳釜（M21∶5）　17. 单耳壶（M21∶16）

以龙川江流域墓葬遗存面貌为参考，再来看大墩子类型。典型遗址大墩子的第三期几乎都是墓葬资料，以瓮棺葬为主，面貌已经接近青铜时代，与一、二期相比变化较大，一、二期应是较为明确的新石器遗存，三期可能处在新石器时代向青铜时代过渡的阶段。大墩子遗址早年和最新的碳十四测定数据差距较大，结合与大墩子一、二期相当的菜园子遗址的碳十四校正数据，我们将大墩子类型的上限提至距今4300年左右，大墩子遗址距今3600年左右的下限是未经校正的数据，我们推测大墩子类型的下限可能要早于这个数据。龙川江流域新石器时代的墓葬遗存多相当于大墩子遗址的二、三期，其中磨盘地石板墓和孙家屯土坑墓的下限已经超出了大墩子类型的范畴，表明墓地的沿用时间较长。

（四）遗迹现象及生计方式探讨

1. 建筑

大墩子历次发掘共清理建筑遗迹 55 座，根据 1999 年发掘的相关信息，早期为半地穴式、中期为有基槽地面式、晚期为无基槽地面式，但无法与我们划分的一、二、三期明确对应。其中半地穴式平面形状不详，地面式根据首次发掘的资料应为长方形木骨泥墙，有基槽的面积较大，无基槽的面积较小，均有居住面和双面涂抹的木骨泥墙，推测屋顶为稍倾斜的平顶。一期火塘多周围起脊的圆角方形，二期为圆形浅坑，有的用鹅卵石砌边。

磨盘山 41 座建筑遗迹有半地穴式和地面式，面积多在 20 平方米以内，地面式数量较多，平面形状多呈方形或长方形，有少量圆形，均带柱洞，有的有基槽。相关遗迹还包括活动面 9 处、灰坑 30 个、窑址 1 座、沟 1 条、沟槽 3 条，但具体情况不详。

菜园子早年试掘早晚均有圆形半地穴式和长方形地面式建筑。T1F1 为早期圆形半地穴式，中心和周围有柱洞，中心柱洞周围有用火遗迹。T3F1 为晚期长方形地面式，推测为木骨泥墙。菜园子、磨盘地 2001 年发掘仅见长方形地面式建筑，简报注意到成排的木棍仅分布于草拌泥的单面且没有发现居住面，推测为干栏式建筑，柱洞底部一般没有柱础。

目前来看，龙川江流域新石器时代均为土木结构建筑。半地穴式较早流行，多为圆形，后地面式逐渐成为主流，多为方形或长方形，也存在干栏式，符合建筑形式发展的一般规律。

2. 灰坑

大墩子一期的 H3 平面长方形，包含大量陶片、木炭、烧渣、兽骨，出石杵、骨锥、骨管、蚌刀各 1 件，H4 不规则，包含少量陶片；二期较早的 H2 形制、包含物与 H3 相同，但不出小件，较晚的 H1 平面圆形，包含大量灰白色禾草类叶子和谷壳粉末，出石斧 1 件、牛牙 2 颗。其中 H4 可能是垃圾坑，H1～3 可能是祭祀坑，更明确的信息有待大墩子 1999 年发掘的 10 个灰坑和 2 个祭祀坑的资料公布。

菜园子最早的灰坑平面为圆角方形，稍晚为平面圆形浅坑，均包含陶片，其中

H3 平面近椭圆，包含大量陶片和陶纺轮、石锛、石镞、兽骨，陶片与文化层所出一致。菜园子最晚的灰坑多圆形圜底，出铜镯的 H1 内置石板 4 块，包含陶片、石斧、兽骨，类似墓葬，出铁构件的 H2 包含石镞。

3. 生计方式

大墩子二期 H1 包含的大量灰白色禾草类叶子和谷壳粉末可能是稻，K7 内 3 个陶罐装有大量谷类炭化物，经初步鉴定为粳稻，但年代无法确定。磨盘地 2001 年发掘在第③层下集中出土了大量炭化稻，鉴定属栽培粳稻，推测为当地生产，故多认为大墩子类型人群以稻作农业为主。更明确的证据来自大墩子 2010 年的发掘，文化层浮选出的稻、粟、黍并重，既有稻田杂草，也有旱地杂草，为持续的稻粟混作农业，丰富了以往的认识①。

龙川江流域新石器时代的遗址和墓葬中均发现有兽骨遗存，在遗址中尤其多，常与陶片、石器伴出，动物种类非常丰富。其中大墩子所出兽骨经初步鉴定，判断家畜可能猪、狗、牛、羊、鸡俱全，野生动物以鹿类为主，另有黑熊、豪猪、野兔、猕猴、鼠、竹鼠、松鼠、鱼等，认为是以家畜饲养为主、渔猎辅之②。下棋柳的猪、狗、牛也被认为是家畜③。磨盘山所出兽骨以哺乳类最多，另有禽鸟类、鱼类、无脊椎类，其中个体数量最多的是啮齿类。

虽然以往研究认为大墩子类型人群以农业生产为主，但实际上渔猎采集、家畜饲养是同样重要的生计方式。

四　小　结

龙川江流域的新石器遗存仍以大墩子类型为代表，集中分布在靠北的龙川江下游及其支流蜻蛉河流域。典型遗址大墩子可分早晚：一、二期为早期，另包括菜园子遗址、大粟树箐遗址、磨盘地石板墓等，属大墩子类型；三期为晚期，另包括磨盘地遗址、方家屯遗址、维的石板墓等，可能是新石器时代向青铜时代过渡的遗存。

---

①　金和天、刘旭、闵锐、李小瑞、吴小红：《云南元谋大墩子遗址浮选结果及分析》，《江汉考古》2014 年第 3 期。

②　张兴永：《元谋大墩子新石器时代遗址出土的动物遗骨》，《云南文物》1985 年第 1 期。

③　张兴永：《云南新石器时代的家畜》，《农业考古》1987 年第 1 期。

磨盘山遗址和墓葬则整体在大墩子类型的范围内。

大墩子类型陶器以夹砂、素面为主，灰色系、唇部装饰、刻划纹、平底等因素较早流行，红色系、点线纹、带耳、小平底等因素较晚流行，始终以侈口深腹平底罐为典型器，并由折沿向卷沿转变，另有钵、瓶、壶等。石、骨、角、牙、蚌器等种类均丰富，石器以磨制为主，梯形或长条形斧、锛、凿数量最多，刀、镞、纺轮亦较常见，另有少量打制石器和半成品或残件。结合动植物遗存的情况，初步判断大墩子类型人群兼营稻粟混作农业、家畜饲养和渔猎采集。

明确的青铜时代遗存集中分布在靠南的龙川江上游，以墓葬为主，可能反映出龙川江流域从新石器时代到青铜时代人群有一个自北向南扩散的趋势（图2.17）。

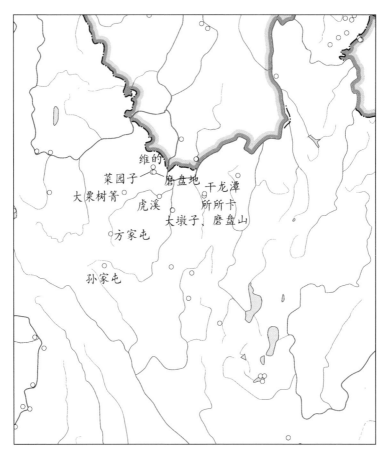

图2.17　龙川江流域新石器时代（含过渡期）遗址分布示意图

第四节　乌蒙山西侧

一　地理概况

乌蒙山是滇黔交界处的南北向山脉，大致与云南高原和贵州高原自然地理分界线重合，东西两侧气候差异较大。西侧有中水盆地和昭鲁盆地，盆地内多丘陵，冬季晴朗干燥，较为宜居，早期遗存也集中分布在盆地内；东侧冬季寒冷多雨，发现的遗存数量相对较少。

二　发现与研究述评

乌蒙山西侧的考古工作大致以 2000 年为界分两个阶段：2000 年以前多为调查和试掘，造成研究的不确定性；2000 年以后正式的发掘工作集中展开，陆续发掘了一批重要遗址，积累了丰富的资料，早期遗存的面貌也随之清晰。

（一）2000 年以前

1954 年发现鲁甸马厂遗址，位于鲁甸县城东北，在丘陵周围的沼泽里采集到一批陶器，不见石器，1960 年复查征集到陶器和石器，认为遗址中曾发现的铜器显然时代较晚，不能跟新石器遗存混为一谈，但由于没有进行发掘，并不清楚这些遗物是否同在一层[①]。

1959 年在昭通县城以北发现闸心场丘陵遗址，1960 年调查，均只采集到陶片，对陶质、陶色、器形的描述和认识存在较大差异，推测为新石器遗存[②]。1960 年试掘闸心场遗址，两层胶质土文化层包含大量陶片和少量石器，认为与马厂属同一类型，

---

① 云南省文物工作队：《云南昭通马厂和闸心场遗址调查简报》，《考古》1962 年第 10 期。

② 陈万煜：《昭通县发现古文化遗址》，《文物参考资料》1959 年第 9 期；云南省文物工作队：《云南昭通文物调查简报》，《文物》1960 年第 6 期。

但陶器制作技术和种类均不及马厂，可能稍早，下限不晚于西汉①。

有研究文章中提及马厂 1960 年复查曾采集到一件有段石锛②，但不见于简报，来源不明确。同一作者在另一文章注释中提及 1980 年再次试掘闸心场遗址，发现有段石锛和青铜戈共存③，同样来源不明确。比较明确的是 1979 年对马厂遗址的复查，采集较多陶、石器，认为是较进步的新石器遗存，其中有一例段不明显的有段石锛④。

汪宁生认为马厂和闸心场两个遗址具体年代不明，从陶、石器制作技术看，较云南其他地区新石器遗存进步，属新石器晚期⑤。同时李昆声、肖秋提出云南新石器文化"闸心场类型"⑥，之后多沿用。

1972 年试掘威宁中水盆地中河北端的大河湾冲积层，发现陶片、烧土、木炭、螺壳，采集石器，认为是新石器遗存的重要线索⑦。1981 年调查中河以西的吴家大坪遗址，采集陶、石器，认为与马厂、闸心场遗存类似⑧，西距鲁甸、西北距昭通均 20 千米左右。

1982 年调查鲁甸县城以东的野石山坡遗址，遗址四面环山，东临草海的区域土色灰白并夹杂大量陶片，推测是烧陶场所，在遗址剖面发现建筑、夯土、灰坑等遗迹和陶片，认为是一处新石器时代遗址⑨。同年调查昭通县城以北的过山洞遗址，其南不远即为闸心场遗址，采集陶器和磨制石器，认为时代较早⑩。

1991 年在永善县境内的金沙江岸缓坡台地进行试掘，文化层出烧土和铜渣，另采集一件磨制梯形石斧即称新石器时代遗物⑪，这是早年资料的通病。

① 云南省文物工作队：《云南昭通马厂和闸心场遗址调查简报》，《考古》1962 年第 10 期。
② 葛季芳：《云南发现的有段石锛》，《考古》1978 年第 1 期。
③ 葛季芳：《对元谋大墩子遗址社会性质的探讨》，《云南社会科学》1987 年第 4 期。
④ 崔玉珍：《鲁甸马厂遗址的调查》，《贵州社会科学》1980 年第 1 期。
⑤ 汪宁生：《云南考古》，昆明：云南人民出版社，1980 年。
⑥ 李昆声、肖秋：《试论云南新石器时代文化》，《文物集刊》(2)，北京：文物出版社，1980 年。
⑦ 贵州省博物馆：《贵州威宁中河发现新石器时代遗物》，《文物》1973 年第 1 期。
⑧ 晏祖伦：《威宁吴家大坪新石器时代遗址的调查》，《贵州文物》1983 年第 1 期。
⑨ 游有山：《鲁甸野石新石器时代遗址调查报告》，《云南文物》1985 年第 2 期。
⑩ 张合荣、罗二虎：《试论鸡公山文化》，《考古》2006 年第 8 期。
⑪ 夏廷安：《永善发现新石器时代文物》，《云南文物》1995 年第 1 期。

（二）2000 年至今

2002 年公布了一批 1978 年在马厂遗址湖泊泥炭层中采集的陶、石器，认为陶器表面呈黑色很可能是长期埋于泥炭层所致，厚胎小型器推测为明器，提及 1980 年曾采集到铜器，认为马厂除新石器遗存外还有青铜时代遗存，也可能为单一的青铜时代遗存①。由于资料公布较晚，形成了不同于早年的认识。

2004～2005 年正式发掘吴家大坪遗址，地层破坏严重，有螺壳堆积，遗迹有建筑、灰坑、沟，出土陶、石、玉、骨器，推测是一处居住遗址，认为受到甘青地区和东南沿海文化的影响，提及 1995 年和 2002 年曾试掘 3 个稻谷坑，其中 K2 炭化稻碳十四测定数据为距今 3120±65 年②。发掘期间还调查了邻近的金鸡梁子、威宁中水营盘山、大冲沟、窄沟等遗址，并对威宁中水营盘山进行了试掘。营盘山位于吴家大坪对岸，堆积较厚，遗迹有柱洞、灰坑、沟，遗物有陶、石器，上下文化层变化明显③，其中属于上文化层的ⅡT0601④层木炭标本碳十四测定数据为距今 2990±40 年、树轮校正为距今 3320～3050 年④。

2004、2005 年两次发掘威宁鸡公山，是中水盆地中河以东一处以祭祀活动为主的山顶遗址，西北不远为吴家大坪遗址。地层同样破坏严重，大部分表土下即为生土，有的有很薄的文化层，遗迹有大量祭祀坑和成组柱洞、少量墓葬，坑内多有炭化稻，遗物有陶、石、骨、铜器，包含少量西北氐羌文化、东南百越文化和成都平原三星堆文化的因素。认为与之近似的马厂、闸心场、吴家大坪、威宁中水营盘山等均属同一类型的新石器晚期到青铜时代初期遗存，建议命名为"鸡公山文化"，木炭、炭化稻、人骨的碳十四测定数据均落在距今 3200～2900 年的范围内⑤。

随即有学者对鸡公山文化进行了研究，认为其分布中心在中水盆地和昭鲁盆地，大量特征鲜明的陶器最为典型，石、骨、玉、铜器均较少，提及马厂 1980 年试掘曾

① 云南省文物考古研究所：《鲁甸马厂的一批文物》，《云南文物》2002 年第 2 期。
② 贵州省文物考古研究所、四川大学历史文化学院考古系、威宁县文物保护管理所：《贵州威宁县吴家大坪商周遗址》，《考古》2006 年第 8 期。
③ 张合荣、罗二虎：《试论鸡公山文化》，《考古》2006 年第 8 期。
④ 王林：《贵州威宁县鸡公山遗址初探》，《四川文物》2012 年第 4 期。
⑤ 贵州省文物考古研究所、四川大学历史文化学院考古系、威宁县文物保护管理所：《贵州威宁县鸡公山遗址 2004 年发掘简报》，《考古》2006 年第 8 期。

出土铜斧和铜剑，后又采集铜矛。鸡公山文化早期包括鸡公山部分遗存、吴家大坪、威宁中水营盘山下层和昭通过山洞、野猪洞、黑泥地等遗址，晚期包括鸡公山部分遗存、威宁中水营盘山上层和鲁甸马厂、野石等遗址，铜器出现在晚期，"表明该文化已进入青铜时代，但不排除该文化的最初阶段可能仍在新石器时代末期或铜石并用时期"①，年代大致在距今 3300～2700 年。

　　2002 年发掘的鲁甸野石山遗址资料较晚公布，即 1982 年调查的野石遗址，遗迹有窑址和灰坑，遗物有大量陶器和少量石器、铜器。初步认定是较为单纯的青铜时代早期遗存，认为与鸡公山文化存在较大差异，暂不能归入鸡公山文化。两个木炭碳十四测定数据分别为距今 3105 ± 105、2985 ± 80 年，推测大致在距今 3300～2900 年的范围内②。

　　对野石山遗址的研究也随即展开，发掘者将其命名为"野石山遗存"，提及威宁中水营盘山遗址相关信息，认为与野石山非常相似，应属一类遗存，野石山可能略早于营盘山，野石山遗存整体晚于鸡公山文化，但较接近，均早于包含巴蜀文化因素的昭通营盘乙区和威宁中水红营盘墓葬遗存，并认为昭鲁盆地和中水盆地青铜文化的发展很可能受到西昌及其以东青铜文化的影响，来源是沿青藏高原东侧南下的甘青地区史前文化③。有意思的是，在这篇对野石山遗存的研究中公布了鸡公山遗址的碳十四校正数据，校正后的区间在距今 3460～3010 年。野石山由于两个木炭标本不理想，造成碳十四和校正数据误差率较大，均超出了鸡公山校正后的区间，推测合适的年代范围在距今 3100～3000 年。

　　基于碳十四校正数据的公布，有学者又对鸡公山遗址进行了专门研究，将遗址分为二期三段，认为一期I段大致在距今 3400～3300 年、一期II段大致在距今 3300～3100 年、二期大致在距今 3100～3000 年，推测祭祀坑可能与农业祭祀有关，鸡公山和吴家大坪是同一时期、功能各异的两处遗址，最后将昭鲁盆地和中水盆地相关遗存分为早、晚两组，第一组包括鸡公山一期、吴家大坪遗址、威宁中水营盘山下层、闸

①　张合荣、罗二虎：《试论鸡公山文化》，《考古》2006 年第 8 期。
②　云南省文物考古研究所、昭通市文物管理所、鲁甸县文物管理所：《云南鲁甸县野石山遗址发掘简报》，《考古》2009 年第 8 期。
③　刘旭、孙华：《野石山遗存的初步分析》，《考古》2009 年第 8 期。

心场遗址等，第二组包括鸡公山二期、威宁中水营盘山上层、野石遗址、马厂遗址等，是当地"一种从新石器时代晚期向青铜时代初期过渡的区域性考古学文化"[1]。所分两组与之前学者所分的鸡公山文化早、晚期基本一致，文中列出的四组发展序列除鸡公山和威宁中水营盘山是遗址本身具有的变化外，"吴家大坪遗址→马厂遗址"和"闸心场遗址→野石遗址"均有待商榷。

较晚公布的资料还有 1991 年清理的巧家小东门墓地，位于金沙江东岸，包括 10 座石棺葬和 8 座土坑墓，随葬陶、石、骨器和穿孔海贝，采集有石器和玉器，由于破坏严重，叠压打破关系不明，根据发掘和陶器情况推测石棺葬略早于土坑墓，时代相当于西周至春秋早期[2]。

虽然闸心场类型较早提出并沿用至今，但随着中水盆地考古发现和研究的进展，人们对乌蒙山西侧的早期遗存有了新的认识，闸心场类型的概念受到极大冲击，其内涵已不能代表单纯的新石器遗存。

三　综合研究

通过梳理我们发现乌蒙山西侧早期遗存大致分布在以鲁甸、昭通、威宁中水三个端点为中心的三角形区域内，彼此之间直线距离都在 20 千米左右。我们基本认同之前学者的分期，下面将分别考察这三个中心的面貌，以探讨它们之间的相互关系。巧家小东门和昭通营盘乙区、威宁中水红营盘的墓葬资料则为探讨乌蒙山西侧早期遗存的源流提供了线索。

（一）中水盆地和昭鲁盆地

我们将按照三地资料丰富程度的顺序来进行探讨，依次是威宁中水、鲁甸、昭通，所见遗物中陶器最多，石器和铜器均较少。

1. 威宁中水

遗存集中分布在中水盆地内中河两岸的坡地和小山梁上。

---

① 王林：《贵州威宁县鸡公山遗址初探》，《四川文物》2012 年第 4 期。

② 昭通市文物管理所、巧家县文物管理所：《云南省巧家县小东门墓地清理简报》，《四川文物》2009 年第 6 期。

　　鸡公山整体以夹砂褐陶为主，部分黑灰陶，极少数磨光带黑衣，多素面，所见均为平底，器形以细长颈小平底瓶为大宗，除颈部饰弦纹外，腹部最大径处多饰戳点纹，另有钵形口深腹罐、敛口带流盆或钵、敛口杯、喇叭形杯或器盖、圆形穿孔器，其中钵形口深腹罐口沿内外多饰瓦棱纹、少量唇部锯齿纹，少量斜折沿或喇叭口束颈罐、钵形口垂腹罐、折肩钵，瓶、罐、杯多带单竖耳，盆或钵、匜多为单横耳，瓶、罐耳均位于颈腹相接处，杯、盆或钵耳均位于肩部。石器均磨制，有长方形、有段、双肩石锛和梭形穿孔石刀、石镰、石臼。玉器有有领玉环和玉玦。骨器有骨镞和骨饰。铜器有有段铜锛、铜凿、耳饰。

　　从祭祀坑器物基本组合情况来看，K4 与 K31 最为接近，有较多细长颈小平底瓶和个别钵形口深腹罐。K31 炭化稻碳十四校正数据为距今 3460 ~ 3260 年，是上限最早的数据，K4 应与之年代相当。细长颈小平底瓶有口径较大、较矮胖的形制，钵形口深腹罐唇部锯齿纹、口径亦较大，另有近盘口深直腹罐或杯、折肩钵、敛口钵、敛口杯、梭形穿孔石刀，其中敛口杯不带耳，但口沿下有穿孔，相同形制见于 K37。

　　K3 细长颈小平底瓶为小口径、矮胖的形制，与 K4 共有折肩钵和敛口钵，出现喇叭形杯或器盖。与 K4 和 K31 较为接近的是 K9，较多小口径的细长颈小平底瓶，有的素面，钵形口深腹罐口径大小不一，两种器形均有不带耳的形制，敛口杯带耳，另有大口径的喇叭口束颈罐、敛口带流钵、喇叭形杯或器盖。K3 和 K9 的喇叭形杯或器盖均为斜直壁、内圜底，其中 K3：2 唇部和内底较尖，K9：10 圆唇微卷、内底较圆，前者可能稍早于后者，但相差不大。K11 以唇部锯齿纹钵形口深腹罐为主，与 K9 共有不带耳细长颈小平底瓶、带耳敛口杯、喇叭形杯或器盖、带流器，一件近直口鼓腹小罐较少见，其中喇叭形杯或器盖已是敞口、弧壁、内平底，相同形制见于 H1。H1 钵折肩明显，钵形口深腹罐小型似杯，敛口杯有单竖耳和单横耳，另有一件双肩石锛。被 H1 打破的 K1 出土了口径很小的喇叭形杯或器盖，与 H2 同类器相比，共饰弦纹、外底缘突出，但后者较瘦高的形制更接近 K11 和 H1 同类器，K1 另有一件口径较小的钵形口深腹罐，形制更接近 K9 同类器。

　　K29 包含的因素变化较为明显，有疑似细长颈小平底瓶向喇叭口束颈罐过渡的形态，素面无耳，敛口带流双横耳钵较特别，另出一件铜耳环。H21 的喇叭口束颈罐与 K29 同类器形制几乎完全相同，共存的细长颈小平底瓶更加矮胖，出现大口径的

双横耳匜。包含圆形穿孔陶器和有段铜锛的 K66 木炭碳十四校正数据为距今 3320 ～
3050 年，下限较晚。圆形穿孔陶器最早见于木炭碳十四校正数据为距今 3450 ～ 3250
年的 K84，年代接近 K31，共存的敞口钵少见，K58 与圆形穿孔陶器共存的是敛口单
竖耳杯，可能均早于 K66，圆形穿孔陶器有弧度越来越大的发展趋势。H6 的圆形穿
孔陶器仅单面弧，多根据共存的向上角形鋬深腹罐判断其年代较晚，包含钵形口垂
腹罐的 K39 同理。H6 向上角形鋬深腹罐为大口径的钵形口，与野石山典型的卷沿或
折沿不同，可能是本地的适应性形态。K39 的钵形口垂腹罐微敛口、沿面斜直、双耳
较小，亦不如野石山典型。

　　鸡公山遗址距今 3400 ～ 3000 年的上、下限相对清楚。早期细长颈小平底瓶在形
制和数量上均较典型，多小口径、瘦高，个别钵形口深腹罐唇部锯齿纹，钵折肩不
明显，敛口钵、杯较少带耳。晚期出铜器，细长颈小平底瓶矮胖、钵形口深腹罐小
型，均已少见，本地因素转变为喇叭口束颈罐和大口径双横耳匜，出现钵形口向上
角形鋬深腹罐和钵形口垂腹罐。主要遗存集中在上、下限之间的中期，是一个较长
的转变过程，细长颈小平底瓶和钵形口深腹罐变化较多，口径或大或小，少量素面
无耳，钵形口深腹罐唇部锯齿纹较多，钵折肩明显，敛口钵多带横耳，敛口杯多带
竖耳，喇叭形杯或器盖从斜直壁、内圜底到弧壁、内平底，越来越瘦高，虽然 H1 和
K1 有打破关系，但均处在这个连续变化的过程中（图 2.18）。

　　吴家大坪陶片除极少量泥质外均夹砂，红褐、黑褐为主，黄褐较少，几乎全为
素面平底器，器形以钵形口深腹罐为大宗，口沿内外瓦棱纹、个别唇部锯齿纹，颈
腹相接处均无耳，另有细长颈小平底瓶、喇叭口束颈罐、敛口深腹盆、喇叭形杯或
器盖等，其中细长颈小平底瓶颈部多饰弦纹，戳点纹少见，颈腹相接处均带耳，另
采集敛口钵和圆形穿孔器。石器均磨制，出土有段石锛、长方形穿孔石刀、有领玉
环，采集斧、锛多梯形或长方形，长方形石锛的段、肩均不明显。不见铜器。

　　除 G2 打破 G3 外，其他遗迹均直接打破生土，似可将 G2 看作较晚的遗存。G2
包含的钵形口深腹罐口径有大有小，最小的一件为肩部双耳、下腹单耳的形制，唇
部锯齿纹的一件为深直腹，另有细长颈小平底瓶、敛口罐、敛口深腹盆、喇叭形杯
或器盖和横、竖桥形耳，一件口径较大的喇叭口不确定属于束颈罐还是长颈瓶，石
刀为长方形双孔。早于 G2 的遗迹中除钵形口深腹罐少有变化且不见敛口罐、喇叭形

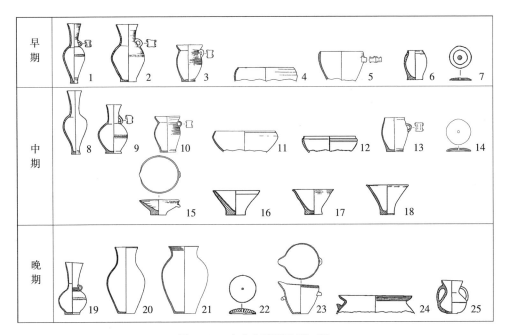

图 2.18　鸡公山遗址陶器对比

1、2、8、9、19. 长颈瓶（K4：7、K4：5、K9：4、K3：1、H21：2）　3、10、24. 钵形口罐（K4：12、K11：3、H6：2）　4、5. 敛口钵（K4：14、K4：8）　6、13. 敛口杯（K4：13、K11：1）　7、14、22. 圆形穿孔器（K84：2、K58：5、K66②：3－2）　11、12. 折肩钵（K3：3、H1：17）　15、23. 横耳匜（K9：11、H21：7）　16～18. 喇叭形杯/器盖（K3：2、K9：10、K11：7）　20、21. 束颈罐（K29：1、K29：2）　25. 垂腹罐（K39：1）

杯或器盖外，余皆与 G2 相同，时间差应不大。K2 有一个炭化稻碳十四测定数据距今 3120±65 年，与鸡公山未经校正的早期年代相当。K3 折肩不明显的敛口盆和喇叭口束颈罐口径均较大，前者与鸡公山 K4：15 和 K3：3 近似，后者与鸡公山 K9：17 和 K47：1 近似，年代相当于鸡公山的早、中期。文化层包含的陶器与早于 G2 的遗迹所出较一致，有一件疑似梭形陶刀。

吴家大坪不见鸡公山晚期出现的因素，整体早于鸡公山晚期。这两个遗址典型因素的不同应是遗址性质的差异造成，吴家大坪为生活遗存，鸡公山为祭祀遗存，但在文化面貌上它们应属同一类型（图 2.19）。

威宁中山营盘山以夹砂黑褐陶为主，夹砂黄褐或红褐陶次之，少量夹砂灰白陶和泥质黑陶，有的带黑衣，多素面，纹饰有瓦棱纹、弦纹、网格纹、绳纹，平底为主，少量圈足，早期第⑤层器形多为吴家大坪和鸡公山典型的钵形口深腹罐、细长颈小平底瓶、圆形穿孔器，晚期②～④层出现大量野石山典型的斜折沿向上角形錾深

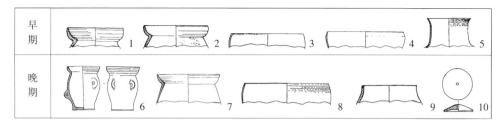

图 2.19　吴家大坪遗址陶器对比

1、2、6、7. 钵形口罐（T1604④：5、ⅢG1②：8、ⅢG2①：1、ⅢG2①：10）　　3、8. 敛口盆（ⅡH1：7、ⅢG2①：15）　4. 折肩盆（K3：2）　5. 束颈罐（K3：1）　9. 敛口罐（ⅢG2③：5）　10. 圆形穿孔器（02 采：5）

腹罐、钵形口垂腹罐、折肩盆或钵或豆，其中第②层还出土了管状流。石器有磨制梭形穿孔石刀、石锛、砺石和打制石器。威宁中水营盘山目前公布的全为第③层和 H2 的陶器，其中第③层的钵形口垂腹罐敞口、沿面较斜直，H2 开口于②层下、打破③层，以夹砂灰白陶为主，钵形口垂腹罐为口径很小的敛口，一件敛口带流器可能属于钵形口垂腹罐的口部，均不带耳。威宁中水营盘山早期与吴家大坪的面貌和性质相当，晚期与鸡公山晚期共有钵形口垂腹罐，年代应相当，ⅡT0601④层距今 3320 ~ 3050 年的木炭碳十四校正数据可作为晚期年代的参考（图 2.20）。

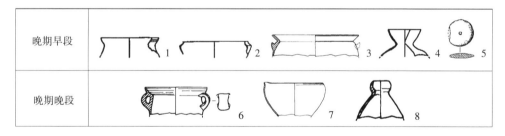

图 2.20　威宁中水营盘山遗址陶器对比

1、6. 钵形口罐（ⅡT0702③、H2①：17）　2. 折肩盆（ⅢT0701③）　3. 折沿罐（ⅢT0701③：27）　4、8. 垂腹罐（ⅢT0701③、H2①：4）　5. 圆形穿孔器（ⅡT0601③：5）　7. 敛口带流器（H2①：18）

2. 鲁甸

野石山的少量遗迹出现在第③层以前，遗物则集中出土于第③层。虽然野石山的测年数据存在问题，但与中水盆地相差不大，应是年代相当的遗存，研究仍以遗物为主。

野石山陶色以灰褐为主，黑色次之，多素面，部分磨光，深腹罐数量最多，大都夹砂，口径较大，钵形口多带耳，卷沿或折沿多带向上角形錾，其余器形大都泥质，其中折肩豆数量最多，纺轮次之，钵形口垂腹罐再次之，另有卷沿钵、敛口钵、竖耳匜、喇叭形杯或器盖、敛口罐、细长颈小平底瓶。数量较多的管状流则是泥质、夹砂各半，流尾以下均残缺，有研究认为是仰流盉的器流①，但遗址及周边均不见完整标本，结合遗址可能是烧陶场所并发现陶窑，我们推测管状流是陶器烧制过程中用于鼓风的工具。总的来看，野石山陶器口径呈越来越大的趋势，极少数钵形口深腹罐口沿内外饰瓦棱纹或弦纹、细长颈小平底瓶颈肩饰弦纹或腹饰戳点纹，耳均位于颈腹相接处，折肩豆、卷沿钵、敛口钵则不带耳。野石山石器均磨制，石镞多扁平宽叶形，另有三棱形，石锛形制有有段、短梯形、片状长方形，石斧为长梯形，近半月形、弯月形、长方形石刀均对穿双孔，另有纺轮和两侧磨槽扁圆形网坠。铜器有梯形小铜锛和铜锥。

公布的资料中不见第⑤层和开口于④层下、打破⑤层的 Y1、H1 的遗物，第④层仅见陶器，向上角形鋬深腹罐多为卷沿，卷沿钵和喇叭形杯或器盖均小型，斜直腹钵少见，开口于③层下、打破④层的 H2 有一件石纺轮，这些遗物的种类和数量均较少，与第③层遗物有一定区别且早于第③层，可能存在时间差距，但器形变化整体衔接，很难将其单独提出，第③层以前的遗存应是遗址的初始阶段。第③层细分为上、中、下三层，钵形口深腹罐有小口、鼓腹的形制，下层有一件盘口鼓腹罐，中层的钵形口深直腹罐和敛口罐在吴家大坪 G2 有同类器，向上角形鋬深腹罐在下层多斜折沿，之后沿面渐平，下、中层有带四或八鋬的形制，折肩豆除折肩越来越明显外，变化不大，纺轮有截面半圆形、梯形、长方形，钵形口垂腹罐均敛口带单耳或双耳，少量带流的形制为单耳，口径比不带流的形制大，较早的喇叭形杯或器盖与鸡公山 K1∶1 近似，整体较鸡公山矮小，细长颈小平底瓶数量很少，中层有一件肩部双耳、下腹单耳、单耳以上饰小面积戳点纹的形制，较为特殊。

结合相关遗迹、遗物现象可推知野石山存在较大规模的陶器生产活动，多数器形变化不大、衔接紧密，延续时间可能不长。由于地理位置和遗址性质与中水盆地遗存不同，典型因素存在差异，但多数为共见因素，野石山最早即出典型的喇叭形杯或器盖，上限应晚于鸡公山早期和吴家大坪，主体可能与鸡公山中、晚期和吴家大坪 G2 相当，

---

① 刘旭、孙华：《野石山遗存的初步分析》，《考古》2009 年第 8 期。

不见威宁中水营盘山最晚的网格纹和绳纹，下限应早于威宁中水营盘山（图2.21）。

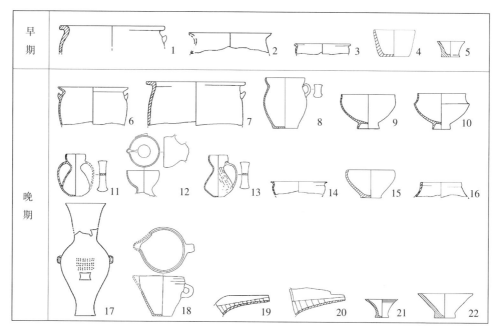

图 2.21　野石山遗址陶器对比

1、2. 卷沿罐（DT1113④：28、DT1213④：16）　3、14. 卷沿钵（DT1113④：30、DT1113③下：29）　4. 敞口钵（DT1113④：26）　5、21、22. 喇叭形杯/器盖（DT1113④：35、DT1114③下：44、DT0915③上：20）　6、7. 折沿罐（DT1214③下：10、DT0914③上：23）　8. 钵形口罐（DT1114③上：46）　9、10. 折肩豆（DT1013③下：39、DT0914③上：21）　11 ~ 13. 垂腹罐（DT1013③下：16、DT1012③中：38、DT1114③上：7）　15. 敛口钵（DT0914③中：24）　16. 敛口罐（DT1012③中：43）　17. 长颈瓶（DT1014③中：17）　18. 竖耳匜（DT1014③中：38）　19、20. 管状流（DT1114③下：50、DT1012③中：50）

马厂以泥质灰陶为主，另有黑陶，少量夹砂灰陶，多磨光，以刻划纹为主，有弦纹、折线纹、网格纹和戳点纹，个别肩腹刻划符号，多平底，少量底有叶脉纹，钵形口垂腹罐和细长颈小平底瓶较多，另有钵形口深腹罐、喇叭口束颈罐、折肩钵或豆、卷沿钵、葫芦形器、管状流、纺轮，细长颈小平底瓶和钵形口深腹罐的单耳均位于颈腹相接处。石器均磨制精细，有长、短梯形近方的斧、锛和有段石锛、半月形或长方形双孔石刀。铜器有斧、剑、矛、镞和容器残片。

马厂陶、石器种类均不及野石山丰富，缺乏卷沿或折沿向上角形鋬深腹罐、敛口钵、带流杯、喇叭形杯或器盖、敛口罐、石镞、弯月形双孔石刀。两个遗址铜器差异较大，马厂多为成熟的武器，虽没有发现石镞，但有铜镞。具体来看，马厂的钵形口垂腹罐形制丰富，多为敞口、沿面斜直、垂腹扁圆，无耳或单耳，无耳的形制见于威宁中水营盘山第③层，个别单耳带流，一件敛口双耳、最大腹径饰刻划纹的一耳下端与最大腹径相接处有米字形刻划符号，形制与鸡公山晚期 K39 器最似，另有两件敛口口径很小、垂腹较圆、小平底，分别带单耳和双耳，耳较大，双耳的那件底有叶脉纹，无耳的形制见于威宁中水营盘山晚期 H2，均不如野石山钵形口垂腹罐统一规整。马厂的细长颈小平底瓶颈肩饰弦纹或戳点纹，一件素面肩部双耳、下腹单耳的形制与野石山一致，似乎不见于中水盆地，但吴家大坪 G2 有一件三耳的钵形口深腹罐。马厂和野石山的钵形口深腹罐除常见的形制外，共有小口、鼓腹的形制，喇叭口束颈罐口径较小，葫芦形器特殊。

由于马厂遗物均为采集，时间跨度较大，又体现出诸多晚期的特征，年代尚难判断，但主体仍属于野石山遗存（图 2.22）。

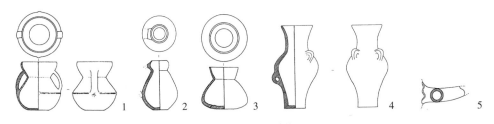

图 2.22　马厂遗址采集陶器

1~3. 垂腹罐（采010、采05、采011）　4. 长颈瓶（采03）　5. 管状流（采013）

3. 昭通

昭通境内遗存多分布在县城以北，与鲁甸和威宁中水时代相当的有闸心场、过山洞、野猪洞、黑泥地等，但公布的资料相当有限。

闸心场调查的内容稍显混乱，我们主要参考其试掘的信息，多泥质橙黄陶，灰陶次之，少量平行弦纹和戳点纹，粗弦纹可能是瓦棱纹，可辨钵形口深腹罐和细长颈小平底瓶，耳部残缺，石器均磨制精细，有长、短梯形近方的斧、锛和扁圆形石器。过山洞以夹砂褐陶为主，可辨细长颈小平底瓶、钵、杯，磨制石器有梯形斧、锛和双肩石锛。两处遗存均不见向上角形錾深腹罐和钵形口垂腹罐，应更接近中水盆地主体遗存。

昭通境内多明确的青铜时代遗存，如包含巴蜀文化因素的营盘乙区土坑墓和包含滇文化因素的营盘甲区、文家老包土坑墓，但与闸心场和过山洞之间存在缺环。

4. 中水盆地和昭鲁盆地遗存特征及其相互关系

中水盆地鸡公山早、中期和吴家大坪以及威宁中水营盘山早期均以钵形口深腹罐和细长颈小平底瓶为主，另有喇叭口束颈罐、喇叭形杯或器盖和多带流、带耳的敛口盆、钵、杯。鸡公山晚期和威宁中水营盘山晚期出现向上角形錾深腹罐、钵形口垂腹罐、折肩钵或豆，威宁中水营盘山晚期以这类陶器为主，鸡公山晚期还包含少量铜工具和饰品。圆形穿孔陶器和梭形穿孔石刀、有领玉环仅见于中水盆地，其中圆形穿孔陶器呈弧片状，不似纺轮，与包含滇文化因素的中水梨园铜扣饰类似，可能具有演变关系；梭形穿孔石刀集中出土于鸡公山祭祀坑，不同于其他遗存所见的长方形、半月形、弯月形穿孔石刀，似有特殊用途；有领玉环则延续到水果站青铜时代墓地（图2.23）。

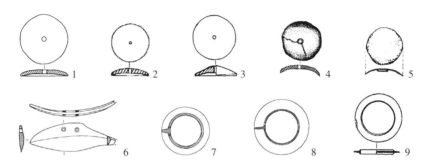

图2.23 中水盆地特有遗物对比

1~4. 圆形穿孔陶器（鸡公山 K58：5、鸡公山 K66②：3-2、吴家大坪 02 采：5、吴家大坪 1972 年采集） 5. 铜扣饰（梨园 T17：6） 6. 梭形穿孔石刀（鸡公山 K97：2） 7~9. 有领玉环（吴家大坪IIIG1③：4、吴家大坪 IIIG2①：4、水果站采：6）

昭鲁盆地野石山遗址最典型，以向上角形錾深腹罐、钵形口深腹罐、折肩豆、钵形口垂腹罐、管状流为主，另有喇叭形杯或器盖和无流无耳的卷沿钵、敛口钵，包含少量铜制工具。其他几处遗址均有野石山少见的细长颈小平底瓶，马厂以钵形口垂腹罐和细长颈小平底瓶为主，石刀形制较多，与野石山最为近似，采集铜器多为武器，应在所有遗存中下限最晚，细长颈小平底瓶还见于闸心场和过山洞，闸心场另有钵形口深腹罐，过山洞另有钵和杯，但标本量太少，目前很难作进一步探讨。

威宁中水、鲁甸、昭通这三个端点虽然典型因素存在差异，但多为共见因素，应是相互交流的结果。石器的普遍性最为明显，除威宁中水营盘山有打制外均为磨制，三地共有梯形或长方形斧、锛，威宁中水和昭通共有双肩石锛，威宁中水和鲁甸共有有段石锛，其中野石山编号 DT1212③下：19 的有段石锛最接近鸡公山晚期 K66③的有段铜锛和包含巴蜀文化因素的中水水果站墓地采集的有段铜锛。以威宁中水、鲁甸、昭通这三个端点连接而成的三角形区域内考古遗存的延续性较强，大致代表了乌蒙山西侧青铜时代前后的情况，鸡公山早、中期和吴家大坪、威宁中水营盘山早期、闸心场、过山洞等遗存可能相当于新石器时代向青铜时代过渡的阶段，鸡公山晚期和野石山出土的少量铜工具和饰品应属于青铜时代发展的初期，马厂采集的铜武器是成熟的青铜制品。永善县境内的试掘仅提及文化层出烧土和铜渣，虽然重要但信息量太少，可能对当地铜料的来源有一定指示作用（图2.24）。

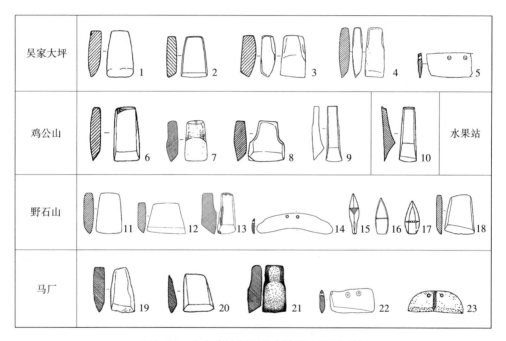

图2.24　中水盆地和昭鲁盆地石、铜器对比

1、11、19. 梯形石斧（60 采：2、DT1113③下：11、采 016）　2、12、20. 梯形石锛（02 采：53、DT1114③上：2、采 017/018）　3、7、13、21. 有段石锛（60 采：6、K155：1、DT1212③下：19、采集）　4、8. 有肩石锛（60 采：5、K124：1）　5、22. 长方形石刀（IIIG2②：1、采 015）　6. 长方形石锛（IVT0609①：1）　9、10. 有段铜锛（K66③、采：3）　14. 弯月形石刀（DT1013③中：14）　15～17. 石镞（DT1212③下：13、DT1115③下：14、DT1114③下：18）　18. 梯形铜锛（DT1013③中：7）　23. 半月形石刀（采集）

（二）巧家小东门墓葬遗存

小东门随葬陶器均夹砂，灰褐为主，纹饰集中在上腹部，有压印、刻划、戳点、附加堆纹。石棺葬随葬以斜折沿深腹罐和单横耳敛口杯为主，斜折沿深腹罐多唇部压印纹饰、口沿内侧和肩腹刻划波浪纹、折沿下带竖纽式双耳，少量肩饰六个乳钉，疑似退化的向上角形錾，另有喇叭口束颈罐、斜直腹杯、喇叭形杯或器盖、截面近

菱形纺轮，采集盘口深腹罐、喇叭口壶、敞口钵和梯形、长方形、长条形石锛、柳叶形石镞、扁平石纺轮和玉环，其中喇叭口壶纹饰最为复杂。土坑墓随葬以单横耳敛口杯和口沿穿孔小杯为主，另有斜折沿深腹罐、喇叭口束颈罐、扁平柳叶形石镞，其中单横耳敛口杯和喇叭口束颈罐有唇部锯齿纹，采集敞口钵、扁平陶纺轮和宽叶形石镞，余皆大致同石棺葬。简报判断石棺葬略早于土坑墓。

小东门墓葬与昭鲁盆地和中水盆地的遗存既有联系又有区别。小东门陶器纹饰明显较丰富，敛口杯常见于中水盆地，多单竖耳，小东门为单横耳，深腹罐唇部多有纹饰的情况见于鸡公山中期，肩饰六个乳钉类似野石山带四或八个向上角形錾的形制，其他器类亦多见于昭鲁盆地和中水盆地，但形制都存在一定差异，口沿穿孔小杯较特殊，没有发现铜器，可能更接近鸡公山早、中期。由于小东门处在乌蒙山西侧的边缘地带，与雅砻江下游流域相连，因素相对错综复杂（图2.25）。

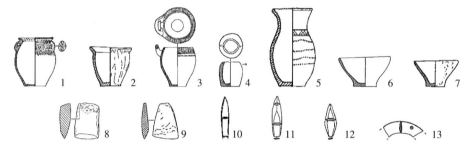

图 2.25　小东门墓葬陶、石、玉器

陶器：1、2. 折沿罐（M8：1、M6：1）　　3、4. 敛口杯（M5：1、M16：3）　5. 束颈罐（M15：2）
6. 敞口钵（T3：采6）　　7. 喇叭形杯/器盖（M6：2）
石器：8. 长方形石斧（T1：采4）　9. 梯形石锛（T1：采5）　　10～12. 石镞（M13：2、T2：采5、T3：采9）
玉器：13. 穿孔玉片（T1：采7）

（三）昭通营盘乙区和威宁中水红营盘墓葬遗存

营盘乙区和红营盘土坑墓是乌蒙山西侧明确的青铜时代遗存，两处墓葬非常相似。随葬陶器均夹砂，多呈黑灰色，多素面，喇叭口束颈罐或壶为大宗，带流的波浪口沿和肩饰对称带乳钉泥条颇具特色，个别带向上角形錾或圈足，共有敞口折腹豆、喇叭口深直腹杯、长条形穿孔石坠和柳叶形铜剑，营盘乙区另有铜矛，红营盘另有钵形口深腹小罐、敛口深直腹杯、玉玦、铜刀、铜镞、铜饰。这两处墓葬的陶器多可在鸡公山和野石山遗存中找到来源，铜器多为武器，与马厂采集类似，红营盘内涵较丰富，下限应晚于营盘乙区（图2.26）。

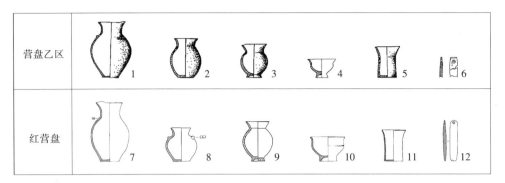

| 营盘乙区 | | | | | | |
| 红营盘 | | | | | | |

图 2.26　乌蒙山西侧青铜时代墓葬陶、石器对比

陶器：1、2、7、8. 束颈罐（M189：1、M201：2、M13：1、M9：1）　3、9. 圈足罐（M196：2、M3：1）

　　4、10. 折腹豆（M182：2、M9：2）　5、11. 喇叭口杯（M190：2、M13：2）

石器：6、12. 穿孔石坠（M191：2、M19：2）

（四）遗迹现象及生计方式探讨

1. 建筑及其相关

吴家大坪 F1 为长方形带柱洞地面式建筑，西偏北有红褐土夹大量烧土、炭屑堆积，堆积下有一扁圆形石块，简报认为不见烧土面及其他用火遗迹，不能确定为火塘。G1 为形制规整的锅底状，G2 为浅平底，均包含陶、石、玉器和草木灰、炭屑、烧土，G1 另有螺壳和卵石，应为水沟。H1 椭圆形坡状底，包含陶片，H5 长方形圜底，包含少量烧土和炭屑，不见陶片，均无特殊用途。

鸡公山成组柱洞见于遗址东南部和顶部较平坦的地面，最顶端的一组可能是干栏式建筑。

野石山遗址东部为烧陶场所，中部剖面可见一座半地穴式建筑，口大底小，推测为圆形，底部的木炭堆积应是火塘，西部剖面可见夯土叠压文化层，一圆坑打破夯土，内有人骨和小石块、骨珠，可能为墓葬。H1 为近长方形、直壁、平底浅坑，坑内堆积分两层，上层夹杂大量烧土、陶片、木炭，下层夹杂烧土、炭屑、少量陶片，H2 平面不规则，口大底小，包含少量碎陶片和石纺轮，亦无特殊用途。

鸡公山单一的建筑遗迹表明其可能不是长期的居住地点，吴家大坪与建筑相关的遗迹相较于野石山更为完备，应是当时较为稳定的生活区。

2. 祭祀坑

鸡公山祭祀坑坑口多椭圆形和长方形，另有圆形，坑底有圜底和平底，也有不规则的形制，有的仅用青膏泥填满，用青膏泥涂壁的坑部分有火烧痕迹，填土多夹杂大量烧土、炭屑和砾石，主要包含陶器和磨制石器，少量出青铜器、骨器、角器、玉器、人骨，80% 以上的坑浮选出炭化稻，一种呈团状，一种呈散粒状。

吴家大坪 K2 近长方形直壁平底，底部再挖一浅平底小坑，填土夹杂陶片、烧土和炭屑，小坑近北壁有烧土夹炭化稻的带状堆积，大坑底部近西北角有石凿 1 件。K3 近梯形直壁平底，烧土夹炭化稻堆积层包含较多陶片。

中水盆地包含炭化稻的祭祀遗迹均可能跟农业祭祀有关，吴家大坪仅为个例，鸡公山则是专门的祭祀场所。

3. 陶窑

陶窑遗迹在整个云南地区都较少发现，目前仅见于雅砻江下游流域、龙川江流域和乌蒙山西侧。野石山 Y1 大部分被破坏，残存底部，平面不规则近长方形，底微凹，壁及底有一层坚硬烧结面，内侧黄色、外侧红色、底中部青黑色，窑室内壁有 3 个不规则竖坑，窑内填土夹杂大量烧土块、木炭及陶片。

4. 墓葬

小东门均为单人仰身直肢葬且随葬较少。石棺葬有盖无底，多石板墓、少石块墓，多数头向南，顺河分布，少数垂直于金沙江，头向东，即头向山顶，随葬陶、石、玉、骨器和穿孔海贝。长方形竖穴土坑墓均头向南，顺河分布，有的墓边放 3 ~ 5 个石块，随葬陶、石器，其中 M16 的 4 件口沿穿孔小陶杯分置墓坑四角，较为特殊。

鸡公山有小型不规则竖穴土坑墓 12 座，散见于遗址的东部、南部和西南部，墓向不一，墓内或墓旁多有一坑，较为特殊，均不见葬具痕，除个别双人合葬外余皆单人葬，多为仰身直肢葬，少量屈肢葬，个别二次葬，随葬较少且部分无随葬，其中 M2 出石镞和骨镞，M4 和 M6 各出一件青铜丝耳饰。

营盘乙区和红营盘均为长方形竖穴土坑墓，前者均顺河分布，因人骨不存头向不明，后者多垂直于河，头向或北或南，少数顺河分布的头向东，即头向山顶，发现葬具痕。红营盘墓坑较长，可辨葬式以单人仰身直肢为主，陶器多置于头端。随葬均较少，部分不见随葬，以陶器为主，有少量铜、石、玉器。

以上除小东门有石棺葬外，余皆为土坑墓，土坑墓应是乌蒙山西侧青铜时代前后的基本葬制，葬式则以单人仰身直肢为主，葬具、随葬之类从早到晚有一个逐步发展的趋势，但随葬均较少，小东门和鸡公山土坑墓还存在一些特殊的葬俗。

5. 生计方式

目前我们对乌蒙山西侧青铜时代前后动植物遗存的情况知之甚少。除了鸡公山祭祀坑和吴家大坪疑似祭祀坑内出土了炭化稻之外，我们在相关研究中了解到鸡公山还出土了粟和黍，但稻仍占绝大多数，没有发现麦类①。另外，吴家大坪及其所在的中水盆地中河冲积层有螺壳堆积，野石山有石网坠，各种材质的镞较普遍，可能与渔猎活动相关。如果认同祭祀坑与农业祭祀相关，或许可以推测乌蒙山西侧青铜时代前后的人群以农业为主，但我们尚不能确定其他生计方式所占的比重。

四 小 结

乌蒙山西侧中水盆地和昭鲁盆地分别以吴家大坪、鸡公山遗址和野石山遗址为代表。吴家大坪主要是生活区，钵形口深腹罐典型，鸡公山以祭祀活动为主，细长颈小平底瓶典型，野石山可能以陶器烧造为主，向上角形錾深腹罐典型，但三个遗址多共见因素，关系紧密，表明在乌蒙山西侧这个大致呈三角形的区域内青铜时代前后的遗存是连续发展的。较早的有鸡公山早、中期和吴家大坪、威宁中水营盘山早期、闸心场、过山洞、小东门等，可能相当于新石器时代向青铜时代过渡的阶段，上限在距今 3400 年左右。较晚的有鸡公山晚期、威宁中水营盘山晚期、野石山、马厂等，下限已进入青铜时代，可能不晚于距今 3000 年。值得注意的是，早期中水盆地遗存较典型，晚期明显受到来自昭鲁盆地野石山遗存的影响，后者可能属于突入式的遗存，发展较迅猛。

鉴于闸心场资料有限且大致可归入中水盆地遗存，建议暂不使用闸心场类型的命名。鸡公山作为祭祀遗址具有特殊性，我们更倾向于参照"野石山遗存"的命名方法，称中水盆地遗存为"鸡公山遗存"。从鸡公山遗存到野石山遗存的发展反映了乌蒙山西侧新石器时代向青铜时代转变的过程（图 2.27）。

---

① 孙华：《四川盆地史前谷物种类的演变——主要来自考古学文化交互作用方面的信息》，《中华文化论坛》2009 年 S2 期。

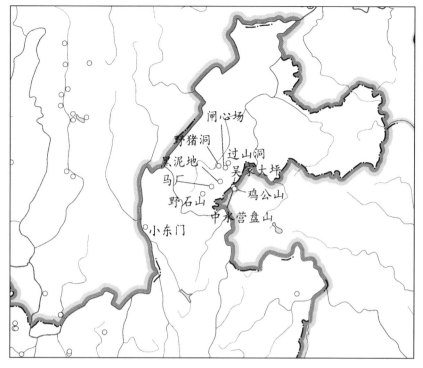

图 2.27　乌蒙山西侧新石器时代（含过渡期）遗址分布示意图

第五节　滇东南地区

一　地理概况

滇东南高原岩溶地貌发育，洞穴遗址较云南其他地区为多，海拔向东、向南递减，向东与广西盆地相接，向南海拔下降更为明显，元江下游的河口是整个西南区海拔的最低点，元江出国境称红河，在越南北部形成宽广的红河平原。滇东南整体属东部型热带季风气候，南部海拔较低的河谷没有形成宽广的盆地，热带面积不大，夏季受东南季风影响，降水较多，冬季不在昆明准静止锋的保护范围内，受极地大陆气团影响，寒潮可自广西盆地入侵，但势力较弱。由于干湿季分明，土壤中易形成丰富的赤铁矿，故当地为红色石灰土。范围大致对应今天行政区划的红河哈尼族彝族自治州和文山壮族苗族自治州。

二　发现与研究述评

滇东南是云南地区考古工作起步最晚的地方，同时发展缓慢，多为调查的内容，岩画是重要的遗存类型，大致可分为两个阶段。

（一）20 世纪 70 年代至 90 年代初期

1975 年发掘麻栗坡小河洞洞穴遗址，位于畴阳河西岸二级阶地后缘，洞口朝向东南。文化堆积均为黑褐土，下层为巨型灰岩块夹杂炭屑、兽骨和少量石器，绝大部分遗物和兽骨出自上层，两层之间有一火塘遗迹，包含很多炭屑和螺壳。陶片均夹砂、石器均磨制，发掘者认为陶片纹饰与后来发展的印纹陶有关，石器与东南沿海地区，尤其是海南岛和左、右江流域石器相近，要晚于包含打制石器的遗存，"属我国东南沿海地区新石器遗址中晚期偏早的一种类型"[①]。

李昆声、肖秋根据小河洞的发现提出小河洞类型，作为云南新石器时代文化在滇东南的地方类型，内涵即为小河洞遗址发掘的内容，陶片多夹砂灰褐和绳纹，石器以磨制精致的双肩石锛、靴形石锛、三角形石刀为典型，亦认为与两广和左、右江流域相近[②]。阚勇沿用小河洞类型的命名，但将澜沧江下游流域南部遗存纳入，内涵明显扩充，包含少量打制石器，遗址类型有河岸洞穴或高地[③]。

1983 年调查麻栗坡大王岩岩画，与小河洞相距仅 500 米，位于畴阳河转弯处，崖壁朝向正南，I 号岩画点以黑、红、白三色绘制人物、动物、符号，II 号岩画点在 I 号岩画点右下，以单一红色绘制人物、符号，认为 II 号岩画与沧源岩画早期接近[④]。同年调查丘北狮子山岩画，位于洞穴遗址的洞口，上部以黑色绘制武士像，时代晚近，下部以红色绘制羽人、动物、植物、符号，推测与大王岩岩画同属新石器遗存[⑤]。

①　云南省博物馆文物工作队：《云南麻栗坡县小河洞新石器时代洞穴遗址》，《考古》1983 年第 12 期。
②　李昆声、肖秋：《试论云南新石器时代文化》，《文物集刊》(2)，北京：文物出版社，1980 年。
③　阚勇：《试论云南新石器文化》，《云南省博物馆建馆三十周年纪念文集》，昆明：云南省博物馆，1981 年。
④　杨天佑：《麻栗坡大王岩崖画》，《云南文物》1984 年第 1 期。
⑤　杨天佑：《新发现的邱北、麻栗坡原始崖画》，《云南民族学院学报》1984 年第 1 期。

　　1984 年文山、广南、西畴三县调查,不见金属器的遗址有文山灰土寨、广南八宝龙根洞和珠琳。灰土寨位于盘龙江南岸三级台地,断面可见烧土、炭屑、陶片,但文化层不明显,采集夹砂陶片、磨制石器和兽骨、人牙。龙根洞和珠琳都为洞穴遗址,前者洞口朝北,文化层包含大量炭屑、烧土和夹砂陶片,另采集有磨制石器;后者洞口朝南,断面可见灰坑、炭屑、烧土,文化层包含大量夹砂陶片和烧骨。另在西畴畴阳河流域采集少量磨制石器。文山上卡作村、西畴花果山和黄龙山地点所见均为铜器,共有铜斧,另有铜锄、铜矛、铜凿、铜叉①。广南八宝铜木犁遗址虽单发简报,资料较详细,但应属于此次调查的内容,因遗址所在地的山洞或河边坡地出磨制石器而发现,亦为洞穴遗址,洞口朝东,采集陶片多夹砂、少量泥质,石器多磨制、少量打制,另有个别骨器、铜器和植物遗存,以及大量兽骨,调查者认为文化层被扰乱②。

　　1986 年调查元江它克岩画,岩面朝南,图像有人物、动物、符号及其他,均呈赭红色,认为是用赤铁矿粉调和动物血等为颜料,画风原始简单,推测为新石器中、晚期,提及元江西岸龙树田遗址出土石斧、石纺轮、铜器,认为石斧和石纺轮是新石器时代遗物,一件铜斧含铜95.21%、含硫2.0%,以冶炼水平较低判断遗址属于铜石并用时期③。仅根据个别遗物判断遗址性质是早年资料的通病,将磨制石器与新石器时代遗物简单对应的现象最为常见,在更多资料公布之前,这类遗址的性质仍不确定。

　　1987 年调查麻栗坡岩腊山岩画,亦位于畴阳河岸,岩画在岩腊山南壁,有人物、动物、符号,认为颜料应是赤铁矿粉,画风简朴,可能用手指作画④。

　　1989 年发掘建水燕子洞洞穴遗址,洞口朝向西南,文化层包含少量夹砂、泥质陶和打制、磨制石器,还调查了距燕子洞1千米的八哥洞洞穴遗址,洞口朝向东南,采集磨制石器,与燕子洞共有动物化石、螺蚌、炭屑、灰烬、烧土⑤。

　　王大道认为小河洞类型分布范围为云南东南部元江－红河支流和南盘江下游流

①　熊正益:《文山、广南、西畴三县考古调查记》,《云南文物》1985 年第 1 期。
②　李加能、白天明:《广南县八宝铜木犁洞新石器遗址调查》,《云南文物》1985 年第 1 期。
③　杨天佑:《云南元江它克崖画》,《文物》1986 年第 7 期。
④　文山州文管所、麻栗坡县文化馆:《麻栗坡岩腊山崖画调查》,《云南文物》1987 年第 2 期。
⑤　建水县文管所:《建水燕子洞新石器遗址清理简报》,《云南文物》1990 年第 1~2 期。

域，不包括澜沧江下游流域。陶片均夹砂，以红色为主，灰色次之，少量褐、黑色，均手制，纹饰以压印为主，多绳纹，有席纹，刻划纹亦常见，有弦纹、平行线纹、十字纹、方格纹、波浪纹、涡纹，少量附加堆纹，器形有侈口罐、敛口折沿罐、纺轮，磨制石器种类丰富，有个别打制石器和骨器，仅一处河岸台地遗址，余皆洞穴，据其内涵描述河岸台地遗址应是指灰土寨①。此后基本沿用王大道的研究。

（二）20 世纪 90 年代初期至今

1993 年试掘个旧倘甸遗址，为河岸台地，由于采集到石斧、石环而发现。清理的遗迹有灰坑，文化层包含较多夹砂陶片和少量磨制石器，另有兽骨、兽牙，认为时代相当于新石器中晚期②。

1997 年调查广南珠琳镇弄卡岩画，是一处岩厦地点，岩面朝向东南，表现了人物、动物、自然物的形象，呈单一的红色，认为颜料为赤铁矿粉拌动物血，画风简朴，推测作画工具可能是木棍类③。1997、1998 年两次调查砚山平远大山村岩画，也位于一处岩厦的崖壁上，岩面朝向西北，赤铁矿颜料呈红褐色，画风同样简朴，人物骑马的形象占八成以上，疑似有鸡群的形象，另有符号④。

云南省地方志编纂委员会主编的《云南省志·文物志》中认为滇东南地区的岩画与澜沧江下游流域的沧源岩画多为新石器时代遗存⑤。

以往对岩画所用颜料的判断均为推测，2004 年"文山岩画绘画颜料岩石样品实验有机无机分析"验证了以往的推测。文山境内岩画的红色均为铁红，而赤铁矿原料在文山境内的分布非常普遍，使用的黏合剂为动物和人体体液（血）或某种植物的分泌物，两者混合而成颜料绘制岩画，涉及的地点有大王岩、丘北和西畴狮子山、岩腊山、普格岩、大山村、弄卡⑥。

2005～2007 年边境考古调查红河境内的开远、元阳、金平、河口等地点，多为河

① 王大道：《再论云南新石器时代文化的类型》，《西藏考古》（第 1 辑），成都：四川大学出版社，1994 年。
② 红河州文管所、个旧市博物馆：《云南个旧市倘甸新石器时代遗址》，《考古》1996 年第 5 期。
③ 曾跃明：《广南珠琳镇弄卡崖画调查》，《云南文物》1998 年第 2 期。
④ 曾跃明、王林斌：《平远镇大山村崖画》，《云南文物》2001 年第 1 期。
⑤ 云南省地方志编纂委员会：《云南省志·文物志》，昆明：云南人民出版社，2004 年。
⑥ 陈明：《云南文山岩画红色主题浅说》，《民族艺术研究》2006 年第 4 期。

岸台地，采集均为磨制石器。文山境内的遗址点灰土寨、漂漂小寨、冬瓜村为河岸台地，余家岩、龙根村、革把村为洞穴岩厦，其中灰土寨和龙根村为再次调查，均采集到夹砂陶片和较多磨制石器、少量打制石器，西畴、广南境内采集则均为磨制石器①。

2010 年发掘个旧麻玉田遗址和墓葬，位于元江北岸山坡，遗址在东、墓葬在西。墓葬属明确的青铜时代遗存，遗址第②、③层出土的陶、石器与墓葬所出一致，同为青铜时代遗存，遗址第④层发现柱洞、烧土坑等遗迹和陶片、陶弹丸、石器等遗物，陶片与墓葬所出不同，推测是新石器时代堆积②。

滇东南地区新石器时代考古学文化的研究在 20 世纪 90 年代初期即已定型，之后虽有新的调查和发掘，但资料仍然较少，故研究没有太大进展。遗址和岩画是研究的两大内容，岩画的较多发现与滇东南盛产赤铁矿密切相关，虽然与澜沧江下游流域的沧源岩画同样以表现人物形象为主，但情况与沧源岩画不同，线索较为孤立，很难判断滇东南岩画与遗址的年代关系，所以我们暂不把岩画作为研究的内容。

三　综合研究

我们首先了解较为明确的青铜时代遗存面貌，以此为基础来探讨滇东南地区可能的新石器时代遗存。

（一）青铜时代遗存面貌

河口新街－河口公路遗址有一处石块垒筑的遗迹，包含陶片、残陶范、研磨器、砺石、矿石原料、铜渣、烧土块，推测与冶铸活动相关，多夹砂褐陶，饰绳纹，可辨柱状足③。

个旧麻玉田遗址第②、③层除陶片的陶质、陶色、制法、纹饰与青铜时代墓葬所出一致外，另有扁平陶纺轮和有领石环。随葬陶器均为夹砂黑褐，除直口器外均

---

① 杨帆、万扬、胡长城：《云南考古（1979～2009）》，昆明：云南出版集团公司、云南人民出版社，2010 年。

② 云南省文物考古研究所、红河州文物管理所、个旧市文物管理所：《云南个旧市麻玉田青铜时代墓葬的发掘》，《考古》2013 年第 3 期。

③ 杨帆、万扬、胡长城：《云南考古（1979～2009）》，昆明：云南出版集团公司、云南人民出版社，2010 年。

为侈口折沿釜，沿面较宽，有的外沿带凸棱，石器有琢制石斧，铜器有矛、镞、钺、锄、楔子，三座随葬铜器的墓葬人骨碳十四测定数据均在战国时期①。

个旧石榴坝随葬陶器除纺轮外，余皆夹砂，褐色为主，黑、红、灰相杂，个别饰细绳纹，余皆素面，器形有侈口釜、釜形圈足罐、平底罐、平底盘，其中侈口釜有折沿和卷沿，沿面较窄，纺轮有扁平和算珠形。石器为砺石，玉器有玉玦、有领玉环、玉管。铜器中戈占三分之一，另有斧、锛、凿、刻刀，不见矛。铜器和陶纺轮有不共存的现象，不见汉式器和铁器，发掘者认为早于西汉②。

元江洼垤打篙陡随葬陶器以夹砂黑陶为主，余为夹砂红褐，均圆底，釜为主，形制变化较多，侈口釜多沿面较窄的折沿和卷沿，个别沿面宽大，直口釜多折腹，另有束颈瓶和扁平纺轮。石器有近三角形石斧、石镞、石珠、砺石，玉器有玉玦。铜器种类丰富，有戈、矛、斧、靴形钺、半圆形钺、凿、镯、剑、匕首、刀、刻刀、铃、镈、棒、臂甲、扣饰等。发掘者认为年代在春秋晚期至战国晚期③。

滇东南地区青铜时代的遗存集中在西部，遗址位于河岸台地，有石构建筑，墓葬位于山麓缓坡，均为土坑墓。遗址陶片与墓葬所出基本一致，多夹砂黑、褐陶，素面为主，有饰绳纹，麻玉田、石榴坝、打篙陡器形均以侈口釜为大宗，形制丰富，还共有扁平纺轮，麻玉田和阿底坡共有直口罐，石榴坝有釜形圈足罐、平底罐、平底盘。石、玉器种类和数量均较少，多磨制，河口新街－河口公路、石榴坝、打篙陡共有砺石，麻玉田和石榴坝共有有领石或玉环，石榴坝和打篙陡共有玉玦。麻玉田和石榴坝的铜器大都包含在打篙陡铜器群内，均不见汉式器和铁器，主体年代相当于战国时期，与滇池地区的石寨山文化有诸多相似（图2.28）。

滇东南东部包含铜器的遗存集中在广南境内，均为墓葬，大都与汉式器或铁器共存，陶器为釉陶和印纹硬陶，以汉文化的影响为主，也有来自华南地区的因素，主体年代相当于两汉时期，上限要晚于西部。

① 云南省文物考古研究所、红河州文物管理所、个旧市文物管理所：《云南个旧市麻玉田青铜时代墓葬的发掘》，《考古》2013年第3期。

② 云南省博物馆文物工作队、个旧市群众艺术馆：《云南个旧石榴坝青铜时代墓葬》，《考古》1992年第2期。

③ 云南省文物考古研究所：《云南元江县洼垤打篙陡青铜时代墓地》，《文物》1992年第7期。

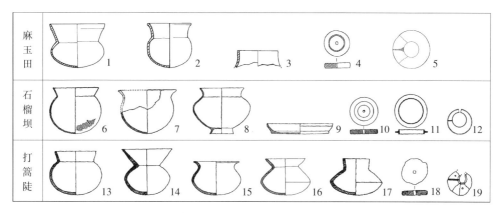

图 2.28　滇东南地区青铜时代陶、石、玉器对比

陶器：1、2、6、7、13 ~ 17. 釜（M18：1、M10：2、M7：2、M23：5、M54：3、M53：4、M48：1、M50：1、M68：1）　3. 直口器（M14：2）　4、10、18. 纺轮（T1102③：10、M23：12：1、M39：1）
8. 圈足器（M1：6）　9. 平底盘（M1：9）
石器：5. 有领石环（T1102②：5）　玉器：11. 有领玉环（M12：15）　12、19. 玉玦（M10：7、M39：2a）

（二）新石器时代遗存探讨

王大道总结的小河洞类型虽然被普遍沿用，但随着资料的增加，其内涵也应随之调整，我们认为滇东南地区可能的新石器遗存存在内部差异，分东、西两个部分。

1. 西部

西部大致对应今天的红河哈尼族彝族自治州，遗存多分布在元江及其支流沿岸。

燕子洞夹砂红陶有侈口口沿，除内壁平行划纹外均素面，可辨陶弹丸，泥质黑陶为中空橄榄形坠，简报推测是饰物，我们认为可能是网坠，石器有打制石片和砍砸器，磨制仅见砺石，另有砾石石料。八哥洞除砺石外还有磨制梯形石锛。

倘甸两个椭圆形灰坑最早，H1 包含大量直径 5 ~ 10 厘米的圆形或椭圆形石块，H2 包含夹砂灰陶侈口宽沿罐和一件刮削器。文化层多夹砂红陶，夹砂黑、灰陶次之，有两成泥质红陶，绝大多数为素面，少量绳纹和方格纹，罐多窄折沿，盆或钵多敞口，有的有折沿，浅腹平底盘有直口、敞口、敛口，另有扁平纺轮。石器均磨制，出土弧肩石斧、长条形石斧、穿孔石器、石球、砺石等，石球直径 5 ~ 6.5 厘米，可能与 H1 包含的石块有一定关联，采集梯形石斧、孔未穿透的石环、石刻人面像等（图 2.29）。

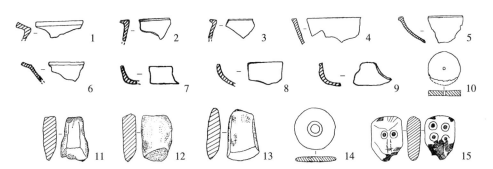

图 2.29 倘甸遗址陶、石器

陶器: 1~3. 侈口罐（93GTT5④：14、93GTT5④：16、93GTT5④：13） 4~6. 敞口盆/钵（93GTT5④：19、93GTT5④：9、93GTT5④：11） 7~9. 平底盘（93GTT5④：18、93GTT5④：10、93GTT5③：8） 10. 纺轮（93GTT5④：8）

石器: 11~13. 石斧（93GTT5④：1、93GTT5③：1、93GT 采02） 14. 石环（93GT 采014） 15. 石刻人面像（93GT 采012）

麻玉田遗址第④层只出陶片、陶弹丸和石器，推测是新石器遗存，但具体内涵不详，而且简报中文字部分所说的第④层遗物对应的是图中编号为第②、③层的遗物，有陶弹丸和磨制梯形、椭圆形石锛，不能确定为第④层遗物。

灰土寨两次调查的内容综合来看，陶片多夹砂红、黑陶，夹砂灰陶次之，火候低，有素面或饰绳纹、弦纹、波浪纹、方格纹，器形以侈口罐为主，石器多长条形石斧，网坠和弹丸既有陶质、也有石质。

西部的石器采集点多分布在开远、元阳、金平境内，多长梯形或长条形斧、锛，双肩斧、锛较少，另有长方形石锛、长条形石凿、长条形带柄石拍，器身普遍较长（图2.30）。

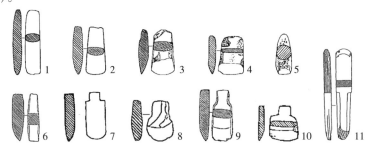

图 2.30 滇东南西部采集石器

1. 长条形石斧（金平铜厂乡毛贝湾） 2. 长梯形石斧（金平铜厂乡毛贝湾） 3. 长梯形石锛（金平铜厂乡毛贝湾） 4. 长方形石锛（文山漂漂小寨） 5. 长条形石锛（文山漂漂小寨） 6. 长条形石凿（开远羊街南林山） 7、8. 双肩石斧（开远小龙潭、元阳小新街乡大拉卡村民委纳保村） 9、10. 双肩石锛（文山漂漂小寨、元阳新街乡芒铁村民委） 11. 石拍（元阳黄茅岭乡）

2. 东部

东部大致对应今天的文山壮族苗族自治州，遗存多分布在岩溶洞穴内。

小河洞夹砂灰褐陶近九成，余为夹砂红陶，几乎都饰绳纹，另有弦纹、波浪纹、涡纹、附加堆纹，器形可辨侈口平底罐和一件直径 2 厘米的陶弹丸。石器有长条形石斧、长梯形石锛、短梯形近方形石锛、近平肩靴形石锛、石饰、方格纹石拍，采集近平肩石锛和近三角形石刀，采集石器可能较晚出现。

龙根洞多夹砂红陶，饰粗绳纹或弦纹，石器有弧肩石斧和近平肩石锛。珠琳多夹砂灰陶，夹砂红陶次之，有的涂黑衣，饰绳纹或网格纹，器形可辨平底盘。铜木犁多夹砂红、黑陶，灰陶次之，少量泥质黑、灰陶，纹饰刻划或压印，有弦纹、斜线纹、交叉纹、方格纹、网格纹、席纹、细绳纹，也有素面，根据线图判断为侈口卷沿的罐或釜，另有剖面菱形纺轮，石器有近平肩石铲、椭圆形凹刃石斧、方形石锤、扁圆形石磨盘、石杵、两侧缺口网坠、三角形石网坠、石弹丸、砺石和刮削器、砍砸器，包含的一件铜饰表明遗址下限可能已进入青铜时代，在遗址周边山洞或河边坡地还采集到靴形石锛和有肩石斧（图 2.31）。

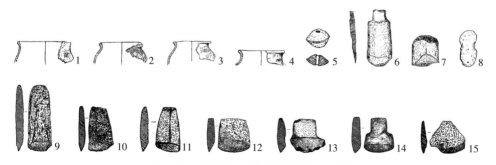

图 2.31　铜木犁、小河洞遗址陶、石器

陶器：1～4. 侈口罐（铜木犁）　5. 纺轮（铜木犁）
石器：6. 双肩石铲（铜木犁）　7. 凹刃石斧（铜木犁）　8. 网坠（铜木犁）　9. 长条形石斧（小河洞 MT1：08）　10. 长梯形石斧（小河洞 MT1：05）　11. 长梯形石锛（小河洞 MT1：02）　12. 近方形石锛（小河洞 MT1：06）　13. 靴形石锛（小河洞 MT1：03）　14. 双肩石锛（小河洞 MT1 采：3）15. 三角形石刀（小河洞 MT1 采：1）

文山境内遗址点陶片均夹砂，有红、黑、灰陶，余家岩洞穴和革把村有绳纹，革把村可辨罐、钵。台地遗址采集的石器几乎都为磨制，长条形斧、锛典型，另有弧肩石斧、梯形近长方形石锛、长方体石锛、石杵、弹丸、砺石等。洞穴遗址以磨制石器为主，包含少量打制砍砸器和刮削器，有弧肩石斧、梯形石锛、有肩

有段石锛、石刀、弹丸、砺石等，革把村另有石锤和凹刃石器，与铜木犁最为接近。

东部的石器采集点多分布在西畴、广南境内，多双肩斧、锛，长梯形斧、锛较少，除双肩石铲和个别双肩石斧外，器身普遍较短小，另有长方形石斧、长方形石锛、长条形石锤、柱状束腰石拍、刮削器等（图2.32）。

图2.32　滇东南东部采集石器

1. 双肩石铲（河口新街）　2~4. 双肩石斧（西畴鸡街者木、广南龙平、广南布苏）　5. 钺形石斧（广南革把村）　6~9. 双肩石锛（河口新街、西畴、西畴老寨、广南）　10、11. 长梯形石斧（广南布苏、广南）　12. 长方形石斧（西畴蚌谷乡狮子山）　13~15. 长梯形石锛（广南布苏、广南革把村、河口新街）　16. 长方形石锛（西畴蚌谷乡狮子山）　17. 石锤（广南革把村）　18. 石拍（广南）

3. 比较

滇东南地区既有河岸台地遗址，也有洞穴遗址，两者数量相当，墓葬的缺失值得注意，与青铜时代少遗址、多墓葬的情况相反。陶片多夹砂，包含少量泥质陶，均以侈口罐为主，仅小河洞明确描述为平底，余底部情况皆不详，不排除为圜底釜的可能，另有盆、钵、盘，卷沿或折沿的沿面均较窄，不见直口和圈足。石器仅燕子洞以打制为主，余皆以磨制为主，种类较丰富，斧、锛类为大宗，双肩石器较云南其他地区典型，多为平肩、少量弧肩，有段的特征并不明显，还普遍发现陶质或石质弹丸、石拍、砺石，弹丸结合倘甸的石球，推测可能与狩猎活动相关，砺石则常见于新石器至青铜时代各地遗存，形制多样、用途广泛，但石器整体少见于滇东南青铜时代遗存中，可能存在青铜工具对石质工具的替代。

西部多河岸台地遗址，以倘甸为代表。多红陶，黑、灰陶次之，以素面为主。灰土寨处在中间地带，可能受东部影响，纹饰较丰富，侈口罐多折沿，盆、钵、盘多敞口，倘甸的钵、盘简报均判定为泥质红陶，敞口的钵与青铜时代的敛口圜底钵不同，浅腹平底盘与石榴坝夹砂黑褐浅腹平底盘相比显得简单原始，与青铜时代遗存共有扁平纺轮。石器以长梯形或长条形斧、锛为主，倘甸采集的石环与青铜时代的有领石或玉环相比同样简单原始，石刻人面像则较为特殊，元阳采集的长条形带柄石拍拍面为平行线纹。燕子洞上限可能最早，但中空橄榄形泥质黑陶坠不见于其他遗存，推测是较晚的遗物。西部是滇东南青铜时代遗存的主要分布区域，这类遗存与青铜时代遗存相似点较多，可能存在发展关系。

东部岩溶地貌更为发育，多洞穴遗址，内有螺壳堆积，以小河洞为代表。多灰、褐陶，红、黑陶次之，纹饰丰富，刻划或压印，以绳纹为主，另有弦纹、斜线纹、交叉纹、方格纹、网格纹、波浪纹、涡纹、附加堆纹、席纹，侈口罐多卷沿，平底罐见于石榴坝，钵和平底盘具体形制不详，纺轮剖面近菱形。石器以双肩斧、锛为主，有的为双肩石铲，特有靴形石锛、石锤、凹刃石器，小河洞出土和广南采集石拍拍面均为方格纹，小河洞石拍为残件，推测为长方形，广南石拍为束腰柱状，应便于手握。内涵最为丰富的铜木犁包含一件铜饰，下限应最晚。东部陶、石器自身特点较鲜明，相比西部，与小河洞类型更加对应，虽然与西部青铜时代遗存差异较大，但下限可能也进入了青铜时代。

可以看到，滇东南东、西两个部分都存在不同于青铜时代且具有更早特点的遗存，这两个部分既有共性，差异也较明显，大致可看作滇东南地区新石器时代遗存的两个地方类型。西部新石器与青铜时代遗存的衔接较为紧密，东部新石器遗存与早年提出的小河洞类型更加契合，但下限可能要晚于西部。由于与当地秦汉时期遗存之间存在缺环，东部新石器与青铜时代遗存的关系不如西部明确。

四　小　结

滇东南地区虽然整体属于岩溶高原，但东部的洞穴遗址明显多于西部，考古学文化面貌也不尽相同，所以初步判断滇东南地区新石器时代遗存可能存在两个地方类型。滇东南西部陶色偏红，多素面，侈口罐多折沿，石器多为梯形或长条形斧、锛。滇东南东部陶色灰褐，多饰纹，侈口罐多卷沿，石器多近平肩斧、锛。共有的典型陶器侈口罐与青铜时代侈口釜形制相似，应具有演变关系。但滇东南地区青铜时代遗存集中分布在西部，与西部新石器遗存接续发展，东部新石器遗存则更接近早年提出的小河洞类型，下限可能已进入青铜时代，所以我们认为小河洞类型已不能完全涵盖滇东南地区的新石器遗存。滇东南新石器的上限尚难以确定，下限可参考青铜时代墓葬的测年数据，至少在战国以前，由于数据未经校正，我们将其提至距今 3000 年左右。目前来看，滇东南地区研究基础薄弱，仍有待更多的发现提供资料（图 2.33）。

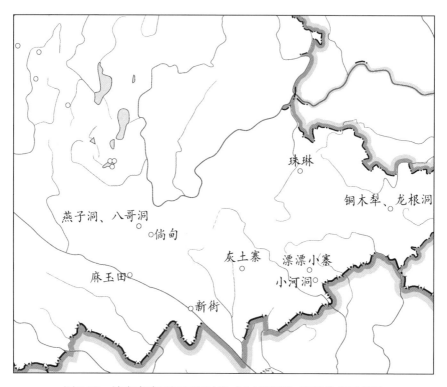

图 2.33   滇东南地区新石器时代（含过渡期）遗址分布示意图

第六节   滇池地区

一   地理概况

该区为滇中高原湖盆区，位于中心的滇池又名昆明湖，是云南最大的淡水湖泊，其东南为滇中三湖，自北向南分别是抚仙湖、星云湖和杞麓湖，围绕这些湖泊还有大大小小的水系。遗址即分布在河湖沿岸，多有厚厚的螺壳堆积。

二　发现与研究述评

滇池是新中国成立以后云南地区最早开展考古工作的地方，由于遗存的丰富性和特殊性，也一直是云南考古工作的重心，大致可分为三个发展阶段。

（一）20 世纪 50 年代初期至 80 年代初期

1953 年首先在滇池东北岸发现昆明官渡遗址，探坑内出土手制红陶和轮制灰陶，初步认为从新石器延续到汉唐[1]，1957 年复查采集均为泥质红陶[2]，1958 年再次进行试掘[3]，但具体情况不详。

滇池东南岸晋宁石寨山遗址的发现是以流散于文物市场的青铜兵器为线索的。1954 年调查采集的红陶片与官渡遗址一致，并征集铜矛、铜钺、有孔石斧各一件，其中有孔石斧形制不详，亦不见于此后发现。1955 年试掘遗址东部边沿的甲区和遗址中部及偏西北的乙区，地层堆积简单，耕土与生土之间仅两层文化层，上层灰褐土只见于乙区，下层为螺壳层，亦集中分布在遗址西北部，甲区遗存以土坑墓为主，随葬多铜器，少量陶、石、木器，乙区螺壳层下亦发现一座土坑墓，随葬陶器，遗址文化层内包含的遗物一致，陶片有泥质红陶和夹砂灰、黄衣、橙黄陶，石、骨、蚌器较少，简报认为与洱海地区相似，上限可至新石器晚期[4]。1956～1957 年发掘甲区 20 座土坑墓，随葬仍以铜器为主，其中 M6 出土滇王金印，成为判断遗存性质的重要线索[5]。1958 年发掘 12 座土坑墓，其中 8 座位于遗址西北部、4 座位于遗址东北部，地层出土大量陶片、少量石器和个别铜、铁器，上层草皮层应为耕土层，多泥质红陶，下层螺壳层灰褐土在上、纯螺壳在下，与 1955 年试掘的上、下文化层对应，多夹砂灰、橙黄陶[6]。1960 年发掘的 16 座土坑墓位于遗址最东边，分布密集，

① 马靖华：《云南组织工作组检查昆明市附近的文物》，《文物参考资料》1954 年第 1 期。
② 刘启益：《广西云南所见古文化遗址》，《文物参考资料》1958 年第 3 期。
③ 云南省文物工作队：《云南滇池周围新石器时代遗址调查简报》，《考古》1961 年第 1 期。
④ 云南省博物馆考古发掘工作组：《云南晋宁石寨山古遗址及墓葬》，《考古学报》1956 年第 1 期。
⑤ 云南省博物馆：《云南晋宁石寨山古墓群发掘报告》，北京：文物出版社，1959 年。
⑥ 云南省博物馆：《云南晋宁石寨山第三次发掘简报》，《考古》1959 年第 9 期。

多有打破关系，均出铜柄铁剑和铁器①。这四次集中的发掘以青铜时代土坑墓为主，关注点多在随葬的青铜器上，对主要包含陶片的遗址文化层初步判断为新石器晚期遗存。

1958年滇池东岸调查的9处遗址除官渡和石寨山外，还有海源寺、石碑村、乌龙铺、石子河、安江、象山、河泊所，均以大量螺壳堆积和手制泥质红陶为特征，夹砂红陶次之，少量夹砂灰陶、石器和骨器，认为是早于洱海地区的新石器遗存，并且指出夹砂红陶疑包括石寨山1955年试掘所列的夹砂黄衣陶，"色泽比泥质红陶较为浅淡，有的泛橙黄色"②，可见对火候不均造成的陶色差异存在不同的描述。1960年环滇池调查认为有14处新石器遗址，除不见滇池东岸调查的乌龙铺、安江、象山外，新增古城、团山村、渠西里、兴旺村、后村、老街、白塔村、白塔山，东岸由于平地较宽广，遗址数量明显多于西岸，采集遗物与1958年东岸调查基本一致③。两次调查均从陶器制作技术角度推测器形较大、制作较精的夹砂陶要晚于泥质红陶，但这一判断与石寨山1958年发掘的地层出土情况相反。

1960年在滇池以西的安宁王家滩征集一件有段石锛，1961年环星云湖调查在螺蛳山、光山、头嘴山山脚螺壳堆积中采集泥质夹稻壳粗红陶和夹砂红、灰陶，认为是与滇池沿岸相同的新石器时代遗存，指出椭圆形石斧、有段石锛、有肩有段石锛极少见于滇池沿岸，并认为石寨山1955年试掘出土的有肩石斧实为有段石锛④。

1976～1977年禄丰境内调查采集的遗物呈现出明显的地域差异，东部的星宿江流域均为有段石锛，有的有肩，另有少量纹饰简单的夹砂灰、红陶，西部的龙川江流域多梯形斧、锛，种类较丰富，夹砂灰、红、橙黄陶纹饰复杂，认为后者受邻近的元谋大墩子遗址直接影响，这些地点均被视作新石器时代遗址⑤。

1977年，昆明王家墩遗址因出土有段铜锛和铜戈而被发现，位于滇池西岸，有螺壳堆积，采集夹砂陶片、有肩和无肩石斧、石镯、铜渣等，推测为铜石并用阶段，

① 云南省博物馆：《云南晋宁石寨山古墓第四次发掘简报》，《考古》1963年第9期。
② 黄展岳、赵学谦：《云南滇池东岸新石器时代遗址调查记》，《考古》1959年第4期。
③ 云南省文物工作队：《云南滇池周围新石器时代遗址调查简报》，《考古》1961年第1期。
④ 葛季芳：《云南发现的有段石锛》，《考古》1978年第1期。
⑤ 举芳：《云南禄丰新石器时代遗址》，《考古》1983年第7期。

认为要早于滇池地区的青铜时代墓葬①。

　　早年资料多为调查采集的内容，普遍存在的问题是把新石器时代的概念简单地与陶器或磨制石器等同起来、把遗址和采集点相混淆，没有发现金属器的陶、石器遗存往往都认为属于新石器时代，甚至仅见一件磨制石器的采集点即称新石器时代遗址，对遗存性质的判定不够严谨。原因除了资料有限造成的认识局限外，对青铜时代遗存的关注点多集中在墓葬铜器上、缺乏对整体内涵的把握也直接影响到新石器时代遗存性质的判定。

　　滇池地区新石器遗存的研究始于汪宁生，他根据早年资料将典型因素总结为螺壳堆积，泥质红陶盘、钵，夹砂红、灰陶釜、罐、盆、圈足器，有肩、有段石器等，认为制陶水平较低，与龙川江流域和洱海地区相比显得较原始，兼营稻作农业和渔猎，分布不限于滇池周围的小山或平地，包括安宁王家滩和星云湖沿岸遗存，但具体范围仍不清楚，对石寨山遗址随葬陶器的土坑墓不能肯定是否属新石器时代②，该墓开口于螺壳层下、打破生土，是乙区最早的遗迹，对其性质的不确定实际上相当于对文化层性质的不确定。李昆声、肖秋最先将这类遗存以石寨山类型命名，多为分布在滇池和抚仙湖、星云湖沿岸的贝丘遗址，内涵在汪文基础上有所扩充，地域包括禄丰，遗物包括少量压印方格纹和云雷纹的硬陶，认为陶、石器制作技术较高，比龙川江流域和洱海地区进步，要晚于这两个地区，以稻作农业为主③。阚勇沿用这一命名，他对石寨山类型早期多泥质红陶、晚期多夹砂红陶和灰陶的认识可能主要来源于滇池沿岸两次调查的判断，认为昆明王家墩的有段铜锛和铜戈与滇池地区青铜时代铜器相似但较原始，泥质红陶盘在青铜时代墓葬中与铜器共存，表明石寨山类型晚期相当于铜石并用阶段④。可见学者们对滇池地区的新石器遗存有着不同的认识，在石寨山类型提出后，其内涵逐步扩充，分布范围以滇池为中心向周边延伸，上、下限均往后调整，下限已经涉及包含青铜器的遗存。

　　另外，由于石寨山遗址青铜时代墓葬内涵的丰富明朗，这一时期发掘的多处

①　李永衡、王涵：《昆明市西山区王家墩发现青铜器》，《考古》1983 年第 5 期。

②　汪宁生：《云南考古》，昆明：云南人民出版社，1980 年。

③　李昆声、肖秋：《试论云南新石器时代文化》，《文物集刊》（2），北京：文物出版社，1980 年。

④　阚勇：《试论云南新石器文化》，《云南省博物馆建馆三十周年纪念文集》，昆明：云南省博物馆，1981 年。

墓葬大致都可看作是同类遗存。汪宁生最早将其命名为石寨山文化，涵盖范围较广，认为除云贵高原东缘外均有分布，以滇池、洱海、云南中部和北部地区较为密集，是由云贵高原诸多新石器文化逐渐发展而来①。王大道称之为滇文化，将分布范围缩小并细化，东北到曲靖、南不过元江、西界至禄丰与滇西青铜文化相接，虽然也认同昆明王家墩属铜石并用阶段，但是将其作为青铜时代初期的代表，另据滇文化墓葬所出陶器与新石器陶器相似，认为滇池地区青铜文化直接源于当地新石器文化②。

（二）20 世纪 80 年代初期至 21 世纪初期

1982～1986 年文物普查在禄丰东部星宿江流域又采集到大量有段石锛和有肩有段石锛，另有夹砂灰、黑、橙黄陶③。1994 年调查的禄丰川街阿纳遗址属星宿江流域，多夹砂黑陶，石器兼具龙川江流域的特点④。

1983 年在杞麓湖西岸凹腰山山脚湖积平原螺壳层中发现陶片，多为夹砂红褐陶，推测年代晚于杞麓湖沿岸的化石点⑤。1984 年文物普查分别在杞麓湖北岸和东岸发现通海海东和杨山遗址，均有厚厚的螺壳堆积。海东遗址经多次复查后于 1988～1989 年正式发掘，清理 30 座墓葬和 40 个火堆，陶片以夹砂灰褐为主、红褐次之，泥质较少，器形丰富且造型独特，石器种类和数量亦较丰富，另有部分骨、角器，体现出不同于以往的文化面貌，两座墓葬人骨碳十四校正数据分别为距今 4235 ± 150 年和距今 3945 ± 100 年⑥。1998～2000 年对杨山遗址进行调查，遗迹、遗物与海东基本一致，但内涵较复杂，认为下限可能进入青铜时代⑦。1984～1986 年调查江川光坟头、大平地、螺蛳山和通海空山、打坝山、小龙潭 6 处遗址，均有螺壳堆积，其中小龙潭即石山嘴化石点，遗物仅见骨、角器，余 5 处采集夹砂灰黑、红

① 汪宁生：《试论石寨山文化》，《中国考古学会第一次年会论文集》，北京：文物出版社，1980 年。

② 王大道：《滇池区域的青铜文化》，《云南青铜器论丛》，北京：文物出版社，1981 年。

③ 王正举：《云南禄丰发现新石器时代遗址》，《考古》1991 年第 3 期。

④ 徐惠平：《禄丰川街阿纳新石器遗址调查简报》，《云南文物》1998 年第 2 期。

⑤ 杨正纯、肖永福、黎兴国、李凤朝：《杞麓湖畔中全新世人类和脊椎动物化石群》，《云南地质》1985 年第 3 期。

⑥ 云南省文物考古研究所、玉溪市文管所、通海县文化局：《通海海东贝丘遗址发掘报告》，《云南文物》1999 年第 2 期。

⑦ 陈泰敏：《通海杨山贝丘遗址》，《云南文物》2003 年第 1 期。

陶和石、骨器，光坟头地表还多次发现孔雀石和自然铜屑，但仍认为均属新石器时代遗址①。

1990 年调查安宁马家村洞穴遗址，堆积中包含陶、石、骨器和兽骨、螺壳。陶片呈黑、灰、红色，陶质未予说明，石器除砺石外余皆打制，石球最多的特点与丽江木家桥遗址相同，认为马家村包含新、旧石器遗存②。

1990 年发掘玉溪刺桐关遗址，东北距石寨山遗址约 15 千米。陶、石器与铜矛、铜铃、铜渣共存，首次为确认滇池地区青铜时代遗存的整体内涵找到了地层学上的依据，测年数据范围相当于春秋至西汉时期③。数量最多的同心圆纹盘以夹砂红陶为主、夹砂灰陶次之，与以往泥质红陶的描述明显不同。

这一时期的资料除延续之前的性质判定外，海东和刺桐关的发掘促使学者们重新审视资料并作出新的调整：如有学者指出禄丰调查所称的多处遗址中仅赵家村和十八犁田发现有文化层，余皆只能算采集点④；另有学者认为滇中三湖沿岸调查的诸多遗址，除通海海东、杨山、老空山 3 处外，余皆不能判定为新石器时代遗址，江川光坟头的性质也存在争议⑤；王大道最先提出海东村类型的命名，认为遗址分布在杞麓湖周围，多属新石器晚期，有的上限可至新石器中期，依据之一是通海黄家营的螺壳碳十四测定数据距今 5020±80 年⑥，实际上螺壳标本出自化石层，没有遗物共存，而且螺壳测年数据普遍偏老，参考性不强；同时王大道进一步扩充了石寨山类型的内涵，包括江川光坟头、禄丰杉老棵、东川木树朗、禄劝营盘山⑦、宣威格宜尖角洞⑧等遗址，并指出部分陶器与刺桐关所出相同，开始质疑石寨山类型的完整性，公布

---

① 张兴永、赵云龙、蒋天忠：《云南江川、通海考古调查简报》，《云南文物》1987 年第 1 期。

② 杭建荣：《安宁马家村石洞新石器遗址》，《云南文物》1993 年第 1 期。

③ 云南省文物考古研究所：《玉溪刺桐关青铜时代遗址发掘报告》，《云南省文物考古报告集》（之二），昆明：云南科技出版社，2006 年。

④ 张可生：《禄丰新石器初论兼议举芳〈南禄丰新石器时代遗址〉》，《云南文物》1994 年第 2 期。

⑤ 白子麒：《玉溪地区史前文化的思考》，《云南文物》1992 年第 2 期。

⑥ 杨正纯、肖永福、黎兴国、李凤朝：《杞麓湖畔中全新世人类和脊椎动物化石群》，《云南地质》1985 年第 3 期。

⑦ 白肇禧：《云南禄劝县营盘山新石器时代洞穴遗址调查》，《考古》1993 年第 3 期。

⑧ 曲靖地区文物管理所、宣威县文物普查办公室：《云南宣威县尖角洞新石器遗址调查》，《考古》1986 年第 1 期。

了石寨山遗址出土螺壳碳十四测定数据为距今 4260±165 年①。

　　蒋志龙通过对石寨山文化的研究，将其分布范围概括为"北起金沙江南岸、南达元江北岸、西起禄丰楚雄、东抵宣威的滇东高原的广大盆地和低山丘陵地带"，与王大道所说的滇文化分布范围基本一致，年代从春秋早期或更早延续到东汉初期，陶器群与滇池地区新石器文化所见陶器形制相同，并指出石寨山遗址发掘面积有限，地层关系及其与墓葬的关系均不清楚，故"滇池地区的新石器文化面貌尚不清楚，且以往所认为的新石器时代遗存，有些极有可能是属于青铜时代的"②，所以他通篇没有使用石寨山类型这一概念，但仍将梯形或有肩、有段石斧、锛看作新石器时代的标准器。另外，李昆声将王家墩遗址由铜石并用时期改判为青铜时代早期，认为是明确的青铜时代遗存③。

　　虽然上述学者对滇池地区的新石器文化提出了不同看法，但 21 世纪初期的综述型研究均将王大道提出的海东村类型纳入石寨山类型，不仅使石寨山类型的内涵更加复杂，而且又强化了概念：如肖明华推测海东是石寨山类型早期遗址，石寨山是晚期遗址，认为石寨山类型分布地域明确、发掘地层清楚、文化特征突出，可命名为文化④，与青铜时代的石寨山文化重名；国家文物局主编的《中国文物地图集·云南分册》则将海东与石寨山统称为滇池类型⑤；云南省地方志编纂委员会主编的《云南省志·文物志》统称为滇池石寨山类型⑥。

（三）21 世纪初期至今

　　进入 21 世纪以后，调查和发掘更加科学、全面，且对象主要是遗址类遗存。

　　由于资料没有马上公布，刺桐关遗址发掘之后很长一段时间，滇池地区仍然呈现出"大量的青铜时代墓地的发现和遗址的'缺失'形成鲜明的对比"⑦ 的怪象。

---

① 王大道：《再论云南新石器时代文化的类型》，《西藏考古》（第 1 辑），成都：四川大学出版社，1994 年。
② 蒋志龙：《再论石寨山文化》，《文物》1998 年第 6 期。
③ 李昆声：《55 年来云南考古的主要成就（1949~2004 年）》，《四川文物》2004 年第 3 期。
④ 肖明华：《云南考古述略》，《考古》2001 年第 12 期。
⑤ 国家文物局主编：《中国文物地图集·云南分册》，昆明：云南科技出版社，2001 年。
⑥ 云南省地方志编纂委员会：《云南省志·文物志》，昆明：云南人民出版社，2004 年。
⑦ 蒋志龙、徐文德：《云南昆明天子庙贝丘遗址发掘获重要收获》，《中国文物报》2005 年 9 月 16 日第 001 版。

直到 2005 年，先后发掘了滇池西岸的昆明天子庙遗址①和东南岸的晋宁小平山遗址②，后者北距石寨山遗址仅 300 米，均有螺壳堆积，陶、石、玉器与铜鱼钩、铜锥、铜镞、铜爪镰共存，与青铜时代墓葬所出基本一致，再次确认了滇池地区青铜时代遗存的整体内涵，属于石寨山文化遗址，认为"20 世纪 50 年代调查的滇池岸边的许多新石器时代的遗址，其时代都可能要做新的调整"③，同时为泥质红陶流行年代晚于夹砂灰、褐陶提供了地层学上的证据，并指出泥质红陶盘、钵少见于墓葬，反映其为较单纯的生活用器。

"滇池区域史前聚落形态考古调查"项目组 2008 年在滇池东南岸采集多为夹稻壳红陶，夹石灰石红、黑陶次之，少量夹粗砂红、黑陶④，2010 年在滇池南岸、西岸采集与东南岸基本一致，但遗址规模由于地形条件所限均较滇池东南岸小，调查表明"以前认为是新石器时期的贝丘遗址实际上可能是青铜时代石寨山文化的遗存。这些遗址分布在不同的生态区和地理环境，与以石寨山为中心的石寨山文化中心区互补"⑤，涉及的遗址有石寨山、石子河、安江、河泊所、古城、渠西里、老街、白塔村、白塔山等。2008 年调查没有说明夹稻壳红陶陶质，2010 年调查其为夹粗砂，均未提及有泥质陶，可推知将夹稻壳红陶认定为夹砂陶质，完全不同于以往的泥质认定。两次调查的碳十四测定数据年代范围均在距今 2800～2500 年。

2009 年试掘抚仙湖东北岸的澄江学山遗址，发现了可能为制铜作坊的建筑遗迹，建筑内堆积包含陶、石、骨、铜器，其中带稻草、稻壳印痕的红陶盘、钵均夹砂⑥，2010～2011 年发掘清理出建筑遗迹、活动面、道路、灰坑、墓葬、可能的祭祀遗迹，

---

① 蒋志龙、徐文德：《云南昆明天子庙贝丘遗址发掘获重要收获》，《中国文物报》2005 年 9 月 16 日第 001 版。

② 云南省文物考古研究所、晋宁县文物管理所：《云南晋宁县小平山遗址试掘简报》，《考古》2009 年第 8 期。

③ 云南省文物考古研究所、晋宁县文物管理所：《云南晋宁县小平山遗址试掘简报》。

④ 云南省文物考古研究所、美国密歇根大学人类学系：《云南滇池地区聚落遗址 2008 年调查简报》，《考古》2012 年第 1 期。

⑤ 云南省文物考古研究所、美国芝加哥大学、美国密歇根大学人类学博物馆：《云南滇池盆地 2010 年聚落考古调查简报》，《考古》2014 年第 5 期。

⑥ 吉林大学边疆考古研究中心、云南省文物考古研究所、玉溪市文物管理所、澄江县文物管理所：《云南澄江县学山遗址试掘简报》，《考古》2010 年第 10 期。

建筑内堆积包含陶片、铜器、炼渣和植物遗存，随葬陶器有的与海东遗址相同①。
2011～2012年正式发掘抚仙湖东南岸的江川光坟头遗址，清理出建筑遗迹、活动面、
灰坑，出土陶、石、玉、铜、骨、角、蚌器和动植物遗存，最早的文化层即出铜器，
较晚流行的带稻草、稻壳印痕红陶盘、钵为泥质，早晚均出铜渣，并发现石范②。两
个遗址均位于抚仙湖沿岸，面貌、性质相似，但对红陶盘、钵的陶质认定仍然存在
差异。2013年还发掘了位于金沙江支流台地上的东川玉碑地遗址，同样发现了铜器
和炼渣，另有矿石、铜块，遗迹现象除瓮棺葬外余皆同学山和光坟头，遗物和动植
物遗存亦较丰富，是距离滇池核心区较远、面貌不同于石寨山文化的青铜时代遗
址③。这三个遗址所在地附近均有铜矿资源分布，并存在明显的冶炼活动，对于探讨
石寨山文化尤为重要。

　　更为重要的发现来自2015～2016年发掘的通海兴义贝丘遗址，位于杞麓湖东北
岸一座小山的南坡坡脚。文化堆积深厚，发掘者将其分为三期：一期相当于海东遗
存，年代参考海东遗址墓葬人骨碳十四校正数据，大致在距今4200～4000年；二期
遗迹、遗物最为丰富，其中有相当数量的矿石、炼渣、石范、铜器，F2出土的炭化
橡子碳十四测定数据为距今3456～3389年，推测相当于商周时期，是一类自身特色
鲜明且早于石寨山文化的遗存，认为是石寨山文化的来源之一；三期即为石寨山文
化遗存。由于多学科的介入，此次发掘为我们提供了极大的信息量，构建出滇中三
湖地区从新石器时代到铁器时代的考古学文化框架④。

　　更加科学、全面的调查和发掘使滇池地区早期考古学文化的面貌逐渐明朗，但
在大量新资料公布之前的研究多是对过去内容的重提。2009年，李昆声、胡习珍仍
将泥质红陶盘、钵作为石寨山类型的典型器，认为禄丰石器地点和宣威格宜尖角洞
遗址属于滇池地区新石器文化的范畴，重新把海东遗址单独提出，认为其可能是一
种新的新石器文化的代表⑤。《云南考古（1979～2009）》把石寨山和海东分别作为
金沙江和南盘江流域新石器时代的典型遗址列出，其中石寨山的内容应主要来源于

① "云南考古"微信公众号：《澄江学山遗址——滇文化聚落遗址》，2015年8月17日。
② 李小瑞：《云南江川光坟头遗址考古发掘收获》，《中国文物报》2013年6月21日第008版。
③ "云南考古"微信公众号：《东川玉碑地遗址——金沙江流域战国时期青铜冶炼遗存》，2015年3月16日。
④ "云南考古"微信公众号：《热点跟踪——兴义遗址田野考古发掘工作结束》，2016年11月2日。
⑤ 李昆声、胡习珍：《云南考古60年》，《思想战线》2009年第4期。

1955 年遗址试掘简报，认为遗址从新石器时代延续到两汉时期①。

《晋宁石寨山——第五次发掘报告》延续了蒋志龙对石寨山文化的认识②。"按报告的说法，石寨山文化同滇文化的区别，其实主要在于其包含了一部分早于滇文化的遗存"③，杨勇认为这部分早于滇文化的遗存仍不出滇文化系统，年代也不确定，故石寨山文化和滇文化的内涵实质上是一样的，并再次指出石寨山遗址西、北部地层堆积的年代、内涵、分布以及与墓地的关系仍不清楚。我们认为这是判断石寨山遗址是否存在新石器遗存的关键。

石寨山类型作为滇池地区最早提出的新石器时代考古学文化类型，对后来研究的影响相当深刻。相比于调查和发掘资料的不断完善、认识的不断改进，研究却严重滞后。虽然滇池周边存在不同于石寨山类型的早期遗存，青铜时代的文化面貌也基本明确，但只有少数研究者适时做出了调整，大多数仍然没有摆脱概念上的束缚，目前看来石寨山类型的内涵和性质都是需要探讨的问题。

三　综合研究

石寨山类型的建构多基于早年的调查，发掘有限，资料单薄，后经研究者扩充，内涵逐渐复杂，通常认为属于新石器时代晚期。越来越多的资料指示石寨山类型与石寨山文化存在诸多相似，两者密切相关，故我们以两者的比较为主，同时对石寨山类型包含的相关遗存进行辨析，以探讨滇池地区新石器文化的面貌。

（一）石寨山类型内涵和性质的探讨

1. 空间类型

石寨山类型和石寨山文化遗址的分布均以滇池为中心，少数位于抚仙湖、星云湖沿岸和距湖较远的山间低地，滇池东岸的宽广平地、南岸的昆阳盆地和西南的螳

---

① 杨帆、万扬、胡长城：《云南考古（1979～2009）》，昆明：云南出版集团公司、云南人民出版社，2010 年。

② 昆明市博物馆、晋宁县文物管理所、云南省文物考古研究所：《晋宁石寨山——第五次发掘报告》，北京：文物出版社，2009 年。

③ 杨勇：《石寨山考古的新成果和再认识——读〈晋宁石寨山——第五次发掘报告〉》，《文物》2011 年第 8 期。

鄄川沿岸最为密集，其中东北岸由于是今天的昆明市区，遗址已较难发现，西岸平地较少，遗址亦少见。两者的遗址在中心区多有重合，其中大部分已被证实属于石寨山文化，分布和数量与石寨山文化墓葬对应，且均为土坑墓。石寨山类型遗存还见于禄丰、禄劝、东川、宣威等地，均在石寨山文化的分布范围之内，这些遗存的内涵和性质仍有待辨析。螺壳堆积是石寨山类型的典型因素之一，同样是石寨山文化的典型因素，属于湖滨遗址的普遍特征（2.34）。

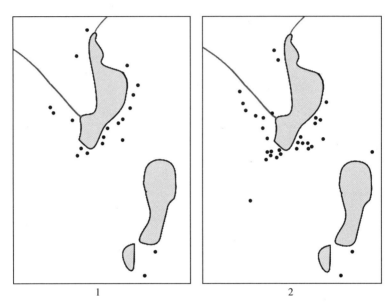

图2.34　石寨山类型与石寨山文化中心区遗址分布对比示意图
1. 石寨山类型分布示意图　2. 石寨山文化分布示意图

2. 内涵辨析

石寨山类型最早的资料称陶器有模制，后不再提及，泥质红陶多手制，带谷壳、谷穗印痕，器形以刻划同心圆纹圈足盘和素面平底钵为主，夹砂灰、红陶多轮制，夹砂包括夹螺壳或石英，素面较多，纹饰有刻划直线、斜线、人字、交叉、折线、波浪、叶脉纹和压印绳纹、方格纹、云雷纹以及戳点纹，器形以釜、罐、壶、盆、钵、圈足器为主，陶纺轮亦较多。石器磨制，滇池沿岸的种类和数量均不如周边地区丰富，有长方形或有肩石斧、有段石锛、石镞、石球等，方形石锤疑似石寨山文化墓葬中的棺底垫石，石簪、石锥疑似长条形穿孔石坠。石寨山文化资料较少关注陶器制法，仅提及盘、钵为手制，对其由泥质向夹砂认定的转变应是判断标准的改变所致，同心弧线纹可能在同心圆纹基础上衍生，并且新分辨出夹石灰石的釜、罐、盆，其中盆的器形不明确，圈足应属于壶或尊，以素面为主，与石寨山类型纹饰的区别仅在于网格纹为刻划，压印的方格纹和云雷纹多见于汉代陶片，器形有早晚关系，釜、侈口卷沿罐、壶、尊、敛口钵、平底盘等要早于同心圆纹圈足盘和素面平底钵，侈口弦纹罐最晚。滇池沿岸石寨山文化遗址所出石器同样较少，有梯形或有肩斧、锛、长条形穿孔石坠、石或玉的环或镯、石或玉玦和陶纺轮多见于墓葬。总的来看，石寨山类型的内涵相当于石寨山文化的早、中期，没有包括最晚的侈口弦纹罐，但陶、石器群基本都在石寨山文化的范畴内，两者并无实质上的区别（图2.35）。

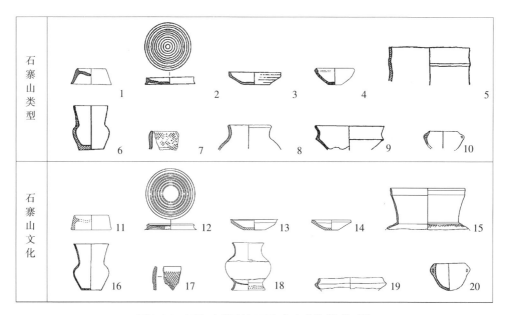

图2.35　石寨山类型与石寨山文化陶器群对比

1、2、11、12. 圈足盘（石子河、官渡、学山 F1：1、学山 F1：6）　3、4、13、14. 平底钵（石寨山1955、官渡、学山 F1：10、学山 F1：11）　5、15. 大口釜（石寨山1955、小平山 T13⑤：1）　6、16. 长颈罐（石寨山、上马村 M1：6）　7、17. 直口罐（滇池东岸1958、学山 F1：29）　8、18. 圈足壶（石寨山1955、石寨山 M64：1）　9、19. 折肩钵（环滇池1960、小平山 T13⑤：5）　10、20. 双耳钵（石寨山1955、太极山 M2：25）

具体来看，我们首先探讨石寨山类型因之命名的石寨山遗址。被学者们质疑的遗址西、北部文化层是石寨山类型建立的地层依据，资料多来自1955年的试掘。上层灰褐土除较多陶片和少量石器外，出几何纹砖、粗绳纹瓦、铜镞和一枚"大泉五十"，下限有可能到新莽时期；下层螺壳层出瓦当和铜片虽认为是后世混入，但陶片与上层灰褐土一致，年代应相当；开口于螺壳层下的土坑墓随葬均为磨光灰陶，平底钵与汉式钵风格接近，单耳小釜近似滇池沿岸汉墓所出同类器①。遗址 1958 年发掘的文化层出铜、铁器各一件，认为是打破文化层的石寨山文化墓葬遗物，余均与 1955 年试掘一致。2008 年滇池东南岸调查将石寨山遗址山体西南面一处保存较完整的原生地层细分为 7 层，第⑦层是淤泥，第⑥层夹螺壳的淤泥浮选出炭化种子和炼渣，炭化种子测定数据为距今 2780～2480 年②。由此可知石寨山遗址早年发掘的西、北部文化层上限应不早于汉代，虽然被石寨山文化墓葬打破，但两者时间差距不大，主体相当于西汉时期，西南部文化层上限可至春秋时期，遗址年代跨度亦在石寨山文化范畴内。

石寨山类型包括的其他遗存，如星云湖沿岸、安宁王家滩、以禄丰杉老棵为代表的星宿江流域、禄劝营盘山、宣威格宜尖角洞等均为采集，共同特点是有段或有肩有段石锛典型，陶、石器群与滇池沿岸不尽相同，表明石寨山类型本身存在内部差异。星云湖沿岸与滇池沿岸最为接近，有段石锛整体近长方形，有肩有段石锛肩近平、似石斧，滇池沿岸有类似的有肩石斧。安宁王家滩仅有的一件有段石锛与石寨山遗址有段石锛形制相同，整体近梯形。星宿江流域有段或有肩有段石锛形制多样，有段石锛除近长方形和近梯形外还有近三角形，有肩有段石锛为弧肩或近平肩；陶片均夹砂，陶色较杂，有素面和刻划、压印纹，可辨敞口带流罐和鸡头形带流罐。禄劝营盘山弧肩有段石锛较多，少量弧肩石锛和近长方形有段石锛，长条形石斧、各式穿孔石刀亦较多；除极少泥质红陶外陶片均夹砂，陶色较杂，手制、素面为主，纹饰刻划或压印，多绳纹，另有平行线纹、网格纹、波浪纹、戳点纹、乳钉纹，可辨罐、缸、盆、钵、杯、盘，多平底或小平底，除一件素面泥质红陶圈足盘与石寨山类型明显类似外，其他器形均较特色。宣威格宜尖角洞有肩有段石锛较方正、微弧肩，另有钺形石斧、长方形石锛、长方形双孔石刀、敲砸器等；除极少泥质灰陶外陶片均夹砂，灰陶大宗，少量黑、红陶，兼有手制和轮制，多素面、平底，纹饰有戳点纹、直线纹、斜线纹、网格纹、折线纹、波浪纹、绳纹、方格纹、附加堆纹，可辨罐、瓶、圈足器、直腹平底器、纺轮，亦较有特色（图 2.36）。

---

① 云南省博物馆文物工作队：《云南呈贡七步场东汉墓》，《考古》1982 年第 1 期；云南省文物考古研究所、昆明市博物馆、官渡区博物馆：《云南昆明羊甫头墓地发掘简报》，《文物》2001 年第 4 期。
② 云南省文物考古研究所、美国密歇根大学人类学系：《云南滇池地区聚落遗址 2008 年调查简报》，《考古》2012 年第 1 期。

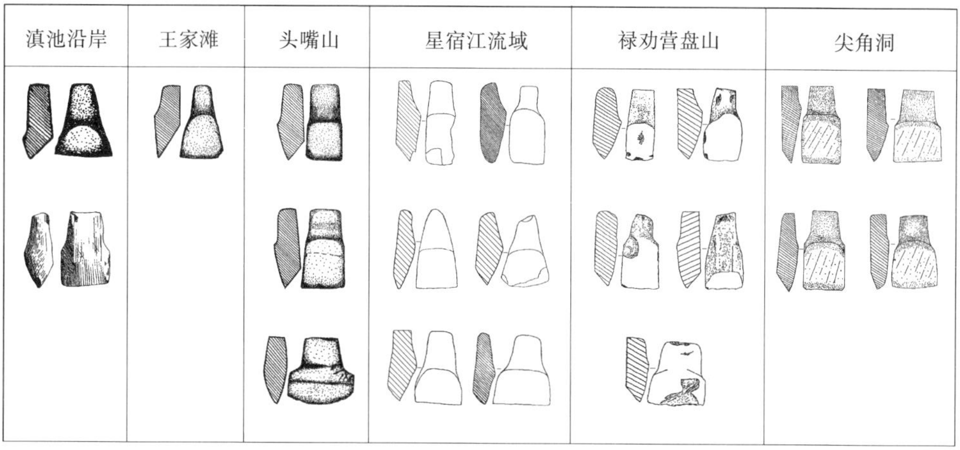

滇池沿岸	王家滩	头嘴山	星宿江流域	禄劝营盘山	尖角洞

图 2.36 石寨山类型有肩、有段石器对比

有肩、有段石器最早发现于滇池沿岸，也最早被列为石寨山类型的典型因素之一，随着石寨山类型内涵的扩充，逐渐将包含有肩、有段石器的周边遗存纳入。实际上周边遗存的有肩、有段石器比滇池沿岸典型得多，结合陶、石器群的整体面貌，邻近滇池的星云湖沿岸和安宁王家滩仍可归属石寨山类型，较远的星宿江流域、禄劝营盘山、宣威格宜尖角洞与石寨山类型差异较大，应重新判定。

3. 性质推测

通过对比，我们认为石寨山类型在时空和内涵上与石寨山文化高度重合，为青铜时代遗存，并没有包含明确的新石器遗存。其实我们从石寨山最早的发掘简报就可以得到一些信息，"石寨山东面山脚为石寨村，西面田中有螺、蚌壳和积沙，再往西是河泊所，推测石寨山早期是滇池中或池边的一座小山，后来地势变迁才形成陆地而距滇池稍远"[1]，目前已知河泊所是明确的青铜时代遗址。《晋宁石寨山——第五次发掘报告》对古环境的推测也持相同看法，认为"在距今 3000～2500 年之间的春秋时期，石寨山周围的湖岸堆积都该在湖面以下，石寨山和它附近的几座山头是分布在滇池东南岸的几个小岛"[2]，表明石寨山文化之前的滇池沿岸并不具备形成遗址的前提条件。陶、石器群与滇池沿岸典型的石寨山文化明显不同的周边遗存则需要进一步探讨。

---

[1] 云南省博物馆考古发掘工作组：《云南晋宁石寨山古遗址及墓葬》，《考古学报》1956 年第 1 期。

[2] 昆明市博物馆、晋宁县文物管理所、云南省文物考古研究所：《晋宁石寨山——第五次发掘报告》，北京：文物出版社，2009 年。

（二）滇池地区新石器遗存探讨

1. 海东遗存

即王大道提出的海东村类型，因存在争议，故以海东遗存称之。

海东遗存主要分布在杞麓湖沿岸，同样是有螺壳堆积的湖滨遗址，由于测年数据较早且没有发现金属器，学界多将其看作滇池地区不同于石寨山的新石器时代考古学文化类型。海东遗存不见石寨山文化典型的红陶盘、钵，而以带流、连弧口、钵形口、仿生式陶器为特色，除极少泥质外均夹砂，纹饰丰富，如唇部锯齿、口沿附加堆纹、肩部向上角形錾等，另有各式刻划、压印纹，早期以绳纹为主，多平底和小平底罐、壶，晚期素面大宗，多圜底的釜、罐，带圈足的罐或壶亦不少，均为矮圈足，另有敛口钵和石镞、石环、玉玦，石器主体属于梯形斧、锛系统，有段或有肩有段石锛较晚流行，上限可能早于其他有段或有肩有段石锛典型的遗存。我们可以看到海东遗存晚期呈现出接近青铜时代的趋势，如海东遗址一件有段石锛与王家墩有段铜锛形制近似，甚至属于石寨山文化的澄江学山遗址最新发掘的墓葬也随葬有与海东遗存相同的陶器，我们认为海东遗存的很多具体问题仍有待更多的资料来解决（图2.37）。

有学者对海东遗存的独特性提出了不同看法，如周志清、蔡雨茂认为其陶器群与珠江流域青铜文化联系较紧密，是"青铜时代早期的一种独具特色的文化类型"[1]，年代在距今3500～3000年，可能来源于珠江流域新石器晚期文化。但随着兴义遗址的发掘，一方面充实了海东遗存的内涵，另一方面填补了海东遗存和石寨山文化之间的衔接问题，兴义二期丰富的遗存也与早年古湖沼学的研究更为对应。研究发现杞麓湖湖泊沉积物孢粉记录的植被类型变化发生在距今3600年左右，表明这一时期可能受到人类活动的强烈影响[2]，这一年代与兴义二期遗存的测年数据相当。

2. 滇池以西、以北遗存

安宁马家村和禄劝营盘山均为有螺壳堆积的洞穴遗址。马家村陶质不明、陶色较杂，石器以打制为主，石球典型，散见于海东遗存和石寨山文化，虽然较特殊，

---

① 周志清、蔡雨茂：《滇中三湖地区的新石器时代晚期文化刍议》，《成都考古研究》（二），北京：科学出版社，2013年。

② 云南省地质科学研究所、佛罗里达大学渔业及水产科学系、明尼苏达大学湖泊研究中心、西卡罗来纳大学生物系：《云南中部石灰岩地区高原湖泊古湖沼学研究》，昆明：云南科技出版社，1994年。

但信息量有限，难以确定其是否包含新、旧石器遗存。禄劝营盘山陶色亦较杂，多绳纹、平底或小平底的特征与海东遗存早期相似，两者共有唇部锯齿、口沿穿孔、颈部乳钉和带流罐、连弧口罐、钵形口罐、敛口钵等，但禄劝营盘山器形和装饰的复杂程度明显不如海东，可能存在实用器和随葬品的性质差异，敞口和鸡头形带流罐还见于星宿江流域（包括赵家村、黄土坡、阿纳）。禄劝营盘山、海东、星宿江流域这三地遗存共有有段或有肩有段石锛，可能有一定关联，其中星宿江流域是有段或有肩有段石锛分布的西界，再往西则属于龙川江流域的大墩子类型（图2.37）。

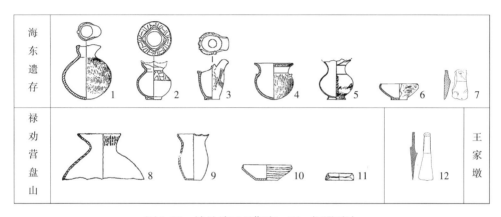

图2.37　滇池地区早期陶、石、铜器对比

陶器：1. 带流釜（海东TG1②：99）　　2、5. 圈足壶（海东TG1③：7、杨山Xo129）　3. 鸡形壶（海东TG1M1：4）　4. 大口釜（杨山Xo299）　6、10. 敛口钵（杨山Xo134、禄劝营盘山89YLY：48）　8. 带流罐（禄劝营盘山89YLY：47）　9. 凹沿罐（禄劝营盘山89YLY：37）　11. 圈足盘（禄劝营盘山89YLY：79）
石器：7. 有段石锛（海东TG1③：66）　　铜器：12. 有段铜锛（王家墩）

3. 尖角洞遗存

宣威格宜尖角洞远在滇东北的乌蒙山东侧，与滇池之间的曲靖、东川、嵩明、宜良等地目前所见最早均为青铜时代遗存，且多属石寨山文化墓葬。尖角洞陶器多夹砂灰、素面、平底，底有叶脉纹，另有戳点纹、弦纹、斜线纹、网格纹、方格纹、乳钉纹等，可辨侈口罐、折沿鼎、高圈足器盖、矮圈足钵和钺形石斧、半月形穿孔石刀、长条形穿孔石坠等，其中折沿鼓腹罐和高圈足器类似曲靖八塔台土坑墓中折沿鼎和高圈足器盖的组合[1]，亦共有矮圈足器，钺形石斧类似东川普车河土坑墓所出

① 　王大道：《云南曲靖珠街八塔台古墓群发掘简报》，《云南考古文集——庆祝云南省文物考古研究所成立十周年》，昆明：云南民族出版社，1998年。

铽形铜斧①，下限可能接近青铜时代（图 2.38）。

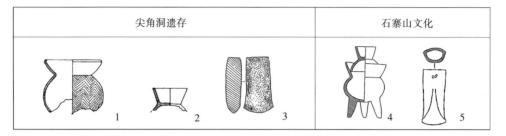

图 2.38　乌蒙山区与石寨山文化陶、石、铜器对比

陶器：1. 侈口罐（尖角洞）　2. 圈足器（尖角洞）　4. 带盖鼎（八塔台 M203：7）

石器：3. 铽形斧（尖角洞）　铜器：5. 铽形斧（普车河 M37：1）

通过分析我们认为，滇池地区不同于石寨山文化的早期遗存均位于滇池周边。邻近滇池的马家村似乎上限最早，可能是一条重要线索，有待发掘，滇池以南的海东遗存最为典型，滇池以西的星宿江流域和滇池以北的禄劝营盘山均与之相似，滇池东北较远的尖角洞则体现出与石寨山文化最为接近的面貌。这些遗存上限早于石寨山文化，有的可能到新石器时代，下限除马家村外均与石寨山文化相关，有的可能已进入青铜时代，我们推测这些遗存或多或少都影响到了后来的石寨山文化。

（三）遗迹现象及生计方式探讨

1. 建筑

滇池地区可能的新石器遗存中马家村、禄劝营盘山、尖角洞人群为穴居，未提及洞穴内有建筑遗迹，海东的湖滨螺壳堆积和星宿江流域的河流台地也没有发现建筑遗迹，但我们可以由已知的青铜时代遗存去推测早期建筑形式。

与海东遗存衔接的兴义二期遗存建筑形式多样，有半地穴式、地面式、干栏式和亭棚式。半地穴式多圆形，中心呈方形分布的柱洞范围内有灶，呈方形分布的柱洞对应的可能是天窗，地面边缘分布密集的小柱洞，应是木骨泥墙。地面式多方形，有浅基槽，基槽内立木骨泥墙。干栏式有圆形和圆角方形，建于坡地。亭棚式仅发现一座，有柱洞和活动面，但活动面周围没有发现墙的遗迹。发掘者认为不同形式的建筑可能跟季节性使用相关。

---

① 云南省文物工作队：《东川普车河古墓葬》，《云南文物》1989 年第 2 期。

发现建筑遗存的石寨山文化遗址均位于山体上，多半地穴式建筑，个别地面式和干栏式，石寨山文化的墓葬中也有表现干栏式建筑的铜器，与兴义二期遗存相比，建筑形式趋于简化一致。

总的来看，滇池地区青铜时代均为木构建筑，不见石构，新石器时代可能亦然。海东遗存的建筑形式应该更接近兴义二期遗存，星宿江流域可能就是河流台地常见的建筑形式。

2. 墓葬

海东遗存螺壳堆积中多火堆和土坑墓，两种遗迹现象应相关，是其特有的葬俗。火堆大多呈圆形，底部螺壳烧结，中心为烧灰，包含陶片，有的兽骨置于陶釜或陶罐中，可能有祭祀性质。土坑墓多单人仰身屈肢葬，直肢葬次之，大都有随葬，有陶、石、骨、角器以及穿孔海贝，多置于头端。

兴义二期遗存发现的墓葬均为幼儿墓，仰身直肢葬稍多于屈肢葬，随葬陶器均置于头端。另有瓮棺葬，葬具均为体形较大的盘口釜，口部无遮盖。

石寨山文化土坑墓单人多仰身直肢葬、少屈肢葬，合葬葬式复杂，随葬差异较大，摆放仍以头端为主，置于身侧和足端的亦不少。

从海东遗存到石寨山文化墓葬的变化主要体现在墓葬本身的形制趋于简化一致，但随葬的差异在拉大，或许能够反映出滇池地区从新石器时代到铁器时代社会层面的发展。

3. 生计方式

海东遗存暂时没有发现植物遗存，动物遗存除了大量螺壳堆积也有其他野生动物，表明渔猎活动是海东遗存人群重要的生计方式。

兴义二期植物遗存有炭化稻、橡子，动物遗存同样有大量螺壳堆积，另有家猪和牛。从单个要素看可以对应稻作农业、家畜饲养和渔猎采集，但在更多资料公布以前这只是一个粗略的认识。

八塔台墓地所在的董家村北部马槽洞发现的炭化稻多被石灰华覆盖，鉴定称属于"亚洲普通栽培稻的粳型稻"[①]，可惜没有遗物共存和测年数据，年代难以确定。

---

① 李昆声、李保伦：《云南曲靖发现炭化古稻》，《农业考古》1983 年第 2 期。

随着发掘和研究的精细化，石寨山文化丰富的植物遗存可提供全面的参考。金莲山墓地人骨稳定同位素分析显示墓地人群摄入的植物类食物中，C3 类植物所占比例远高于 C4 类植物，推测 C3 类植物很有可能来自稻类，认为稻类是墓地人群的主要食物之一①。邻近的学山遗址浮选出的 7 种农作物以小麦数量最多，稻次之，另有粟、黍、荞麦和大豆，在遗迹中小麦所占比例远高于稻，研究者推测云南的小麦可能来自印度②。河泊所遗址出土的稻始终占据优势地位，但从早到晚呈减少的趋势，小麦则从早到晚呈上升趋势，另有粟，野生植物资源的利用也是生计方式之一③。光坟头遗址出土稻和小麦的比例差不多，另有粟，从早到晚变化不大④。稻和小麦同为 C3 类植物，在石寨山文化不同遗址中所占比重有细微的差异，但基本都认同石寨山文化人群从事稻麦混作农业，同时也利用丰富的野生植物资源。

以往研究多认为石寨山文化人群以农业为主，但大量的螺壳堆积和墓葬中对渔猎题材的突出表现，结合金莲山墓地人骨稳定同位素分析显示肉类在食物结构中占很大比例的情况，表明渔猎活动和家畜饲养在石寨山文化人群的生活中也同样重要。

我们认为目前没有足够证据判断石寨山文化人群以农业为主，但可以明确的是石寨山文化人群经营着多样的生计方式，这一特点在比石寨山文化人群更早的新石器和青铜时代人群中可能更加明显。

四 小 结

通过对滇池地区石寨山类型和石寨山文化的比较研究，我们认为两者在遗址类型、空间分布和遗存内涵上高度重合，实为同一遗存，属于滇池地区青铜时代最为典型的石寨山文化。石寨山文化多个遗址文化层未经校正的碳十四测定数据年代范围均在距今 2800～2500 年，我们推测石寨山文化的上限可能能到距今 3000 年左右。滇池地区早于石寨山文化的遗存以海东遗存为代表，测年数据范围在距今 4200～

① 张全超：《云南澄江县金莲山墓地出土人骨稳定同位素的初步分析》，《考古》2011 年第 1 期。
② 王祁：《云南澄江学山遗址植物大遗存分析》，山东大学硕士学位论文，2014 年。
③ 杨薇：《云南河泊所和玉碑地遗址植物遗存分析》，山东大学硕士学位论文，2016 年。
④ 李小瑞：《云南植物考古现状》，《南方文物》2016 年第 1 期。

4000年，但我们认为其上、下限仍有待进一步明确。介于海东遗存和石寨山文化之间的兴义二期遗存是一个重要的参考，年代范围可能在距今3600～3400年，属于滇池地区青铜时代的早期。其他分布于滇池周边的遗存经过辨析，有的可能早至新石器时代，有的则已接近或进入青铜时代。我们认为石寨山文化很可能是由滇池周边遗存向心发展而成，也需要在整个滇池地区的周边寻找来源（图2.39）。

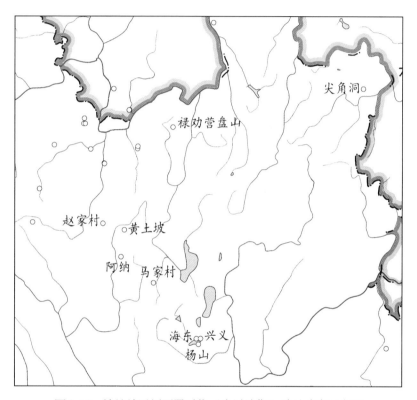

图2.39　滇池地区新石器时代（含过渡期）遗址分布示意图

第三章 云南地区新石器时代考古学文化分区研究之二——点苍山－哀牢山以西

点苍山－哀牢山以西包括横断山平行岭谷、滇西南高原宽谷和滇南低热河谷，海拔自北向南逐渐降低。横断山平行岭谷是青藏高原向南的延伸，在整个云南地区海拔最高，高大的山脉和深切的河流在此紧密排列，既无较大的高原面，也无宽广的河谷盆地，残存的山顶面是主要的人类活动地点。滇西南高原宽谷和滇南低热河谷为横断山向南的延伸，北部保留有一定的高原面，怒江和澜沧江在滇西南仍然并行，山脉与河流多呈东北－西南走向，至滇南形成帚状山系，山脉向西南和东南散开，间距大大扩展，水系发达，多河谷盆地，断陷盆地次之，岩溶地貌仅见于临沧地区。由于处在西南季风的迎风坡，降水丰沛，横断山区垂直变化明显，滇西南和滇南南部的气候与东南亚相似，分雨季、干凉季和干热季，干热季气温最高，但整体较东南亚气温低，河谷分布有宽广的盆地，如芒市、景洪坝子，均形成当地的中心。

第一节 怒江下游流域

一 地理概况

怒江在云南省泸水县以下为下游，与中游横断山区平均3000多米的峡谷高差相比，下游已降至 500 米左右，江面海拔在 800 米以下，出国境入缅甸称萨尔温江。

本文所分的怒江下游流域是横断山以南、点苍山－哀牢山以西、老别山－邦马山以北的区域，包括澜沧江中游的部分流域和龙川江、大盈江流域，大致对应今天行政区划的保山市、德宏傣族景颇族自治州全境和大理白族自治州的西南部、临沧市的西北部。这里的龙川江是缅甸伊洛瓦底江的支流，为了避免与点苍山－哀牢山以东的金沙江支流龙川江流域分区相混淆，怒江下游流域分区中的龙川江使用其另一名称瑞丽江。

怒江下游流域海拔明显降低，地势自北向南倾斜，山脉与河流多呈东北－西南走向，开阔的河谷适于人类生存，居民分布点也明显多于上游和中游。由于属热带或亚热带季风气候区，水热资源丰富，但高黎贡山南延余脉造成的差异较为显著，如高黎贡山以西的西南季风迎风坡降水较多、气候湿热，高黎贡山以东的背风坡降水较少、气候干热。

二　发现与研究述评

怒江下游流域的考古工作起步较晚，在新中国成立之后的很长一段时期内几乎是空白，直到 20 世纪 80 年代才开始有所发展，多为调查的资料，重要的发掘集中在 90 年代以后，但研究多是以调查资料为基础的早年研究，对新资料的研究反而较少，以 90 年代为界分两个阶段。

（一）20 世纪 50 年代至 80 年代

1957 年对保山马鞍山遗址的调查是怒江下游流域 20 世纪 80 年代以前与新石器遗存相关的唯一资料，位于保山坝西缘山坡，采集夹砂陶片和石器残件，以红陶为主，石器应为磨制，初步认为属新石器时代①。

怒江下游流域考古工作正式的起步始于 80 年代初期在保山、德宏进行的文物普查，共发现 18 处遗址或地点，一类是分布在澜沧江沿岸的忙怀类型遗存，另一类是分布在坝子边缘以夹砂红陶和磨制石器为主的遗存，认为均属新石器时代，青铜器地点主要集中在昌宁县境内②。

---

① 刘启益：《广西云南所见古文化遗址》，《文物参考资料》1958 年第 3 期。
② 云南省文物普查办公室：《保山德宏文物普查的主要收获》，《云南文物》1982 年第 1 期。

1982 年在高黎贡山西麓的瑞丽江东岸小山包腾冲响水湾采集夹砂陶片和磨制石器[1]，多黑陶，在腾冲下马场亦采集到磨制石器[2]。1983、1987 年在芒市五岔路芒蚌乡境内的瑞丽江沿岸采集石器均为磨制石斧[3]。1988 年在龙陵县境内瑞丽江南岸二级台地出土夹砂陶片和磨制玉、石器[4]。

1986 年昌宁柯街乡沂盘山的河边台地出磨制双肩石斧，另采集磨制梯形石斧[5]。

1987 年发掘保山将台寺遗址，为保山坝内二级台地，发现柱洞遗迹，文化层出土夹砂红、灰陶片和磨制石器，仅一件打制石器，认为与保山坝内调查的其他遗存同属新石器时代，基本特征与洱海地区的白羊村类型相同，大约距今 4000～3000 年[6]。同年调查怒江东岸蒲缥盆地西面的保山二台坡遗址，采集夹砂陶片和打制、磨制石器，陶色较杂，也认为与洱海地区新石器遗存内涵、年代相近[7]。

这一时期还集中调查了施甸境内的多处遗存。姚关盆地火星山有大岩房、风吹洞、大红岩房，认为大岩房的两个文化层分别代表新、旧石器遗存，大岩房下层和大红岩房的打制石器与保山塘子沟旧石器遗存近似，但不如塘子沟发达，应不晚于塘子沟，大岩房上层和风吹洞的磨制石器要早于周边同类遗存，风吹洞还采集到夹砂灰陶纺轮[8]。施甸坝西北部地势最高的湾子铺松山遗存有较多打制石器和少量粗磨石器，另采集夹砂红陶，认为可能属于新石器早期。姚关盆地的鸡茨坝、仙人楼、岩子脚、马家岩房打制石器仍较多，陶器较进步，以夹砂黑、灰、褐为主，认为可能属于新石器中期到晚期。施甸坝西部遗存以夹砂红陶为主，多磨制石器，为新石器晚期，其中狮子山和石鼓山可能代表早段，与白羊村类型相当，团山窝可能代表

①　腾冲县文化馆:《腾冲县发现新石器遗址》,《云南文物》1983 年第 1 期。

②　李枝彩、王锦麟、吕蕴琪:《龙川江流域新石器时代文化遗存》,《保山史前考古》,昆明:云南科技出版社,1992 年。

③　潞西县政协:《潞西县首次发现新石器时代石斧》,《云南文物》1988 年第 1 期。

④　王锦麟:《龙陵县发现新石器时代玉器》,《云南文物》1989 年第 1 期。

⑤　尹建华:《昌宁县发现新石器时代有肩石斧》,《云南文物》1987 年第 2 期。

⑥　耿德铭、朱文仙、罗睿、李惠兰:《保山坝新石器时代文化遗存》,《保山史前考古》,昆明:云南科技出版社,1992 年。

⑦　唐丽华:《保山发现二台坡新石器遗址》,《云南文物》1987 年第 2 期;保山市博物馆:《云南保山二台坡新石器时代遗址调查》,《考古》1992 年第 9 期。

⑧　保山地区文管所、施甸县文管所:《云南施甸火星山石器遗址调查简报》,《云南文物》1987 年第 2 期。

晚段。认为新石器时代人群是由高地逐渐向低矮的坝边山麓迁移①。

1986～1988 年龙陵境内调查的遗存均分布在河流二、三级台地上，所见陶片均夹砂。靠北的怒江西岸船口坝、三江口、大花石遗址几乎全为打制石器，靠南的怒江北岸木城马鞍山遗址以磨制石器为主，认为属于以打制、磨制双肩石器为典型的忙怀、小河洞融合类型，南部可能要晚于北部，但两次调查对陶色的判断存在差异，难以明确。瑞丽江流域遗存则被认为属于以磨制常形石器为主的白羊村类型，如烧炭田坡和豆地坪遗址，均以黑陶为主②。

1988、1989 年调查潞江坝土锅山、老城象槽地、色勐洼、澡塘村 4 处遗址，多位于怒江西岸，认为均属新石器晚期，主体特征与白羊村类型一致，不同的是夹砂红陶和打制石器比例较高，可能稍早于白羊村类型，与周边蒲缥、施甸、龙陵境内遗存有一定联系③。

1989、1990 年两次复查保山马鞍山遗址，采集夹砂陶片和磨制石器，认为属新石器晚期，多夹砂红陶的特征也表明稍早于白羊村类型④。

1990 年试掘昌宁营盘山山坡遗址，发现建筑、火塘、稻谷遗存，遗物多为夹砂黑陶和磨制石器，推测距今 3500 年左右⑤。

昌宁德斯里遗址位于澜沧江及其支流交汇处的河谷台地，文化层包含夹砂红陶，采集较多打制石器，认为与忙怀类型同属比较原始的山地文化，是与当地青铜文化一脉相承的新石器遗存⑥。

耿德铭最早对怒江流域新石器遗存进行综合研究，根据地貌类型分为河湖台地、洞穴、岩厦，文化类型有三：一是以昌宁德斯里和龙陵船口坝、三江口、大花石为代表的忙怀类型，文化层较薄，打制双肩石器典型；二是以施甸湾子铺松山、火星

① 耿德铭：《施甸新发现八处石器文化遗址》，《云南文物》1988 年第 1 期；耿德铭、乐琪、杨升义：《施甸县新石器时代文化遗存》，《保山史前考古》，昆明：云南科技出版社，1992 年。
② 保山地区文物管理所、龙陵县文物管理所：《云南龙陵怒江流域新石器时代遗址调查》，《考古》1991 年第 6 期；龙陵县文物管理所：《云南龙陵县新石器时代遗址调查》，《考古》1992 年第 4 期。
③ 耿德铭：《滇西潞江坝的新石器遗址》，《东南文化》1991 年第 1 期。
④ 耿德铭：《保山马鞍山遗址》，《保山史前考古》，昆明：云南科技出版社，1992 年。
⑤ 耿德明、李枝彩、张绍全：《滇西新石器考古获两项重要新成果》，《云南民族学院学报》1990 年第 2 期。
⑥ 李枝彩、张绍全：《云南昌宁德斯里发现的新石器》，《东南文化》1991 年第 5 期。

山大岩房上层、风吹洞、仙人楼、岩子脚、马家岩房为代表的蒲缥类型，是以打制石器为主、陶器较进步的新石器中期至晚期遗存，其中湾子铺松山可能为新石器早期；三是以施甸狮子山、石鼓山、团山窝和保山将台寺、腾冲响水湾为代表的似白羊村类型，是以磨制石器为主、陶器复杂的新石器晚期遗存，其中团山窝属晚段，推测距今 3000 年左右，其他几处遗存属早段，与白羊村类型更为接近。另外，"马牙化石的发现证实了家马从我省西北引进后的南向传播"，认为"怒江流域新石器文化在形成和发展中曾直接或间接地受到内地特别是黄河流域、东南沿海古文化的重要影响"①。后又根据新的发现将文化类型调整为忙怀、湾子铺松山、白羊村、木城马鞍山 4 个类型，其中湾子铺松山即之前的蒲缥类型②。

耿德铭还对怒江中下游流域的双肩石器进行了专门研究，采用王仁湘、傅宪国对双肩石器的分类命名，认为怒江中下游流域的打制双肩石铲与藏东、川西和西北、东北地区相关，磨制双肩斧、锛与两广、东南亚相关。怒江中下游流域是南北交流的通道，自然成为交汇区，故打制双肩石铲和磨制双肩斧、锛共存，前者可能是生活在山区的濮人遗存，后者可能是近水而居的越人遗存③。

有学者整理了瑞丽江流域的调查资料，除龙陵、腾冲、芒市外，提及陇川、梁河等地采集的夹砂陶片和磨制石器，认为该流域遗存面貌基本一致，属白羊村和小河洞的融合类型，大约距今 4000~3500 年，推测是古滇越民族遗存④。

另外，有学者通过对昌宁青铜器的研究发现其出土地点分属不同的地貌环境，东北部的澜沧江沿岸数量较多，以铜斧为大宗，中部低山条带区数量较少，器形复杂特殊，年代相当于春秋中晚期到西汉前期。进一步认为保山、德宏、临沧地区在新石器至青铜时代都是两类文化的交汇区，怒江一线称"怒江中游类型"、澜沧江一线为忙怀类型，对应青铜时代的越、濮两大族系⑤。

由于这一阶段对怒江下游流域新石器遗存的研究多基于调查的资料，提出的地

① 耿德铭：《怒江流域史前文化探析》，《思想战线》1989 年第 6 期。

② 耿德铭：《怒江中游史前文化遗存综说》，《考古》1991 年第 7 期。

③ 耿德铭：《试论怒江中游新石器时代的双肩石器》，《云南民族学院学报》1990 年第 1 期。

④ 李枝彩、王锦麟、吕蕴琪：《龙川江流域新石器时代文化遗存》，《保山史前考古》，昆明：云南科技出版社，1992 年。

⑤ 耿德铭、张绍全：《云南昌宁青铜器综说》，《考古》1992 年第 5 期。

方文化类型没有成为定式，虽然体现出自身特点，但学界仍倾向于将这些遗存归属邻近的忙怀类型、白羊村类型或白羊村、小河洞融合类型。

（二）20 世纪 90 年代至今

1990 年调查蒲缥孔家山山顶遗址和施甸半坡牛汪塘河岸台地遗址，采集陶片均夹砂。孔家山西距二台坡 1.5 千米，多褐陶，以磨制石器为大宗，有个别打制石器，认为属白羊村类型，与昌宁营盘山遗址相当，但陶、石器不如白羊村和昌宁营盘山精致，应稍早①。牛汪塘红褐、黑褐陶各半，主体是忙怀类型打制双肩石器，但双肩不明显，有地方特色，认为年代可能相当于商周时期，遗址以北 1 千米的涯口田地点采集陶片与牛汪塘一致，但石器均为磨制②。

同年调查永德县境内岩画。红岩地点位于勐底坝东南山区，均为红色赤铁矿颜料，原始简单，推测与沧源岩画同属新石器晚期遗存；送吐地点位于永康坝西缘台地，出现白色石灰颜料和马、马镫的形象，认为上限不早于东汉，下限可至元明③。

龙陵大花石遗址位于怒江西岸二级台地，三面环山。1990 年试掘出土陶、石器和铜丝。1991~1992 年发掘有建筑、柱洞、灰坑、疑似墓葬等遗迹，遗物以夹砂褐陶和打制石器为主，有少量泥质陶和磨制石器，最晚的文化层出明确的铜器和石范，且遗存变化不明显、延续时间不长，认为属新石器晚期到青铜时代的过渡阶段，与澜沧江下游流域遗存近似，也与云南高原以北地区遗存相似④。

有研究资料显示龙陵安庆村、水井洼等遗址双肩石铲和双肩红铜斧出土于同一层位⑤，两者共存的情况表明双肩石铲的年代下限可能较晚。

王大道首先将怒江下游和澜沧江中游以打制双肩石器为特征的遗存均纳入忙怀类型，并根据大花石遗址的发掘提出大花石早期类型，认为其分布在怒江下游和瑞丽江流域，包括昌宁营盘山遗址，陶器形制较丰富，精磨小型石器典型⑥。

1993~1994 年首次发掘永平新光遗址，位于澜沧江东岸支流台地，遗存丰富，发现建

---

① 保山地区文物管理所、保山市博物馆：《保山蒲缥孔家山新石器遗址调查》，《云南文物》1995 年第 1 期。

② 杨升义：《云南施甸县半坡牛汪塘遗址调查简报》，《南方文物》1993 年第 4 期。

③ 吴学明：《云南永德崖画》，《云南文物》1992 年第 3 期。

④ 云南省文物考古研究所：《云南省龙陵县大花石遗址发掘简报》，《四川文物》2011 年第 2 期。

⑤ 耿德铭、张绍全：《云南昌宁青铜器综说》，《考古》1992 年第 5 期。

⑥ 王大道：《再论云南新石器时代文化的类型》，《西藏考古》（第 1 辑），成都：四川大学出版社，1994 年。

筑、柱洞、火塘、灰坑、沟等遗迹,夹砂陶略多于泥质陶,以灰陶为主,石器绝大多数经磨制,认为与二台坡和孔家山遗址类似,与白羊村和大墩子类型也有一定联系,泥炭碳十四测定数据范围大致在距今4000~3700年,属云南新石器中晚期遗存,陶、石器独特且流行于澜沧江、怒江流域,建议命名为"新光文化"①。1994年第二次发掘和1995年第四次发掘内容一致,陶片多夹砂,石器均磨制,基本不出第一次发掘的范畴②。

　　1994年在昌宁西北近澜沧江西岸的大田坝展开调查和发掘,在白沙坡一带采集陶纺轮、双肩石斧、石网坠等,认为是新石器晚期遗物,并清理了坟岭岗青铜时代土坑墓地,随葬多铜兵器和铜饰,另有少量陶、石、铁器,其中有陶纺轮,推测属青铜时代晚期,面貌更接近横断山区③。与坟岭岗同属战国至西汉时期的永平杉阳澜沧江东岸山坡青铜器窖藏以铜锄为主,面貌更接近洱海地区,推测是哀牢文化遗存④。

　　国家文物局主编的《中国文物地图集·云南分册》中,怒江下游流域属于云南新石器分区中的滇西南及滇南区,涉及澜沧江、怒江中游和滇西两个地方类型,分别以忙怀和昌宁营盘山、新光遗址为代表,实际上基本延续了王大道的研究,主要区别在于增加了新光遗址的资料⑤。

　　1987~2001年在保山坝东缘的澜沧江西岸采集较多打制双肩石器,另有个别打制单肩石器、磨制石器和夹砂灰褐陶片。保山地区作为连接以东忙怀类型和以西大花石遗存的中间环节,以打制双肩石器为主的重要意义在于证明怒江、澜沧江流域忙怀类型的整体性,认为是濮人遗存,年代相当于大花石晚期⑥。另外,在昌宁境内发现了几处仅见夹砂红陶釜或磨制石器的地点⑦,在永平苏屯村采集到形制较多的磨

---

① 云南省文物考古研究所、大理州文物管理所、永平县文物管理所:《云南永平新光遗址发掘报告》,《考古学报》2002年第2期。

② 云南省文物考古研究所、大理州文物管理所、永平县文物管理所:《永平新光遗址第二次发掘报告》,《云南文物》2004年第1期;云南省文物考古研究所、大理州文物管理所、永平县文物管理所:《永平新光遗址第四次发掘报告》,《云南文物》2007年第1期。

③ 云南省文物考古研究所:《云南昌宁坟岭岗青铜时代墓地》,《文物》2005年第8期。

④ 田怀清、谢道辛:《云南永平县出土青铜器》,《考古》2006年第1期。

⑤ 国家文物局主编:《中国文物地图集·云南分册》,昆明:云南科技出版社,2001年。

⑥ 朱文仙:《保山市发现忙怀型新石器》,《云南文物》2002年第1期。

⑦ 张绍全:《昌宁县再次发现双肩石斧》,《云南文物》1996年第1期;张绍全、杨绍和:《昌宁县出土三件文物》,《云南文物》1996年第1期;张绍全、何庆兰:《昌宁县出土新石器时代陶罐》,《云南文物》2000年第2期。

制穿孔石刀①。

2005 年发掘芒市尖山遗址，发现建筑遗迹和大量陶片、石器②。

2012～2013 年发掘昌宁大甸山墓地，包括大量土坑墓、少量土洞墓和个别瓮棺葬。土洞墓分布于墓地核心区，随葬仅见铜器，推测年代在春秋晚期到战国晚期，认为属哀牢文化遗存。土坑墓随葬以铜器为主，另有铜铁合制器、铁器和带耳陶器，与坟岭岗土坑墓类似，年代亦相当，推测与西北地区氐羌文化有关。瓮棺葬葬具为绳纹陶釜，不见随葬③。

（三）塘子沟遗存

需要单独提出的是以保山塘子沟遗址为代表的一类遗存，涉及云南地区新石器上限的重要问题。

1975 年首先在怒江东岸蒲缥盆地北缘小山顶发现塘子沟遗址并采集化石④。1981 年文物普查采集一批打制石器和动物化石，初步判断为旧石器晚期遗址⑤。1983 年再次考察，又采集一批石器和化石。1984 年中国科学院古脊椎动物与古人类研究所的碳十四测定数据为距今 7966±30 年，通过对动物群的研究认为地质时代属全新世早期，石器中有一件疑似磨制，考古分期属旧石器晚期或新石器早期还不能确定⑥。1986～1987 年首次发掘，出土了大量打制石器和骨、角、牙器，遗迹发现有夯土面、柱洞、火塘，确认属旧石器晚期，但工具制作技术较进步，具有旧石器向新石器过渡的性质，推测距今 10000～8000 年，因出土的人类化石被命名为"蒲缥人"，建议称"蒲缥人文化"，认为"蒲缥人已能建造房屋，过着定居生活"⑦。简报发表之后即有参与发掘的学者指出塘子沟遗址并无明确的柱洞和夯土面遗存，也没有磨制石

① 张松：《永平县苏屯村发现新石器时代石刀》，《云南文物》1997 年第 2 期。
② 《南方文物》编辑部：《2005 年度南方地区考古新发现》，《南方文物》2006 年第 3 期。
③ 云南省文物考古研究所、保山市博物馆、昌宁县文物管理所：《云南昌宁县大甸山墓地发掘简报》，《考古》2016 年第 1 期。
④ 张兴永：《云南第四纪哺乳动物化石及其动物群的划分》，《第四纪冰川与第四纪地质论文集》（第三集），北京：地质出版社，1987 年。
⑤ 云南省文物普查办公室：《保山德宏文物普查的主要收获》，《云南文物》1982 年第 1 期。
⑥ 宗冠福、黄学诗：《云南保山蒲缥全新世早期文化遗物及哺乳动物的遗存》，《史前研究》1985 年第 4 期。
⑦ 云南省博物馆、保山地区文物管理所、保山市博物馆：《云南保山塘子沟旧石器时代遗址发掘简报》，《考古与文物》1989 年第 6 期。

器和陶片，应处在旧石器时代最末阶段①。耿德铭则认为保山龙王塘洞穴和施甸万仞岗岩厦、火星山大岩房下层、老虎洞、大马圈岩房等均属于塘子沟遗存，建议将"蒲缥人文化"改为"塘子沟文化"，是"以单平面砾石手锤为代表的、石骨器并重的、以狩猎为主要经济生活来源的旧石器时代末期文化"②。1989 年中国社会科学院考古研究所碳十四测定数据为距今 6250±210 年，树轮校正为距今 6895±225 年，与中科院测定数据综合来看在距今七八千年之间。后耿德铭又根据遗存地貌类型与相对年代的关系，推测塘子沟文化人群正处在"走出洞穴、走向平地居住的过渡时代"③。根据塘子沟遗址 2002 年试掘出土的动植物化石和 2003 年正式发掘的资料，其文化层包含大量动植物遗存、石器、骨角器、烧骨以及少量炭屑，另有大量红色颜料和少量黄色颜料，虽没有可靠的陶片，但发现了明确的复合石器、局部磨制石器、磨棒，遗存性质"更多地表明属于新、旧石器过渡时期"、动物群"更多地表明是晚更新世末期"④。

塘子沟遗址发现之后近三十年的时间，学者们围绕其性质展开了诸多讨论，但一直存在争议，直到 2003 年的正式发掘才基本明确，从而为怒江下游流域新石器时代起源的研究提供了重要线索。

三　综合研究

与早年基于调查资料所做的大量研究相比，对后来丰富的发掘资料的研究却明显滞后，资料的重要性尚未体现，怒江下游流域新石器遗存的整体面貌有待厘清。

（一）塘子沟石器传统中心区

塘子沟两次发掘均以打制石器和骨、角、牙器为特色，单平面砾石手锤和石片、石核最多，另有砍砸器、刮削器、尖状器、琢制石器等，第二次发掘出土了明确的磨制石器，骨、角、牙器琢制为主、兼用磨制。随着塘子沟遗存暂定为新、旧石器

① 杨复兴：《关于塘子沟文化遗址的几个问题》，《云南民族学院学报》1990 年第 2 期。
② 耿德铭：《怒江中游史前文化遗存综说》，《考古》1991 年第 7 期。
③ 耿德铭：《塘子沟文化人类生活环境试探》，《云南民族学院学报》（哲学社会科学版）1995 年第 1 期。
④ 吉学平、Nina G. Jablonski、George Chaplin、刘建辉、董为、李枝彩、王黎锐：《云南保山塘子沟遗址 2003 年发掘简报》，《第九届中国古脊椎动物学学术年会论文集》，北京：海洋出版社，2004 年。

过渡时期，其内涵也要做相应调整。龙王塘和老虎洞全为打制石器、单平面砾石手锤和骨、角、牙器不典型，仍可看作旧石器晚期遗存。万仞岗、大岩房下层、大红岩房、大马圈岩房器物群和化石动物群均与塘子沟一致，属塘子沟遗存。已有学者指出塘子沟石器采用的"锐棱砸击法"是南方砾石工业传统的打制方法①，成熟形制的角铲也符合云贵地区角器群体发展的趋势②，更重要的是塘子沟遗存确定了一类典型的石器群，以怒江和澜沧江之间的保山、施甸为分布中心，除塘子沟遗址位于蒲缥盆地北缘外，其他几处均位于姚关盆地西、北缘，都是盆地内地势较高的边缘地带，形成的工具传统是当地后续遗存的直接来源。

后续的湾子铺松山遗存中除松山遗址位于施甸坝西北外，大岩房上层、风吹洞、仙人楼、岩子脚、马家岩房皆位于姚关盆地西、北部，虽然分布范围与塘子沟遗存重叠，但已从洞穴、岩厦向河湖台地迁移。湾子铺松山遗存陶片均夹砂，多素面和平底，石器以打制为主，典型器与塘子沟遗存一致，存在内部差异。松山遗址仅见红陶，个别饰点线、圆圈纹，器形有侈口罐、直口器、折沿盆、敛口钵、直口缸，包含少量粗磨梯形或长条形石斧，与塘子沟遗存最为接近，应较早。其余几处多灰、黑、褐陶，纹饰较丰富，有刻划斜线纹、弦纹、波浪纹、网格纹和压印绳纹、篮纹以及戳点纹、附加堆纹，出现器耳和圈足，器形增加瓮、杯、纺轮，有磨制梯形斧、锛和双肩石器、纺轮，另有打制双肩或钺形石器，明显较进步，应晚于松山遗址，发现的马牙化石难以确定为家马（图3.1）。

施甸坝西山一类以夹砂红陶平底器和磨制石器为主的遗存应是松山遗址的直接继承者，有少量夹砂灰、黑陶，磨制梯形或长方形斧、锛典型，还有长方形单孔石刀、扁平柳叶形石镞、纺轮、石环等，伴出少量打制双肩石器和塘子沟石器。其中石鼓山、狮子山、响山和栗子园陶器多素面，纹饰与姚关盆地西、北部大岩房上层等遗存基本一致，器形以侈口罐为主，另有直口器、敛口钵、大口缸。团山窝饰纹陶片近八成，多为各式刻划、压印、戳刺纹的组合，有器耳、圈足和磨制双肩石器、石环。施甸坝西山遗存年代更接近姚关盆地西、北部大岩房上层等遗存，其中团山窝下限最晚，故我们将团山窝归为晚期，石鼓山、狮子山、响山和栗子园为早期。

---

① 杨复兴：《关于塘子沟文化遗址的几个问题》，《云南民族学院学报》1990年第2期。
② 耿德铭：《怒江流域史前文化探析》，《思想战线》1989年第6期。

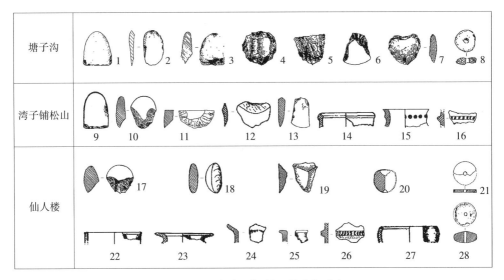

图 3.1   保山地区打制石器遗存对比

石器：1、9. 单平面砾石手锤（塘子沟 YP151、湾子铺松山采：5）   2. 石片（塘子沟 YP216）   3 ~ 6、10、
11、17. 砍砸器（塘子沟 YP032、塘子沟 YP035、塘子沟 YP034、塘子沟 YP357、湾子铺松山采：12、湾子铺
松山采：19、仙人楼标本16）   7、12、18、19. 刮削器（塘子沟 YP366、湾子铺松山采：14、仙人楼标本
07、仙人楼标本09）   8. 琢孔石器（塘子沟 YP345）   13. 梯形石斧（湾子铺松山采：20）20. 琢制石器
（仙人楼）   21. 纺轮（仙人楼）

陶器：14. 直口器（湾子铺松山）   15. 束颈罐（湾子铺松山）   16、26. 附加堆纹器（湾子铺松山、仙
人楼）   22. 直口缸（仙人楼）   23、24. 侈口罐（均为仙人楼）   25. 折沿盆（仙人楼）   27. 敛口钵
（仙人楼）   28. 纺轮（仙人楼）

　　蒲缥盆地在塘子沟遗址之后出现的是同位于北部的孔家山和二台坡遗址，两个
遗址相距不远，面貌基本一致。陶片均夹砂，陶色较杂，多素面但纹饰种类丰富，
有各式刻划、压印、戳刺纹，平底的罐、盆、钵、缸为基本器形。石器以磨制为主，
小型梯形近长方形斧、锛典型，少量大型，另有长方形或长条形石刀、长条形石凿、
扁平柳叶形石镞、石环、砺石和个别打制砍砸器、刮削器。其中孔家山褐陶占七成，
余为红、黑、灰陶，少量唇部和底部饰纹，有器盖、器流、器耳、器足，有的罐可
能为釜，石核和石片较多。二台坡有圈足、支足和石环，下限可能稍晚于孔家山。
两个遗址与塘子沟遗址之间存在较大缺环，但仍受到一些影响。与两个遗址最为接
近的是保山坝西、北部的几处遗存，素面夹砂陶片和磨制石器的因素更加典型，几
乎不见打制石器，其中将台寺遗址文化层陶色有早晚变化，可作为观察遗存相对年
代关系的切入点。早期多红陶，以保山马鞍山遗址为代表，素面近九成，纹饰简单，
有弦纹、折线纹、戳点纹、乳钉纹，可辨侈口罐、釜、直口器、敛口钵、杯；石器

有磨制梯形石斧、扁平圆形石器和砺石，在邻近的长岭岗遗址采集长条形石斧和梯形斜刃石锛。晚期多灰、黑陶，以将台寺遗址为代表，素面八成，纹饰和器形与孔家山和二台坡相同，有明确的侈口折沿釜，另有钵形口罐或釜、敛口罐、大口缸、瓮、圈足镂孔豆；磨制斧、锛均为小型梯形近长方形，甚至有微型，长条形石刀有无孔、单孔和双孔，网坠为小型砾石刻槽而成，另有纺轮和砺石，鼓洞、唐家庄采集到大型磨制梯形石斧。蒲缥盆地和保山坝这类遗存大致可分为以保山马鞍山为代表的早期和以孔家山为代表的晚期，与施甸坝西山遗存早、晚期对应（图3.2）。

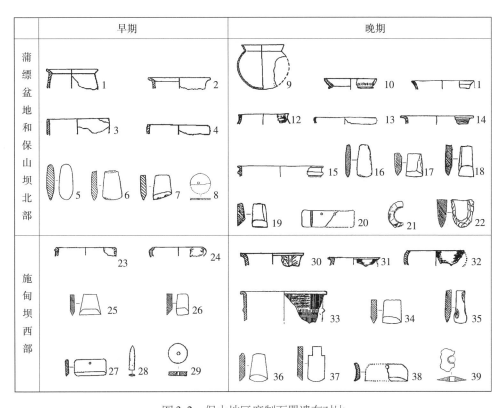

图3.2　保山地区磨制石器遗存对比

陶器：1、2、11、30. 侈口罐（保山马鞍山、保山马鞍山、孔家山、团山窝）　3、23. 直口器（保山马鞍山、狮子山）　4、13、24、32. 敛口钵（保山马鞍山、孔家山、狮子山、团山窝）　9. 侈口釜（鼓洞）10. 钵形口罐/釜（孔家山）　12、31. 敛口罐（孔家山、团山窝）　14、15、33. 大口缸（孔家山、孔家山、团山窝）

石器：5. 长条形石斧（长岭岗）　6、16、17、25. 梯形石斧（保山马鞍山 YBM1、鼓洞、孔家山 BPK21、狮子山）　7、18、19、36. 梯形石锛（长岭岗、孔家山 BPK2、孔家山 BPK22、团山窝采10）8. 扁平圆形石器（保山马鞍山 YBM7）　20、27、38. 长方形石刀（将台寺、石鼓山、团山窝采12）21、39. 石环（二台坡、团山窝采13）　22. 砍砸器（孔家山 BPK73）　26. 长方形石锛（狮子山）28. 柳叶形石镞（石鼓山采7）　29. 纺轮（狮子山）　34. 长方形石斧（团山窝采6）　35. 钺形石斧（团山窝采5）　37. 双肩石锛（团山窝采11）

（二）怒江沿岸

怒江沿岸遗存有南北差异，自北向南分别为潞江坝遗存、大花石遗存和木城马鞍山遗存。

1. 潞江坝遗存

靠北的潞江坝遗存以夹砂红陶为主，纹饰除常见的斜线纹、弦纹、折线纹、网格纹、绳纹、篮纹、戳刺纹、附加堆纹外，另有点线纹、圆圈纹、按窝纹，多平底，个别圈足，器形有侈口罐、敛口钵、大口缸、豆、浅腹平底盘。石器打磨兼制，器形以石斧最多，有梯形、长方形、长条形、双肩、靴形，另有长条形石凿、长方形无孔或单孔石刀、扁平柳叶形或长三角形石镞、扁圆石片、磨槽石器等。具体来看，澡塘村、色勐窪、老城象槽地陶片素面较多，其中老城象槽地平底有席纹和十字划纹，打制石器和磨制石器比例相当，石器大多局部磨光，另有塘子沟单平面砾石手锤和刮削器。土锅山陶片素面和纹饰比例相当，侈口折沿罐和钵形口罐类似釜，另有敛口罐，磨制石器占到八成，器形除上述外还有石锥、雕刻器、石环、纺轮、砺石，另有少量石片和石核。土锅山遗存内涵较复杂，推测下限要晚于其他三处遗存，均与东邻的施甸坝西山和蒲缥盆地遗存有不同程度的相似性（图 3.3）。

2. 大花石遗存

潞江坝以南的怒江及其西岸支流苏帕河流域以大花石为典型遗址。1991～1992年发掘的遗迹有建筑遗存、灰坑和疑似墓葬。陶片多夹砂、素面，纹饰亦丰富，有刻划、压印、戳刺、附加堆纹，除按窝纹、乳钉纹、指甲纹外，其他都在常见范围之内，颈部多饰平行竖线纹，平底为主，多饰网格纹和编织纹或席纹，少量圈足，器形以侈口卷沿深腹罐为主，另有侈口卷沿鼓腹罐、折沿盆、斜腹钵、高柄豆、纺轮。打制石器占七成以上，以双肩石器为大宗，另有刮削器，磨制石器以梯形斧、锛和柳叶形镞为主，另有锥、刀、纺轮、方格纹石拍、腰形器、砺石、石范。简报认为文化层变化不明显、延续时间不长，但我们认为可细分为早、晚两期：早期包括第④、⑤层，泥质极少，多褐、黑陶和磨制石器，侈口卷沿深腹罐外沿下有附加堆纹，两个热释光测定数据分别为距今 4017 ± 90 年和距今 3532 ± 170 年；第③层为晚期，遗物丰富，泥质较早期有所增加，多红陶和打制石器，侈口卷沿深腹罐外沿下饰按窝纹，斜腹钵外沿下饰乳钉纹或指甲纹，出现圈足钵和高柄豆，打制双肩石器

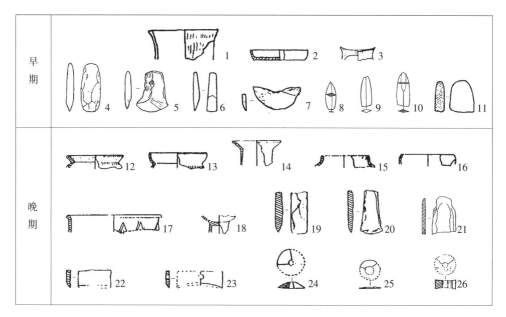

图 3.3　潞江坝遗存陶、石器对比

陶器：1、14. 侈口罐（老城象槽地 BLX72、土锅山 BLT120）　2. 平底盘（老城象槽地 BLX73）　3、18. 圈足器（老城象槽地 BLX74、土锅山 BLT125）　12. 侈口罐/釜（土锅山 BLT117）　13. 钵形口罐/釜（土锅山 BLT119）　15. 敛口罐（土锅山 BLT121）　16. 敛口钵（土锅山 BLT123）　17. 大口缸（土锅山 BLT121）

石器：4. 长条形石斧（老城象槽地 BLX47）　5. 靴形石斧（色勐渲 BLS：1）　6. 长条形石凿（老城象槽地 BLX37）　7. 弯月形石刀（老城象槽地 BLX40）　8~10. 柳叶形石镞（澡塘村 BLZ31、澡塘村 BLZ28、澡塘村 BLZ29）　11. 单平面砾石手锤（老城象槽地 BLX70）　19. 长条形石斧（土锅山 BLT65）　20. 钺形石斧（土锅山 BLT54）　21. 双肩石器（土锅山 BLT40）　22、23. 长方形石刀（土锅山 BLT72、土锅山 BLT74）　24、25. 石环（土锅山 BLT92、土锅山 BLT95）　26. 纺轮（土锅山 BLT96）

和铜制品、石范共见，应属青铜时代遗存，有一个测年数据为距今 3335 ± 160 年[①]。大花石采集到的遗物还有陶釜、瓮和打制条形石锤、砍砸器、腰部刻槽石网坠、大型石核等。

　　与大花石近似的其他地点，除怒江东岸涯口田采集有素面陶片和磨制梯形石斧外，所见几乎全为打制石器。怒江西岸的船口坝以双肩石器和刮削器为主，有个别石核、石片、单平面砾石手锤、琢孔石环。三江口为单一的双肩石器，有个别砍砸器和刮削器。距涯口田不远的牛汪塘为单一的石斧，梯形为主，双肩形制多样，陶片纹饰较多，有刻划符号，可能下限最晚。干水田还采集到一件磨制平肩石斧。

---

① 王大道：《再论云南新石器时代文化的类型》，《西藏考古》（第 1 辑），成都：四川大学出版社，1994 年。

　　大花石遗存整体与东邻的姚关盆地西、北部遗存最为接近，打制双肩石器是晚期的典型因素。晚期已经进入青铜时代，从测年数据看，早、晚期衔接较为紧密（图3.4）。

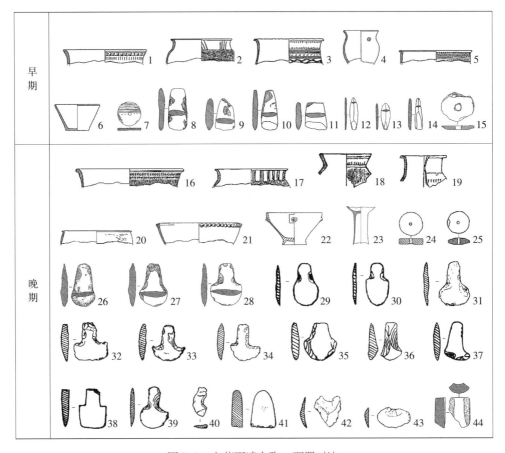

图3.4　大花石遗存陶、石器对比

陶器：1～4、17. 侈口罐（大花石T2④、大花石T5④、大花石T18④、大花石T16⑤、大花石T1③）
5. 直口盆（大花石T1④）　　6、22. 敞口钵（大花石T2④：49、大花石T17③）　　7、24、25. 纺轮
（大花石T1④：34、大花石T2③：24、大花石T2③：28）　　16. 大口缸（大花石T13③）　　18. 侈口罐/
釜（船口坝）　　19. 长颈罐/壶（船口坝）　　20. 敛口盆（大花石T2③）　　21. 敞口盆（大花石T12③）
23. 豆柄（大花石T3③）
石器：8. 长方形石斧（大花石T6④：4）　　9、26. 梯形石斧（大花石T1⑤：4、大花石T2③：3－1）
10、11. 梯形石锛（大花石T5④：6、大花石T1⑤：8）　　12～14. 柳叶形石镞（大花石T1④：78、大
花石T17④：26、大花石T1④：77）　　15、40. 石环（大花石T1⑤：1、船口坝）　　27～32、38. 双肩石
斧（大花石T5③：94、大花石T5③：17、船口坝YLC65、船口坝YLC56、船口坝YLC64、船口坝
YLC33、干水田）　　33、35、36. 钺形石斧（船口坝YLC15、牛汪塘YSC13、牛汪塘YSC5）　　34、37、
39. 靴形石斧（船口坝YLC86、牛汪塘YSC1、干水田）　　41. 单平面砾石手锤（围笼洼）　　42、43. 刮
削器（船口坝YLC146、船口坝YLC113）　　44. 石范（大花石T18③：18）

3. 木城马鞍山遗存

最南端中缅边境的怒江沿岸遗存以木城马鞍山遗址为代表。陶片均夹砂，多红、褐陶，素面为主，纹饰种类较上述两处遗存少，不见绳纹，有平底和圈足，可辨侈口罐、敛口罐、敞口盆或钵，可能有釜。石器以磨制为主，打制亦不少，双肩近八成，形制丰富、长柄特色，砺石较多，另有磨制梯形或长条形石斧、石刀、石镞、磨盘、纺轮、腰部刻槽网坠、琢孔石环、穿孔石板、单平面砾石手锤、石片、大型石核等。与大花石遗存相似点最多，但典型因素是磨制双肩石器（图 3.5）。

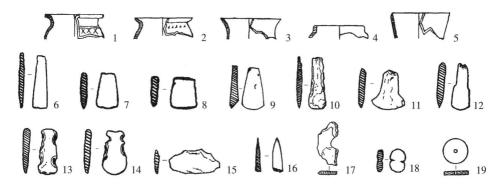

图 3.5　木城马鞍山遗存陶、石器

陶器：1~3. 侈口罐（均为木城马鞍山）　4. 敛口罐（木城马鞍山）　5. 敞口盆/钵（木城马鞍山）
石器：6~8. 梯形石斧（木城马鞍山 YLM31、木城马鞍山 YLM22、木城马鞍山 YLM63）　9. 梯形石锛（木城马鞍山）　10、11. 钺形石斧（木城马鞍山 YLM6、木城马鞍山 YLM98）　12. 双肩石斧（木城马鞍山 YLM75）　13、14. 重肩石斧（木城马鞍山 YLM103、木城马鞍山 YLM104）　15. 椭圆形石刀（木城马鞍山 YLM164）　16. 柳叶形石镞（木城马鞍山）　17. 石环（木城马鞍山 YLM154）　18. 网坠（木城马鞍山 YLM160）　19. 纺轮（蛮旦）

（三）瑞丽江流域

怒江以西的瑞丽江流域多夹砂黑陶和素面，以磨制梯形斧、锛为主，共有少量磨制双肩石器和斜刃刻刀。龙陵境内的烧炭田坡和豆地坪陶片饰戳刺、刻划、压印纹，有平底和圈足，可辨侈口罐、敞口盆或钵、缸、瓮，除磨制长条形石凿、三角形和半月形石刀、柳叶形石镞、扁平和有领石环外，还有个别打制长条形石斧和石锄。腾冲、梁河、芒市、陇川的几处遗存陶片较少，纹饰不发达，仅见磨制石器，另有纺轮、穿孔石器、带柄刀形器。瑞丽江流域遗存整体面貌与木城马鞍山遗存最为接近，但以磨制梯形斧、锛为典型因素（图 3.6）。

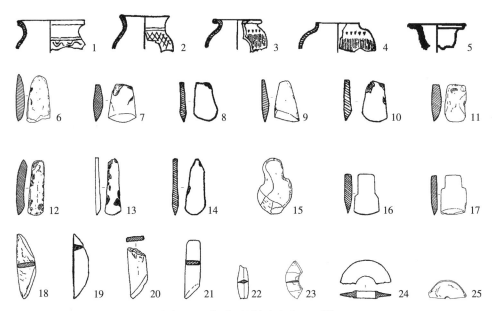

图3.6　瑞丽江流域遗存陶、石器

陶器：1~3. 侈口罐（烧炭田坡、豆地坪、豆地坪）　4. 敛口罐（烧炭田坡）　5. 敞口盆/钵（豆地坪）
石器：6、7. 梯形石斧（响水湾、烧炭田坡）　8. 钺形石斧（豆地坪）　9、10. 梯形石锛（响水湾、
烧炭田坡）　11. 长方形石锛（豆地坪）　12、13. 长条形石凿（均为豆地坪）　14~16. 双肩石斧
（豆地坪、豆地坪、芒蚌）　17. 双肩石锛（邦歪）　18. 三角形石刀（豆地坪）　19. 半月形石刀
（豆地坪）　20、21. 斜刃刻刀（烧炭田坡、勐养）　22. 柳叶形石镞（烧炭田坡）　23、24. 石环
（均为豆地坪）　25. 纺轮（响水湾）

（四）澜沧江沿岸

1. 昌宁地区

昌宁境内遗存差异较大，反映出高山峡谷和坝区遗址的不同面貌。近澜沧江西岸的德斯里采集少量夹砂红陶，除一件磨制条形石斧外，余均为打制双肩石器，同类遗存见于保山坝东缘的澜沧江西岸。昌宁坝营盘山试掘基本为夹砂黑陶，刻划纹发达，另有绳纹、戳点纹、附加堆纹，可辨罐、釜、盆、钵，可能有圈足镂孔豆，石器有磨制条形石斧、长方形单孔石刀、砺石和打制刮削器，周边采集夹砂红陶釜。昌宁坝以西柯街乡采集多磨制双肩斧、锛，另有磨制梯形石斧（图3.7）。

2. 新光遗存

怒江下游流域发掘次数最多、资料最为丰富的是新光遗址，地理位置靠近洱海地区。1993~1994年第一次发掘简报分四期，一期包括第⑨~⑫层，二期的第⑦、⑧层似可看作过渡阶段，遗物较少，我们将第⑤、⑥层合为一期，分早、中、晚三

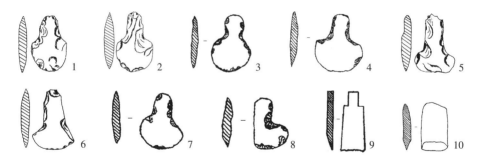

图 3.7　昌宁地区石器

1~5、9. 双肩石斧（德斯里、德斯里、保山坝东缘、保山坝东缘、德斯里、沂盘山）
6~8. 靴形石斧（德斯里、保山坝东缘、保山坝东缘）　　10. 长方形石斧（保山坝东缘）

期，总的来看是一个连续性很强的堆积。遗迹现象集中在早期，陶片整体夹砂略多于泥质，泥质比例较高的原因可能由于发掘者以是否人为夹砂作为区分标准，灰色为主，褐色次之，红色虽少但呈递增趋势，始终以素面为主，较多磨光，纹饰复杂，刻划最多，细密刻划纹特色，另有点线、压印、附加堆纹，绝大多数为平底，少量圈足，各式罐为大宗，基本都是侈口、卷沿、深腹的形制。具体来看，早期陶器外沿下流行附加堆纹，侈口罐个别唇部花边，有内沿下饰波浪纹或横向 S 纹，颈部饰波浪纹或网格纹，腹饰平行线纹、折线纹、回纹、圆弧纹、垂弧纹，直口或敛口罐鼓腹所饰的折线圆弧纹较为特殊，平底钵外沿下有刻划波浪纹和压印圆圈纹，红、白彩多绘于刻划部位，器形另有束颈罐、敞口盆、喇叭形圈足、纺轮和尖、圜底小型器。中期外沿下附加堆纹开始衰微，转变为平行线纹和折线纹的组合形式，直口或敛口罐鼓腹不及早期，出现圈足钵，钵外沿下有细密刻划纹或波浪纹，出现支足。晚期波浪纹、圆弧纹等曲线纹饰基本消失，颈腹以平行线纹和折线纹组合为主，网格纹次之，侈口罐流行唇部花边，直口或敛口罐垂腹，出现敛口束颈罐、宽折沿盆、平底盘、杯、器盖、镂孔圈足。石器绝大多数经磨制，以中小型梯形斧、锛和镞、矛为大宗，斧、锛不易区分，镞、矛多柳叶形、少宽叶形，另有长条形石凿、长条形双孔石刀、多孔石镰、石环、纺轮、磨盘、磨棒、砺石，早晚变化不明显。目前来看，新光遗存是怒江下游流域较为明确的新石器时代遗存（图 3.8）。

新光遗存虽然自身特色鲜明，但整体符合怒江下游流域陶器的基本特点，如多夹砂、素面、平底，纹饰复杂，有刻划、压印、戳刺、附加堆纹，另有少量圈足，石器则存在时空差异。通过与同样具有地层关系的大花石遗址进行对比，能够得到

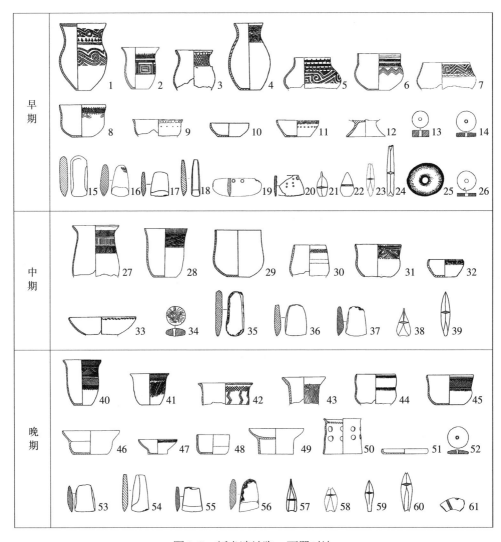

图 3.8　新光遗址陶、石器对比

陶器: 1~3、27、28、40~43. 侈口罐（T40⑪：18、T1104⑩：56、T1709⑪：1、T1105⑦A：33、T8G4：21、T6⑤B：18、T6⑤B：19、T1104⑥：61、T1106⑥：8）　4. 束颈罐（T7G5：23）　5、6、29. 直口罐（T1104⑪：65、T1106⑨：21、T9G4：1）　7、30、44. 敛口罐（T1107⑩：21、T1103⑦A：5、T1104⑥：66）　8、9、31、45、46. 敞口盆（T7⑪A：22、T1104⑪：72、T40⑦A：19、T11⑤B：18、T6⑤B：20）　10、32. 敛口钵（T10⑪A：30、T1507⑦B：21）　11、47. 敞口钵（T1709H21③：4、T1205⑥：1）　12、50. 圈足器（T1104⑩：17、T12⑤B：16）　13、14、34、52. 纺轮（T11⑪A：16、T1709H21②：3、T1404⑦B：16、T11⑥：8）　33. 敞口盘（T1103⑧：6）　48. 直口钵（T8⑤B：22）　49. 圈足盘（T5⑥：16）　51. 平底盘（T4⑤A：19）

石器: 15、35. 长条形石斧（T38⑩：10、T1203⑧：15）　16、36、53. 梯形石斧（T1508⑩：9、T1206⑧：11、T44⑤A：1）　17、37、54~56. 梯形石锛（T4⑪A：14、T1106⑦A：11、T7⑥：15、T1204⑥：2、T1207⑥：18）　18. 长条形石凿（T2⑪A：12）　19. 长条形石刀（T1709H21③：2）　20. 石镰（T1104⑨：14）　21、22、38、57、58. 宽叶形石镞（T1107⑫：17、T1107⑨：9、T44⑦A：11、T5⑤B：4、T1507⑤A：1）　23、59. 柳叶形石镞（T1106⑩：19、T11⑥：7）　24、39、60. 柳叶形石矛（T42⑨：6、T1405⑧：9、T9⑤A：3）　25、61. 石环（T10⑪A：28、T39⑤A：6）　26. 石纺轮（T1206⑪：23）

较为可靠的遗存变化情况。大花石早期与新光遗存相当，红陶不流行，颈、腹多饰细密刻划纹，以侈口卷沿深腹罐为主，另有折沿盆和敞口钵，石器以磨制梯形斧、锛和柳叶形石镞为主，共有斜刃石锛和疑似扁平石环，年代可能更接近新光晚期。大花石晚期与新光遗存区别较大，是以打制双肩石器为典型因素的青铜时代遗存，红陶明显增多，出现大口径的卷沿深腹缸、折沿罐或釜、圈足钵、高柄豆等，可作为怒江下游流域遗存性质判定的参考。新光遗址最新的碳十四校正数据范围为距今4600～4100 年[①]，是怒江下游流域已知最早的新石器时代遗存。

（五）比较

怒江和澜沧江之间的施甸坝西北松山遗存与新光和大花石均不同，是当地塘子沟遗存最早的继承者，仅见夹砂红陶，纹饰和器形简单，石器以塘子沟打制传统为主。后续的施甸坝西山遗存虽仍以夹砂红陶为主，但使用的工具已经转变为磨制石器，陶、石器形制丰富，侈口卷沿深腹罐、敛口钵和中小型梯形或长方形斧、锛典型，早期有直口器，晚期出大口缸、器耳、镂孔高圈足和磨制双肩石器、石环。邻近的姚关盆地、蒲缥盆地、保山坝遗存均与施甸坝西山遗存相当，除保山坝早期陶片基本特征接近松山遗存外，余皆以夹砂灰、褐、黑陶为主，器形早期有侈口折沿深腹罐，晚期出明确的侈口折沿釜，另有敛口罐，姚关盆地和施甸坝西山共有的打制双肩石器不见于蒲缥盆地和保山坝，保山坝早期有斜刃石锛。我们认为怒江和澜沧江之间的坝区遗存早期与新光遗存相当，晚期与大花石晚期相当，松山遗存则介于塘子沟遗存和早期之间，这些坝区遗存在新光遗存的影响下始终能够保持并发展自身特点，可能与塘子沟遗存此起源有关。

怒江沿岸的潞江坝遗存以夹砂红陶为主，打制石器比例较高，早期的侈口卷沿深腹罐、平底盘、长条形石凿、柳叶形石镞和晚期的侈口长颈罐见于新光，晚期出侈口折沿罐或釜、敛口罐、敛口钵、大口缸和打制双肩石器、石环，早、晚均有圈足器，包含周边诸多因素，整体稍早或相当于大花石晚期。怒江最南端的木城马鞍山和怒江以西的瑞丽江流域遗存以磨制石器为主，前者双肩石器典型，打制比例亦较高，长柄和重肩石斧特色，后者梯形斧、锛典型，少量双肩石器，斜刃刻刀和有领石环特色，另有斜刃石锛，陶器的一致性较强，纹饰均不发达，共有平底和圈足，以侈口卷沿深腹罐为主，另有敛口罐和敞口

---

① 刘鸿高：《滇西北地区旧石器至青铜时代人类活动与动植物资源利用研究》，兰州大学博士学位论文，2016 年。

钵，不见折沿罐或釜和大口缸，区别主要在于木城马鞍山多夹砂红、褐陶，瑞丽江流域多夹砂黑陶，这两处遗存具有自身特点，同样稍早或相当于大花石晚期。

澜沧江沿岸的打制双肩石器遗存与大花石晚期类似，有少量夹砂红陶。昌宁坝区多夹砂黑陶和磨制石器，有明确的釜、圈足镂孔豆和磨制双肩石器，与施甸坝西山、姚关盆地、蒲缥盆地、保山坝的晚期遗存近似，相当于大花石晚期。

怒江下游流域塘子沟遗存和打制双肩石器遗存的巨大差异主要是由时空差异造成的。塘子沟遗存处在当地新、旧石器过渡阶段，奠定了怒江和澜沧江之间坝区的石器传统。打制双肩石器遗存多分布在怒江和澜沧江沿岸，除了生存环境的原因之外，结合大花石遗址早、晚期的变化，打制双肩石器的流行可能还有一定的时代背景，即与青铜时代遗存密切相关。介于塘子沟遗存和打制双肩石器遗存之间的新光遗存是典型的磨制梯形石器遗存，不见大花石晚期出现的诸多因素，但自身因素见于澜沧江以西的诸多遗存，并且这些遗存中较晚出现的圈足、石环等因素较早地出现在新光遗存中，表明新光遗存可能有一个自东向西的发展过程，同样较晚出现的磨制双肩石器则不见于新光遗存，应有不同的来源。

对比怒江下游流域现有的测年数据，比较明确的是距今8000～7000年的塘子沟遗存和距今4600～4100年的新光遗存，大花石早期距今4000～3500年和晚期距今3300年左右的数据虽然需要进一步明确，但也可供参考。介于塘子沟和新光之间虽然有松山遗存，但不足以填补缺环，仍有待科学的调查和发掘工作来解决。新光遗存文化特征鲜明、内涵丰富，可作为怒江下游流域新石器时代的代表。我们认同新光类型的提法，但不等于是对更早提出的大花石早期类型的完全替代。大花石早期可能代表的是介于新光类型和大花石晚期之间的新石器时代向青铜时代过渡阶段的遗存，我们大致可以推测怒江下游流域青铜时代的上限不超过距今3500年。

（六）遗迹现象及生计方式探讨

1. 建筑及其相关

怒江下游流域已知均为长方形木构建筑，发现居住面和大量柱洞，新光、将台寺、大花石多地面式，新光有少量半地穴式，尖山的半地穴式具体形制不详。昌宁营盘山有一例保存较好的长方形半地穴式木构建筑可供参考，居住面和木骨泥墙用烧土或白灰面加工，屋顶为两面坡草顶，室内有砾石围砌的圆形火塘，还发现已经炭化的装有稻谷的箩筐，炭化木柱碳十四测定数据为距今 3304±82 年、树轮校正为距今 3870 年左右①。

新光平面圆形或椭圆形直壁或略收的坑为柱洞，平面不规则圜底的可能为垃圾坑。大花石灰坑平面多圆形或椭圆形，包含物以陶片和石器为主，亦可能为垃圾坑。

2. 墓葬

怒江下游流域目前没有明确的新石器时代墓葬。

大花石遗址山坡上有疑似墓葬的遗迹，编号 M1～11，为平面近长方形或椭圆形的土坑，坑口多有大石，坑壁和坑底极不规整，坑内多填大石，出土陶、石器破碎，均不见人骨，较为特殊。

昌宁境内集中分布着青铜时代的墓葬，通常认为属于哀牢文化人群，包括大量土坑墓、少量土洞墓和个别瓮棺葬，其中有的土坑墓在近坑口的两端立石，大花石的情况可能与之类似。

3. 岩画

岩画位于与澜沧江下游流域一山之隔的永德境内，红岩地点以重圈图形为主的内容与沧源、耿马岩画有一定区别，但没有遗物共存，时代不详。

4. 生计方式

新光中期排水沟出炭化稻，初步鉴定为粳稻，孢粉分析显示"遗址所处的气候条件属温暖湿润的亚热带气候"②，植被以苔藓和蕨类植物为主，松柏次之，另有桦、榛、栎、栗、菊科、蒿属、蓼属、含羞草、禾本科、莎草科等，其中苔藓、蕨类、坚果类均是可利用的食物资源，松、柏、桦等则为木材资源。昌宁营盘山建筑内发现的炭化稻，发掘者初步判断为籼稻，但最新研究表明实为粳稻，而且是较为成熟的栽培粳稻，应具有一定生产面积和产量③，表明怒江下游流域人群在新石器时代向青铜时代过渡的阶段存在对稻作的强化利用，也有理由推测在新石器晚期已存在稻作农业。

塘子沟遗址动物群更多属晚更新世末期，种类丰富，表现出较强的生物多样性。相比之下，新光遗址仅见少量马、鹿牙出土，其他遗存多为采集，怒江下游流域新

① 王大道：《再论云南新石器时代文化的类型》，《西藏考古》（第 1 辑），成都：四川大学出版社，1994 年。

② 云南省文物考古研究所、大理州文物管理所、永平县文物管理所：《云南永平新光遗址发掘报告》，《考古学报》2002 年第 2 期。

③ 向安强、张文绪、李晓岑、王黎锐：《云南保山昌宁达丙营盘山新石器遗址出土古稻研究》，《华夏考古》2015 年第 1 期。

石器时代人群对动物资源的利用还有很大的研究空白。

四　小　结

怒江下游流域从早到晚大致可分为以塘子沟遗存为代表的过渡阶段、以松山遗存为代表的新石器早或中期、以新光类型为代表的新石器晚期、以大花石早期为代表的过渡阶段和以大花石晚期为代表的青铜时代遗存（图3.9）。塘子沟遗存作为新、旧石器过渡遗存，对于研究怒江下游流域新石器时代遗存具有重要意义。松山遗存可能源于塘子沟遗存，在怒江和澜沧江之间的坝区形成打制单平面砾石手锤、石片石器和夹砂红陶器的传统因素，后受澜沧江以东新光类型的影响形成以夹砂灰、褐、黑陶侈口卷沿深腹罐、直口罐、敛口钵和磨制中小型梯形斧、锛、柳叶形石镞为主的

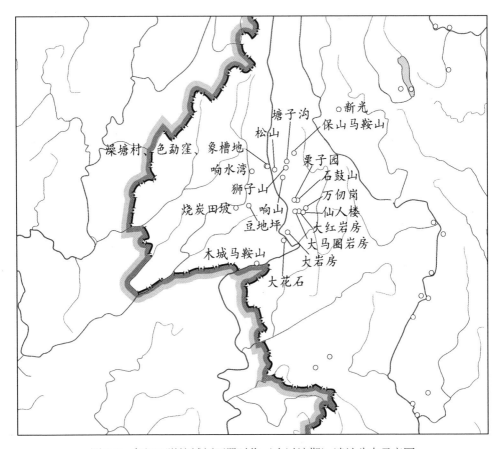

图3.9　怒江下游流域新石器时代（含过渡期）遗址分布示意图

较为统一的面貌，并逐步发展为包含折沿釜、敛口罐、豆、大口缸等夹砂各色陶器的青铜时代遗存。在怒江和澜沧江沿岸的高山峡谷地带则流行打制双肩石器，流域南部坝区和台地流行的磨制双肩石器不一定要与远在滇东南东部的小河洞类型建立联系，而更可能与流域以南的邻近地区关系密切。由此，我们认为石器差异在反映基本时代差异的同时，更重要的是反映了生存环境的差异，并不能孤立地作为判断遗存性质和相对年代关系的依据。

第二节　澜沧江下游流域

一　地理概况

澜沧江下游流域的自然地理概况与怒江下游流域近似，中游与怒江并行于横断山区，峡谷平均高差也在 3000 多米，下游海拔明显降低，一般在 2500 米以下，地势自北向南倾斜，河道呈束放状，险滩急流较多，沿河多河谷平坝，如景洪坝、橄榄坝。澜沧江出国境称湄公河，为缅甸、泰国、老挝的界河，河道开阔平缓，是东南亚第一大河。澜沧江下游流域同样属热带或亚热带气候区，受西南季风影响，降水丰沛，由于纬度位置靠南，热带面积较怒江下游流域为大。

澜沧江下游流域在自然地理分区中属滇南帚状山系，老别山 - 邦马山和无量山 - 哀牢山正好为两翼，澜沧江从北端缺口流入之后形成了较为发达的水系，河谷平坝是人们理想的栖居地，范围大致对应今天行政区划的普洱市、西双版纳傣族自治州全境和临沧市的东南部。

二　发现与研究述评

澜沧江下游流域的考古工作是伴随着新中国成立后组织的民族地区调查展开的，起步较怒江下游流域早，大致分三个阶段。丰富的岩画遗存是澜沧江下游流域的一大特色。

（一）20 世纪 60 年代至 70 年代

1962 年在西双版纳东南部勐腊境内采集磨制石器和泥质小口瓶，认为与傣族使用的陶器器形一致①。同年在景洪附近调查的 4 处遗址均位于澜沧江西岸二级台地，采集遗物较丰富，其中曼蚌囡文化层陶片均夹砂，多灰、褐陶，下层多打制石器，上层多磨制石器，曼运文化层包含陶、石、骨、蚌器，打制两侧缺口石网坠典型，曼景兰采集泥质黄褐陶和打制石器，曼听采集磨制石器，另在景洪采集一件钺形铜斧②。

1963 年清理普洱市西南部的孟连老鹰山洞穴遗址，洞口朝西，隔南望河与风景山旧石器洞穴遗址相对。文化层出夹砂陶和打制、磨制石器，多灰陶，以打制两侧缺口石网坠为大宗，南部有大量螺蚌堆积，认为经济类型可能以渔业为主③。

1965 年在沧源境内首次发现岩画遗存，有 6 个地点，均呈红色，认为以赤铁矿为颜料，大部分可能是手指作画，画法简单，但内容复杂，多狩猎题材，有的可能具有宗教意义，推测与佤族先民有关④。1978 年第二次调查的 2 个地点与之前内容风格相同、年代相当，认为上限可至汉代，族属复杂⑤。汪宁生认为颜料可能是赤铁矿粉与血液调和而成⑥。

1974 年调查云县忙怀遗址，位于澜沧江及其支流交汇处半山腰，遗址范围内多分布天然石块。文化层包含大量碎石及零星烧土颗粒，出大量打制石器和少量夹砂陶，多灰褐陶，认为陶器与洱海地区新石器遗存相同，典型的打制双肩石器见于横断山区和四川盆地西南的雅安地区，与铜钺相关，类似的遗存在云县、景东的澜沧江沿岸有多处⑦。

早年调查多在边境地区，遗物内涵较为复杂，时代跨度可能较大。曼蚌囡和忙怀是澜沧江下游流域最早提出的两个地方类型⑧，除有学者曾将曼蚌囡并入滇东南小河洞类型外⑨，学界基本沿用了这两个命名。

① 杨玠：《云南西双版纳勐腊发现石器》，《考古》1963 年第 6 期。
② 宋兆麟：《云南景洪附近的新石器时代遗址》，《考古》1965 年第 11 期。
③ 马长舟：《云南孟连老鹰山的新石器时代岩穴遗址》，《考古》1963 年第 10 期。
④ 云南省历史研究所调查组：《云南沧源崖画》，《文物》1966 年第 2 期。
⑤ 林声：《沧源崖画调查续记》，《文物》1983 年第 2 期。
⑥ 汪宁生：《云南考古》，昆明：云南人民出版社，1980 年。
⑦ 云南省博物馆文物工作队：《云南云县忙怀新石器时代遗址调查》，《考古》1977 年第 3 期。
⑧ 李昆声、肖秋：《试论云南新石器时代文化》，《文物集刊》(2)，北京：文物出版社，1980 年。
⑨ 阚勇：《试论云南新石器文化》，《云南省博物馆建馆三十周年纪念文集》，昆明：云南省博物馆，1981 年。

（二）20 世纪 80 年代至 90 年代

1981 年试掘沧源丁来遗址，是一处河边山顶石灰岩岩厦，岩面朝南。文化层较薄，多打制石器，没有发现双肩石器，另有少量夹砂陶片、燧石细石器和磨制石器，陶片以灰陶为主，磨制石器粗糙，认为与卡若、白羊村、大墩子遗址相似，年代与稍晚试掘的南碧桥遗址相当①。

1982 年试掘的耿马南碧桥遗址为河岸半山石灰岩溶洞，洞口朝向东南。堆积包含大量陶片和少量石器，陶片均夹砂，以褐陶为主，上层打制、磨制石器兼有，下层不见打制石器，一个木炭碳十四测定数据为距今 2820 ± 75 年，树轮校正为距今 2935 ± 110 年②，认为特征接近华南沿海新石器早期遗存，可能从华南或东南亚迁徙而来，建议命名为"南碧桥类型"③。

耿马石佛洞遗址最早的信息主要关于其出土的炭化稻遗存。石佛洞位于澜沧江支流小黑江北岸半山，洞口朝向东南。试掘发现建筑遗迹，陶片以夹砂为主，石器均通体磨光，骨器粗糙，提及南碧桥下层也出大量炭化稻遗存，两个遗址的炭化稻经鉴定绝大多数为粳稻，有极少量籼稻④。

截至 1985 年，沧源岩画共发现 10 个地点。汪宁生通过对岩画内容的研究认为年代可能从汉代延续至明代，主体在汉唐之际，与佤族和傣族先民有关⑤。测年数据为沧源岩画的年代提供了一些参考，如对覆盖岩画的钟乳石的碳十四测定数据为距今 2200 年，对岩画颜料孢粉分析认为距今 3500～2500 年⑥，时间跨度较大。有学者通过分析与丁来遗址共存的岩画内容，认为岩画作者即遗址居民，并根据上述测年数据认为两者均属新石器遗存，经济类型以狩猎为主⑦。另有学者通过对比沧源岩画各地点和邻近遗址的遗物来探讨二者关系，均有建筑遗迹、夹砂陶片和打制、磨制石器，遗址除丁来、南碧桥、石佛洞外还有下邦耐硝洞，其中石佛洞遗存最为丰富，以之命名为"石佛洞文

① 沧源崖画联合调查组：《沧源丁来新石器时代遗址清理报告》，《云南文物》1985 年第 1 期。
② 文物保护技术研究所碳十四实验室：《碳十四年代测定报告》（五），《文物》1984 年第 4 期。
③ 云南省博物馆文物工作队：《南碧桥新石器时代洞穴遗址》，《云南文物》1984 年第 2 期。
④ 阚勇：《云南耿马石佛洞遗址出土炭化古稻》，《农业考古》1983 年第 2 期。
⑤ 汪宁生：《云南沧源崖画的发现与研究》，北京：文物出版社，1985 年。
⑥ 胡雨帆、吴学明、史普南：《用孢粉化石考证古代崖画》，《化石》1984 年第 2 期。
⑦ 肖明华：《云南沧源丁来新石器及其崖画初探》，《云南文物》1985 年第 1 期。

化"，将年代扩展为距今 5000~3000 年，认为石佛洞文化人群即沧源岩画的作者，并提出我国南方岩画以沧源岩画为中心向外传播的可能①。之后王大道提出的"石佛洞类型"更为普及，在云南新石器时代研究中多有沿用②。也有学者认为沧源岩画是滇西青铜文化阶段的产物，相当于战国至东汉时期，是傣族先民的遗存③。总的来看，众多学者就沧源岩画的性质、族属、年代以及与当地遗存的关系等问题展开研究，但认识的差异较大。

1984 年在普洱市北部镇沅境内采集 12 件双肩石斧和 1 件梯形石斧，均为磨制，认为是新石器时代遗存④。

景洪基诺山调查在蛮雅新寨寨西山坡采集夹砂陶片和磨制石器，认为石斧仅磨制刃部的制法与曼蚌囡相同⑤。

1983~1989 年普洱市调查的遗存基本都分布在澜沧江及其支流台地或缓坡上，采集大量石器和少量夹砂陶片，打制多于磨制，在双江、澜沧还发现制作有肩斧或锛的石范。北部的景东、镇沅、景谷多双肩、锛形石斧，属忙怀类型，认为年代与滇池地区的石寨山类型接近，上限在距今 3200 年左右。中部的双江、思茅、澜沧多梯形、长条形石斧，认为景东、西盟磨制精细的梯形石斧与洱海地区的白羊村类型相似，下限相当于战国时期。认同最南的孟连老鹰山属曼蚌囡类型。简报认为此次调查均为新石器遗存，多属百濮文化因素，也包含氐羌和百越文化因素⑥。

1998~1999 年发掘云县曼干和景东丙况遗址，均位于澜沧江二级台地。遗迹有灰坑、灰沟和柱洞，丙况的灰沟和柱洞推测为简易建筑。大量的打制双肩石器和极少量夹砂陶片、磨制石器形成鲜明对比，曼干另有较多石核、石片、半成品，丙况出一件铜残片，认为均属忙怀类型，但对年代的判断存在差异。丙况简报认为是距今 3000 年左右的新石器晚期遗存⑦，曼干简报则认为遗址所出磨制长梯形石斧与怒江下游流域的永

① 吴学明：《石佛洞新石器文化与沧源崖画关系探索》，《云南文物》1989 年第 1 期。
② 王大道：《再论云南新石器时代文化的类型》，《西藏考古》（第 1 辑），成都：四川大学出版社，1994 年。
③ 邱钟仑：《也谈沧源岩画的年代和族属》，《云南民族学院学报》（哲学社会科学版）1995 年第 1 期。
④ 郑显文：《镇源发现新石器时代石斧》，《云南文物》1985 年第 1 期。
⑤ 马长舟：《基诺山新石器遗址调查记》，《云南文物》1989 年第 2 期。
⑥ 黄桂枢：《云南思茅地区新石器时代遗址调查》，《考古》1993 年第 9 期。
⑦ 云南省文物考古研究所、思茅地区文物管理所、景东县文物管理所：《景东丙况遗址发掘简报》，《云南文物》2002 年第 1 期。

平新光遗址同类器一致，年代应相当，是距今 4000 年左右的新石器中晚期遗存，并进一步推测遗址为自然条件较差的山区典型聚落形态，人群以狩猎采集为生①。

这一阶段的发现和研究集中在西双版纳以北地区，特别是围绕石佛洞类型与沧源岩画的关系展开了诸多探讨，但意见并不统一。曼蚌囡类型和忙怀类型则增加了新的资料，对这些类型的认识也存在较大差异。

（三）2000 年至今

有学者指出学界对沧源岩画年代的推断差距很大，认为其与石佛洞类型分布范围吻合、特征相似、测年数据接近，有内在联系，上限晚于石佛洞，岩画中没有发现刀剑、铜鼓的形象，应早于刀剑、铜鼓流行的年代，主体相当于商周之际到西汉晚期②。另有学者对临沧地区发现的岩画进行综合研究，18 个地点中除耿马的 1 处和永德的 2 处外，余均在沧源境内，集中分布于沧源县东北区域，认为沧源岩画与石佛洞类型为同一时空的产物，属新石器晚期，距今 3500～3000 年，耿马岩画与沧源岩画相同，永德岩画与沧源岩画有一定区别③。关于岩画颜料的问题，有学者根据用动物血做颜料调和剂且调和的颜料具有耐久性来推测沧源岩画同样是用动物血做颜料调和剂④。

2002 年澜沧江临沧段调查有山区平坝、江岸、台地遗址，多打制石器，有夹砂陶片，那蚌遗址早年采集铜矛，认为这些遗存虽属忙怀类型但有一定区别，也不同于石佛洞类型，较为独特，以采集经济为主，难以形成大的聚落⑤。同年调查临沧采花坝摩崖石刻，位于河岸断崖，坐西朝东，以成人或小孩脚印为主，少量动物脚印和几何纹印，认为是与沧源岩画同一时期、同一性质、不同表现手法的新石器遗存⑥。

2003 年正式发掘石佛洞遗址，遗迹除建筑外还发现墓葬、灰坑、灶、蚌壳堆

---

① 戴宗品：《云南云县曼干遗址的发掘》，《考古》2004 年第 8 期。

② 杨宝康：《论云南沧源崖画的年代》，《楚雄师范学院学报》2002 年第 5 期。

③ 吴永昌：《沧源崖画综说》，《民族艺术研究》2003 年第 S1 期。

④ 苏和平：《云南沧源崖画探析》，《西南民族学院学报》（哲学社会科学版）2002 年第 12 期。

⑤ 周剑平：《澜沧江文物考古调查——临沧段暨第一阶段成果》，《云南文物》2003 年第 1 期。

⑥ 临沧地区文物管理所、临沧县文化体育局：《临沧采花坝"仙人脚印"摩崖石刻调查简报》，《云南文物》2003 年第 3 期。

积，遗物丰富，除陶、石、骨、角、牙器外，还发现铜器，另有动植物遗存和赤铁矿颜料。陶、石器仍以夹砂和磨制为主，多黑褐陶，骨、角、牙器磨制较精，除炭化稻外，粟的发现为其传播南界的确定提供了证据。第⑧层炭化稻碳十四测定数据为距今 3015±50 年、树轮校正为距今 3410～3110 年①，结合之前对④D 层木炭碳十四测定距今 2977±59 年、树轮校正为距今 3320～3110 年和距今 2998±47 年、树轮校正为距今 3320～3120 年的数据②，推测遗址年代在距今 3500～3000 年。遗存变化较小、连续性较强，认为主体已经进入早期青铜时代，又重新提出"石佛洞文化"的命名，与早年相比，年代范围和遗存性质更加明确，并且意识到"与石佛洞文化同期的诸多史前遗址应当都属于早期青铜时代……需要由全新的角度来重新认识这些遗存"③。

2006 年发掘澜沧江沿岸景谷南北渡、上船口、白银渡台地遗址和澜沧孔明槽山顶遗址，出夹砂陶片和打制、磨制石器，以打制为主。其中南北渡遗迹、遗物丰富，晚期地层出铜器和石范，认为属石佛洞类型，其余三处不出铜器，多打制石斧，面貌相似，推测以渔猎采集为生，年代范围在距今 4000～3000 年④。

2008 年在沧源境内首次发现洞穴岩画，位于县城以北澜沧江支流南岸，图案平均大小较沧源岩画其他地点大，均呈暗红色，余大致同沧源岩画，认为可能从新石器晚期延续到历史时期⑤。

周志清对整个澜沧江流域的新石器文化类型进行了综合研究。上游以卡若文化为代表，中游有新光遗存，与卡若晚期接近，下游涉及忙怀、石佛洞、曼蚌囡类型，与怒江下游流域或东南亚地区遗存相关，均属新石器晚期，忙怀可能进入早期青铜时代。进一步认为卡若、新光、石佛洞以农业为主，忙怀、曼蚌囡以渔猎采集为主，

---

① 云南省文物考古研究所、中国社会科学院考古研究所、成都文物考古研究所、临沧市文物管理所、耿马傣族佤族自治县文化体育局：《耿马石佛洞》，北京：文物出版社，2010 年。

② 中国社会科学院考古研究所考古科技实验研究中心碳十四实验室：《放射性碳素测定年代报告》（三一），《考古》2005 年第 7 期。

③ 云南省文物考古研究所、中国社会科学院考古研究所、成都文物考古研究所、临沧市文物管理所、耿马傣族佤族自治县文化体育局：《耿马石佛洞》，北京：文物出版社，2010 年。

④ 《南方文物》编辑部：《2006 年度南方地区考古新发现》，《南方文物》2007 年第 4 期。

⑤ 吉学平、马娟、邱开卫：《云南沧源首次发现洞穴崖画》，《中国文物报》2009 年 2 月 27 日第 002 版。

文化由自北向南影响的趋势发展为互动的状态①。

《云南考古（1979～2009）》中介绍了那蚌遗址的详细信息，文化层出土遗物以打制石器为大宗，陶器和磨制石器与石佛洞遗址高度近似，筒状足形穿孔陶器推测为建筑构件，晚期出铜管一件，另有石范②。

景洪娜咪囡洞穴遗址位于景洪以南的澜沧江西岸，洞口朝西。1996 年调查发现，1997～1998 年就进行了第一次发掘，出土了丰富的遗迹、遗物和动植物遗存。2011～2013 年进行了第二次发掘，遗迹有火塘、灰烬层、坑、沟，遗物有少量陶片和大量石、骨、角、蚌器，以及大量的动植物遗存，反映出广谱经济的面貌，认为地质时代属晚更新世至早全新世，年代大致在距今 22000～10000 年，是新、旧石器过渡的典型遗址，重要性不言而喻③。

这一阶段由于石佛洞遗址发掘报告的出版，基本确定了这类遗存的面貌，其他调查和发掘资料的增加也为澜沧江下游流域综合研究的展开奠定了基础，特别是娜咪囡遗址为探讨当地新石器起源提供了重要线索。

三 综合研究

综上所述，澜沧江下游流域大致可分为以忙怀类型为代表的北部、以石佛洞类型为代表的中部和以曼蚌囡类型为代表的南部，我们以发现青铜器的遗存为切入点，来探讨这些类型的面貌和性质。

（一）青铜时代遗存的确认

石佛洞第⑦层出土了遗址唯一一件铜斧，形制与文化层所出磨制条形石斧类似，不见其他相关遗存，可能为外来因素，虽然线索孤立，但能说明时代背景。石佛洞铜斧系锻造而成，锈蚀严重，锈斑和气孔清晰可见，具有早期青铜的特点。更充

---

① 周志清：《浅议澜沧江流域的新石器时代文化类型》，《成都考古研究》（一），北京：科学出版社，2009 年。

② 杨帆、万扬、胡长城：《云南考古（1979～2009）》，昆明：云南出版集团公司、云南人民出版社，2010 年。

③ "云南考古"微信公众号：《景洪娜咪囡遗址——旧石器时代向新石器时代过渡的最佳遗址之一》，2015 年 4 月 20 日。

分的证据见于石佛洞东南方向的南北渡遗址，晚期地层出铜器和石范，陶、石器与石佛洞相似度最高，另包含打制双肩石器。石佛洞东北方向的那蚌遗址晚期文化层出铜管一件，石范应与之同时，亦较明确，打制石器的因素要强于南北渡，早年采集的铜矛形制不详，在其以南的流域内常见磨制石矛，多呈长三角形。更北的丙况遗址晚期文化层所出铜残片同样锈蚀严重，与大量打制双肩石器共存，早期文化层一件打制双肩石斧也与石佛洞铜斧类似。南部景洪附近采集的完整铜钺在曼蚌囡上文化层有形制非常近似的磨制石斧，类似的还有景谷采集的一件打磨兼制石斧。这类遗存既有陶、石器与铜器共存的地层关系，石器和铜器之间也具有相关性，由于铜器仅少量发现且形制多原始，可能处在青铜时代初期阶段，似乎存在自北向南越来越成熟的趋势（图3.10）。

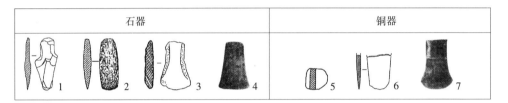

图 3.10　澜沧江下游流域石、铜器对比

石器：1. 双肩石斧（丙况 T3④：9）　2. 条形石斧（石佛洞 T26④D：17）　3、4. 钺形石斧（景谷 S63：01、曼蚌囡采集）

铜器：5. 铜片（丙况 T25③：3）　6. 铜斧（石佛洞 T12⑦：7）　7. 铜钺（景洪采集）

（二）忙怀类型的再探讨

忙怀类型的遗址集中分布在澜沧江下游流域北部的高山峡谷地带，遗物均以大量打制石器为主，双肩的特征典型，少量陶片均夹砂，陶色较杂。

丙况位于忙怀遗址对岸，出铜片的晚期文化层包含遗物最多，与早期文化层无明显差异，应为同一时期的遗存。以夹砂红陶为主，少量夹砂灰褐陶，多饰绳纹，部分刻划平行弦纹或折线纹。打制双肩石斧早期出圆刃、倒三角形刃、靴形，晚期出舌形刃、三角形、钺形，另有个别大型打制束腰石斧、小型磨制梯形近长方形石锛。

忙怀多夹砂灰褐陶和素面，少量夹砂红陶，个别饰绳纹和乳钉纹，可辨罐、钵、圜底器。打制双肩石斧的形制多见于丙况晚期，另有打制两侧缺口网坠、方格纹石拍、扁圆石器，其中网坠与丙况晚期束腰石斧类似。

曼干早期文化层遗物较少，标本可见磨制石斧和石球。大量石器和少量陶片集中出现在晚期，陶色不详，器形除一件弹丸外余皆侈口卷沿罐或釜，饰平行刻划纹和压印方格纹，打制双肩石斧有舌形刃、圆刃、半圆刃、靴形，另有打制石刀、盘状砍砸器和磨制条形或长梯形石斧、一件疑似单平面砾石手锤。其中磨制石斧与丙况晚期磨制石锛类似，相同形制见于石佛洞铜器出现以后的鼎盛期，较早见于忙怀类型以北的洱海地区和怒江下游流域。

镇沅秀山地点所见均为打制双肩石斧，多呈靴形，见于丙况早期，此前公布的磨制双肩石斧应为错误信息。

秀山地点对岸为临沧老邦东、昔归、那蚌遗址，其中那蚌遗址的内涵最为丰富。陶片除昔归有黑陶外，那蚌有夹砂灰褐、黄褐、红褐陶，纹饰有压印绳纹、篮纹和刻划弦纹、波浪纹等，大多为圜底器，个别带鋬或管状流，可辨侈口釜、敛口钵或豆、圜底钵或杯、纺轮、圆陶片等，筒状足形穿孔陶器较特殊，平底一侧伸出两足，平底正中和器壁各有一小圆孔，纹饰较复杂。那蚌打制双肩石斧有弧肩和近平肩圆刃或半圆刃的形制，打制石斧有长梯形、钺形、靴形、束腰形，另有打制半月形或弯月形石刀、椭圆形石铲、长条形石锤、刮削器、砍砸器等，磨制石器以长梯形斧、锛为主，另有有领或无领扁平石环、扁平柳叶形石镞、柱状石拍、中心或凹或凸的圆饼形石器、石管、石范、砺石等，基本包含了老邦东和昔归的石器类型。由于那蚌遗址公布的资料仅见第②、③层和采集的遗物，第③层出石范，应为青铜时代遗存，研究者认为遗址上限可至新石器时代，所以因公布的资料均属晚期，早期情况不明。那蚌晚期根据文化层可分两段，早段磨制石器较多，晚段打制石器较多，基本特征仍在忙怀类型的范畴内，但明显受邻近的澜沧江下游流域中部遗存的影响，与石佛洞类型密切相关（图3.11、3.12）。

忙怀类型遗存的整体面貌一致，陶色多偏红，靠近石佛洞类型的那蚌遗址陶色偏褐、纹饰亦较丰富，陶器的基本器形为罐、釜、钵。丙况和那蚌遗址晚期均出土了明确的铜器或石范，早于晚期的遗存可能处在新石器时代向青铜时代过渡的阶段，始终以打制石器为主的特点应是由澜沧江下游流域北部高山峡谷的生存环境决定的。

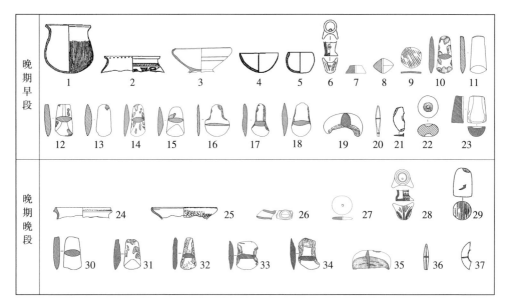

图 3.11　那蚌遗址陶、石器对比

陶器：1、2、24. 侈口釜（T0203③：17、T0307③、T0102②）　3. 敛口豆（T0203③：18）　4. 敞口钵/杯（T0307③：82）　5. 敛口钵/杯（T0403③：158）　6、28. 筒状足形穿孔陶器（T0405③：29、T0104 采：标 01）　7、8、27. 纺轮（T0305③：25、T0407③：47、T0302②：13）　9. 圆陶片（T0303③：105）　25. 敛口钵（T0302②）　26. 管状流（T0302②）

石器：10～13、30、32. 长梯形石斧（T0307③：106、T0506③：1、T0504③：11、T0207③：82、T0504②：32、T0401②：9）　14、15、31. 长梯形石锛（T0307③：142、T0403③：58、T0302②：88）　16、17. 双肩石斧（T0105③：115、T0301③：67）　18. 圆刃石斧（T0207③：54）　19. 弯月形石刀（T0506③：5）　20、36. 柳叶形石镞（T0303③：32、T0201②：44）　21、37. 石环（T0403③：128、T0101②：116）　22. 圆饼形石器（T0104③：9）　23. 石范（T0304③：1）　29. 柱状石拍（T0102 采：标 01）　33. 束腰石斧（T0202②：114）　34. 靴形石斧（T0402②：81）　35. 半月形石刀（T0401②：79）

（三）石佛洞类型的再探讨

澜沧江下游流域中部的遗址类型分为老别山－邦马山之间的洞穴岩厦和澜沧江沿岸的高山峡谷，陶、石器均较丰富，各有特点。

石佛洞遗址地层共分 9 层，报告将其分为二期五段，期别在第⑤、⑥层之间，一期包含两段，二期包含三段。虽然一期以铜器的出现分段较为简便，第⑧、⑨层夹砂、黑褐陶、绳纹等因素也确实不如此后强化，但通过对比陶、石器的具体变化，我们发现第⑨层有多种陶器形在此后消失，如大喇叭口束颈罐、盘口盆形器、敛口瓮、敞口浅腹钵、杯或钵形器等，石、骨、牙器数量很少，石器多打制、个别部位磨制的情况与此后以精磨石器为主的特征差别较大，这些因素有助于探讨石佛洞遗存的来源问题，并且尚未出现敛口罐、钵形口罐、圈足器盖、管状流、陶纺轮、

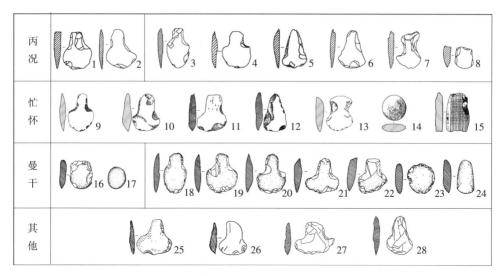

图 3.12　澜沧江下游流域北部石器对比

1、3、4、9、10、18 ~ 21、25 ~ 27. 双肩石斧（T23④：9、T4③：5、T21③：8、采010、T1：118、T26②：19、T22②：20、T20②：1、T3②：11、秀山 S73：01、秀山 S73：05、老邦东）　2、11、22. 靴形石斧（T11④：8、T1：9、T13②：7）　5. 三角形石斧（T25③：2）　6、28. 钺形石斧（T4③：2、老邦东）　7、13. 束腰石斧（T14③：4、采018）　8、24. 梯形石锛（T23③：7、T8②：8）　12. 三角形石斧（T1：70）　14. 扁圆石器（采04）　15. 长方形石拍（T1：21）　16. 长条形石斧（T30③：8）　17. 石球（T26③：40）　23. 盘状砍砸器（T27②：9）

圆陶片和星形石器等因素。第⑨层遗物总量较少，明显不如此后丰富，应是人群生活的初始阶段。第⑧层更像一个过渡期，各因素开始向统一的面貌发展，典型的陶、石器器形和纹饰基本确立，如各式刻划、压印、戳刺、附加堆纹和敛口钵或豆、折肩釜、侈口罐、圈足器盖等，以及磨制小型梯形斧锛、石环、柱状石拍、星形石器和打制两侧缺口网坠等，之后渐趋复杂，至第④D 层遗存最为丰富。"变化表现为简单至复杂再简化，呈现出发展、兴盛、衰退的趋势"①，所以我们将石佛洞遗址分为三期，最早的第⑨层为早期，第⑥ ~ ⑧层为中期，之后为晚期。总的来看是一脉相承的整体，很难对铜器出现以前的遗存进行较为单一的定性，我们倾向于将其看作新石器时代向青铜时代过渡阶段的遗存（图 3.13）。

　　南碧桥与石佛洞自然环境非常近似，遗物特征也一致，两层堆积中包括表土，文化层不出打制石器，结合校正数据较晚推测不早于石佛洞晚期。

_____

① 云南省文物考古研究所、中国社会科学院考古研究所、成都文物考古研究所、临沧市文物管理所、耿马傣族佤族自治州文化体育局：《耿马石佛洞》，北京：文物出版社，2010 年。

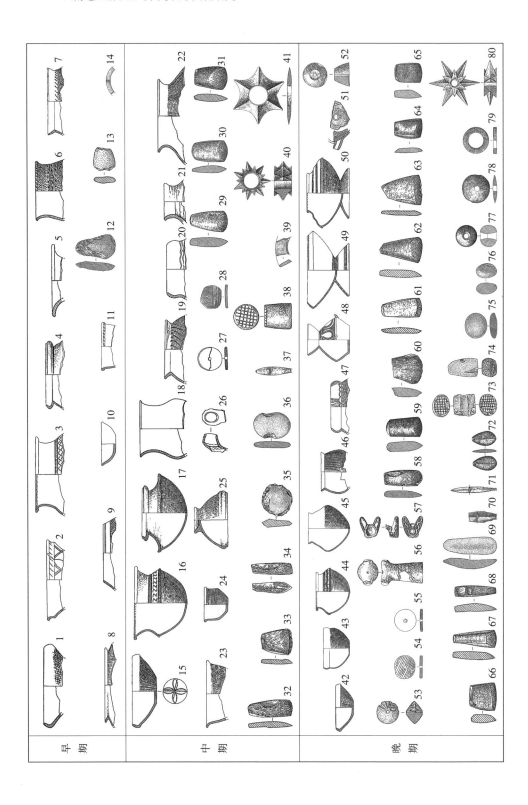

早期

中期

晚期

图 3.13　石佛洞遗址陶、石器对比

陶器：1、15、42、43. 敛口钵（T29⑨：67、T30⑦：81、T9⑤：41、T4③A：81）　2. 盘口器（T29⑨：75）　3、16、44. 卷沿釜（T23⑨：61、T30⑦：307、T22⑤：141）　4、17. 盘口釜（T28⑨：7、T32⑥：64）　5. 喇叭口罐（T30⑨：99）　6、18. 侈口卷沿罐（T30⑨：143、T32⑧：50）　7、19、46. 侈口折沿罐（T29⑨：64、T30⑦：176、T15④D：46）　8. 折沿瓮（T30⑨：136）　9. 敛口瓮（T30⑨：107）　10、23、24. 敞口钵（T30⑨：93、T15⑦：163、T4⑧：28）　11. 钵形器（T30⑨：141）　20、47. 敛口罐（T28⑧：21、T8⑤：65）　21. 束颈罐（T24⑧：54）　22. 卷沿瓮（T15⑧：123）　25. 圈足器盖（T30⑦：82）　26、51. 管状流（T17⑦：73、T13④B：79）　27、52～55. 纺轮（T5⑥：34、T21⑤：29、T30④C：18、T9⑤：5、T30④D：39）　28. 圆陶片（T15⑦：203）　45. 折沿釜（T25⑤：108）　48. 钵形口罐（T23④D：128）　49、50. 敛口豆（T14④D：120、T24④D：108）　56. 支足（T8⑤：36）　57. 筒状足形穿孔陶器（1983C：26）

石器：12、29、31. 梯形石斧（T7⑨：61、T9⑥：12、T5⑦：83）　13、36. 两侧缺口网坠（T30⑨：61、T22⑧：77）　14、39、78、79. 石环（T30⑨：92、T21⑤：46、T29④D：44、T4②A：1）　30、58、59. 条形石斧（T32⑥：37、T30⑤：71、T26④D：28）　32. 条形石锛（T5⑧：78）　33、61～64. 梯形石锛（T29⑧：57、T20⑤：22、T30④C：46、T18②B：13、T17③A：1）　34、68. 条形石凿（T25⑦：35、T16④B：13）　35. 盘状砍砸器（T28⑦：5）　37、71. 柳叶形石镞（T20⑦：38、T5⑤：31）　38、73、74. 柱状石拍（T30⑦：79、T30④B：50、T15④D：65）　40、41、80. 星形石器（T22⑧：76、T23⑦：45、T25④A：95）　60. 圆刃石斧（T24④B：24）　65. 长方形石锛（T21④D：17）　66. 梯形玉锛（T13④B：2）　67. 梯形石凿（T12⑤：8）　69. 长条形石锄（T21④D：33）　70. 宽叶形石矛（T23⑤：45）　72. 石贝（T22④A：15）　75. 磨盘（T17③B：19）　76. 石球（T30⑤：66）　77. 穿孔圆石（T5④D：16）

石佛洞类型分布的核心区小黑江流域正好也是沧源岩画分布的核心区，所以对两者之间关系的探讨自然成为了研究的重点。首先我们必须指出岩画遗存具有特殊性，绘有岩画的岩厦平台堆积一方面取决于基岩的情况，另一方面又极易受到扰动，而且以往公布的岩画点堆积资料前后出入较大，甚至把岩画点和丁来岩厦的堆积混为一谈，真实性十分有限。大致总结出的岩画平台堆积出现频率较高的因素有陶片夹砂、灰褐、饰绳纹，器形有钵、釜、罐，石器有磨光梯形石斧、石环，另有蚌壳、兽骨等，基本都在石佛洞类型的范畴内。相比之下，石佛洞遗址发掘的线索更加有效。2000年发掘出土一件长11.5、直径8厘米的圆柱体红色颜料团，经化验显示其是用93.1%的赤铁矿粉黏合而成，与沧源岩画颜料的主要成分一致①。2003年发掘在T25④D层出土一件长约5.1、直径约1.5~2.1厘米的椭圆形红色颜料团，其成分为三氧化二铁，未包含其他特殊成分，另外报告中还指出，在岩画点所在地的岩层中常常可以发现较为纯净的赤铁矿，其中至少两个岩画点有人工挖掘的痕迹②。光谱分析显示这些原生赤铁矿与岩画颜料的成分基本相同，应属同一物质③。虽然有研究称沧源岩画3号点覆盖画面的钟乳石内层碳十四测定数据为距今3030±70年④，与石佛洞遗址的年代下限相当，但石佛洞红色颜料用于绘制岩画的证据仍然很难确定。现有的测年、空间分布、遗存面貌等都是初步的证据，大致可以推测石佛洞类型与沧源岩画是具有相关性的地域文化共同体，但仍需要更科学的工作充实证据。

上船口、白银渡、孔明槽虽不见青铜遗存，但陶、石器与石佛洞类型也有诸多相似，如夹砂、黑褐、绳纹、陶罐、陶杯和石矛、石镞、石弹丸、石网坠、石环、星形石器等，应与南北渡共同代表了位于澜沧江沿岸的一种打制石器较典型的地方遗存，打制石斧有条形、梯形、三角形、双肩。其中孔明槽山顶遗址内涵较为复杂，包含周边多种石器因素，下限可能较晚，石斧有条形、梯形、钺形、靴形，与景谷

---

① 吴永昌：《石佛洞人与沧源崖画》，《云南文物》2001年第1期。

② 云南省文物考古研究所、中国社会科学院考古研究所、成都文物考古研究所、临沧市文物管理所、耿马傣族佤族自治州文化体育局：《耿马石佛洞》，北京：文物出版社，2010年。

③ 章道昆：《昆明有色金属研究所光谱分析报告》，《云南沧源崖画的发现与研究》，北京：文物出版社，1985年。

④ 吴永昌：《沧源崖画综说》，《民族艺术研究》2003年第S1期。

边疆乡采集一致，南北渡、上船口、白银渡三处台地遗址年代大致不会超出石佛洞类型的范畴。普洱市与澜沧县之间的澜沧江沿岸同样多打制石器，但以梯形或长梯形石斧为主，另有条形、三角形、钺形、双肩、单肩石斧和椭圆形石刀、穿孔石刀、长三角形石矛、扁平或厚重石环、砍砸器、刮削器、盘状器等。西盟所见均为磨制石器，近长方形的斜刃石斧典型，最为接近的形制见于石佛洞晚期，另有长三角形石镞，相同形制的石矛见于澜沧县北端的文东乡。东部李仙江流域的普洱磨黑镇有小型磨制梯形石斧和石环，与石佛洞类似，江城有磨制梯形石斧，具体形制不详（图3.14）。

图3.14　澜沧江下游流域中部石器对比

1、4. 双肩石斧（景谷 S62：02、普洱 S1：01）　2. 钺形石斧（景谷 S58：02）　3. 靴形石斧（景谷 S59：01）　5. 单肩石斧（普洱 S4：01）　6 ~ 9. 梯形石斧（普洱 S1：07、澜沧 S21：05、澜沧 S34：01、普洱 S3：03）　10. 三角形石斧（普洱 S4：06）　11. 长方形石斧（西盟 S16：01）　12. 盘状砍砸器（澜沧 S30：01）　13. 石环（普洱 S9：03）　14. 三角形石矛（澜沧 S57：01）　15. 三角形石镞（西盟 S20：01）

澜沧江下游流域中部遗存的主要区别在于洞穴居民多使用各式精磨石器，遗存也大大丰富于岩画点和澜沧江沿岸；山地居民仍以打制石器为主，但双肩的特征已明显减弱。石佛洞遗址应是当时的区域中心，面貌独特，对周边地区影响较大，澜沧江下游流域中部所见陶、石器基本都在石佛洞类型的范畴内。陶片以夹砂为主，有一定数量的泥质陶，多呈黑褐色，器形除钵、釜、罐外还有瓮、豆、器盖、支足等，纹饰复杂，形制变化较多，采集的石器多见于石佛洞晚期。石佛洞类型主体属于青铜时代，可能有部分新石器时代向青铜时代过渡阶段的遗存。

（四）曼蚌囡类型的再探讨

曼蚌囡上、下文化层显示打制石器的流行早于磨制石器，与石佛洞遗址一致。打制和磨制石斧均近钺形，网坠亦打制、磨制兼有，打制石器另有敲砸器、尖状器、石核、石片，磨制石器另有磨盘、磨棒、尖缘石环、扁圆砾石。多夹砂灰、褐陶，除素面外有绳纹和方格纹，可辨罐、钵、器盖、管状网坠，其中管状网坠较为少见，可能下限较晚。邻近的曼运遗址打制两侧缺口石网坠典型，另有骨锥、骨凿、穿孔蚌器。曼景兰遗址打制石器有双肩石斧、石锄、网坠，敞口斜直腹平底钵为泥质黄褐陶。邻近的曼听遗址磨制石器有长方形石斧和长梯形石锛。

另一处打制两侧缺口石网坠典型的遗址为老鹰山洞穴，南部有大量螺蚌堆积，上、下层所出遗物相同，应为同一时期的遗存。有打制石斧和磨制梯形石斧，多夹砂灰陶和刻划纹，器形以罐为主，另有钵、盘、纺轮、弹丸。可能与曼运遗址有相似的生计方式，整体更接近同为洞穴的石佛洞遗址。

基诺山所见为夹砂灰、红陶，灰陶外壁有红陶衣，磨制石器有梯形磨刃石斧、梯形和长方形石锛、石环、穿孔石板。

勐海和勐腊出现明确的磨制双肩斧、锛。勐腊另采集磨制梯形或条形斧、锛和长三角形长柄石矛，泥质橙黄陶小口瓶形制罕见，应较晚近。

曼蚌囡类型的遗址多为河谷平坝台地，堆积较厚，遗存内涵复杂，时间跨度大。主体与石佛洞类型年代相当，由于不出金属器，上限可能较早，但与新、旧石器过渡阶段的娜咪囡遗址存在很大缺环，也包含诸多晚近的因素，如红陶衣、泥质橙黄陶小口瓶、管状陶网坠等。曼蚌囡类型多夹砂灰陶，有刻划和压印纹，器形有罐、钵、盘、器盖等，石器早期多打制、晚期多磨制，体形大都较长，斧、锛多梯形，另有钺形、条形、长方形，打制双肩相当少见，磨制双肩出现在边境沿线。总的来看，曼蚌囡类型与石佛洞类型更为接近，忙怀类型则基本失去了在澜沧江下游流域南部发展的自然条件（图3.15）。

最后我们再来探讨一下与曼蚌囡类型同位于澜沧江下游流域南部的娜咪囡遗址。遗址类型是当地常见的洞穴遗址，深厚的堆积和丰富的遗迹、遗物以及动植物遗存表明在新、旧石器过渡的很长一段时间内当地都是古人类理想的生存之所。出土遗物中的早期陶片、早期研磨器和具有东南亚和平工业技术加工特征的砾石打制石片石器，有助于我们把当地置于东南亚这一大的地理背景之中展开探讨。根据已公布的照片可辨单平面砾石手锤和磨刃石斧，后者在当地具有明显的延

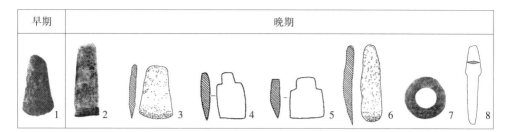

图 3.15　澜沧江下游流域南部石器对比

1. 钺形石斧（曼蚌囡）　2. 长梯形石锛（曼听）　3. 长梯形石斧（勐腊）　4. 双肩石斧（勐腊大树脚）
5. 双肩石锛（勐海景宰）　6. 长条形石锄（勐腊）　7. 石环（曼蚌囡）　8. 三角形石矛（勐腊）

续性。

（五）遗迹现象及生计方式探讨

1. 建筑及其相关

丙况、曼干、南北渡均发现零散柱洞、沟和灰坑，南北渡另有道路、火塘和用火遗迹。简易建筑在高山峡谷地区较为实用，时至今日在山居民族中仍可见到。

穴居生活在澜沧江下游流域从新、旧石器过渡阶段延续到青铜时代，选择的洞穴洞口向阳、面水。娜咪囡发现灰烬层、火塘、坑、沟，尚未有明确的建筑遗存。石佛洞遗址的洞内建筑是一大特色，多长方形带柱洞地面式或干栏式，少量圆形或椭圆形，由于没有发现土坯、草拌泥等相关遗存，发掘报告判断不是木骨泥墙，居住面加工复杂，早期多在泥土中加谷糠或蚌壳踩踏而成，晚期先用碎石铺底，其上垫土或铺石板，建筑内有火塘，火塘中包含陶支足和炭化的装稻谷的箩筐，建筑内部或周边的黑色堆积中往往包含陶支足和动植物遗存，应同为用火遗迹。另外，沧源岩画 7 号点有石构建筑，8 号点居住面亦铺碎石，圆形火塘为石砌。

筒状足形穿孔陶器以往推测为建筑构件，均夹粗砂，在那蚌早期与石块伴出，另见于石佛洞采集，石佛洞类型居住面加工亦使用石块。筒状足形穿孔陶器和石块可能具有关联性，但具体用途仍然不明。

丙况和曼干的灰坑平面均为椭圆形，不见遗物，性质不明。石佛洞 H1 圆形、直壁、平底，形制规整，填烧土块，包含残陶釜和长、短梯形石斧、宽叶形石镞、砺石，石器较完整，可能不是垃圾坑（图 3.16）。

图 3.16　石佛洞遗址 H1 出土陶、石器

陶器：1. 卷沿釜（H1：6）
石器：2. 长梯形石斧（H1：3）　3、4. 短梯形石斧（H1：4、H1：2）　5. 宽叶形石镞（H1：1）　6. 砺石（H1：5）

墓葬仅见石佛洞 M1，推测为长方形竖穴土坑墓，为成年女性侧身屈肢葬，不见随葬。虽然澜沧江下游流域发掘的遗址数量较少，但墓葬稀缺的现象值得思考，不知是否与当地葬俗有关。

2. 岩画和崖刻

我们目前初步判断沧源岩画与石佛洞类型具有相关性，但仍需要更充分的证据。相比之下，采花坝摩崖石刻内容特殊且单一，没有发现相关遗存，年代难以确定。

3. 生计方式

处在新、旧石器过渡阶段的娜咪囡遗址出土的大量动植物遗存反映出明显的广谱经济形态，堆积中保存的丰富的植硅体显示其"古植被受人类活动影响明显，以次生性的蕨类和禾本科等草本植物为主，有人类利用棕榈科等植物的迹象，但尚无稻作农业的证据"[①]。

至青铜时代前后，石佛洞遗址出土植物种子以炭化稻为主且数量异常突出，推测可能是当地生产的粳稻，另有少量粟和豆科植物。淀粉粒分析的结果显示，遗址第⑧层对应时期的人群利用多种植物，④B 层则相对单一，值得注意的是虽然浮选出大量炭化稻，但却没有发现稻米的淀粉颗粒，推测稻作农业存在的同时，石佛洞人群仍然依赖丰富的采集植物为主要食品来源[②]。

我们还可以借助民族学的相关资料对石佛洞类型人群可能的耕作方式进行一些探讨。石佛洞类型分布的地区是今天佤族的聚居区，新中国成立后的民族地区调查

① 王伟铭、张继效、高峰：《云南地区旧石器中晚期考古遗址的孢粉学研究进展》，《中国古生物学会孢粉学会第九届二次学术年会论文摘要集》，贵阳：中国古生物学会孢粉学分会、中国科学院地球化学研究所，2015 年。

② 云南省文物考古研究所、中国社会科学院考古研究所、成都文物考古研究所、临沧市文物管理所、耿马傣族佤族自治州文化体育局：《耿马石佛洞》，北京：文物出版社，2010 年。

中记录了佤族的旱地分为"犁挖地"和"懒火地"两种。犁挖地有简单的犁耕，懒火地则更为原始，就是在树木砍倒、晒干、烧光后，以灰烬做肥料，不犁不挖，直接用矛进行点种①，这种耕作方式直至今天仍然存在，点种所用的矛可能类似石佛洞类型以及整个澜沧江下游流域中、南部常见的石矛。

石佛洞遗址出土了种类丰富的动物遗存，除猪、狗、牛是家畜外，其他都是野生动物，表明石佛洞人群对野生动物资源有很强的依赖性②。一个值得注意的现象是遗址第⑧层之后开始出现螺蚌类遗存，可能反映了人群生计方式的增多，而网坠在澜沧江下游流域中、南部非常普遍，也反映了渔猎活动在青铜时代前后仍然是重要的生计方式。

四　小　结

澜沧江下游流域虽然在新、旧石器过渡阶段就出现了重要的遗存，但后续缺环较大，一种可能是当地丰富的自然资源使得人们可以选择多样的生计方式，多使用石、骨、蚌、竹、木质器具，陶器不发达，文化发展极为缓慢，至青铜时代前后才有了突破。澜沧江沿岸打制双肩石器因素的典型性随地势自北向南降低而递减，流域北部的忙怀类型打制双肩石器形制多样，陶片和磨制石器极少见，遗址分布零散，可能人群的流动性较强，流域中部和南部的遗址分布均较集中。流域中部的石佛洞类型在澜沧江沿岸类似一个过渡的环节，打制双肩石器减少，陶片和磨制梯形石器增多，在澜沧江以西形成了以石佛洞为中心的小型磨制梯形石器系统，把小黑江流域的相关遗址和岩画遗存联系在一起，对周边地区产生了较大影响。流域南部的曼蚌囡类型则以大型磨制梯形石器为主，遗存内涵似不单纯。忙怀类型陶片均夹砂，多红陶，石佛洞和曼蚌囡类型均包含泥质陶，石佛洞多黑褐陶，曼蚌囡多灰陶，纹饰和器形方面，石佛洞比忙怀和曼蚌囡丰富得多，忙怀和曼蚌囡纹饰为常见的刻划和压印纹，器形也与石佛洞最基本的种类相同。鉴于陶器的基本特征较为一致，结

---

① 徐志远：《佤山行——云南西盟佤族社会调查纪实（1956～1957）》，昆明：云南大学出版社，2009 年。

② 云南省文物考古研究所、中国社会科学院考古研究所、成都文物考古研究所、临沧市文物管理所、耿马傣族佤族自治州文化体育局：《耿马石佛洞》，北京：文物出版社，2010 年。

合铜器出土和采集的情况，我们认为澜沧江下游流域这三类遗存主体相当于青铜时代，但应该存在新石器时代向青铜时代过渡的阶段（图3.17）。

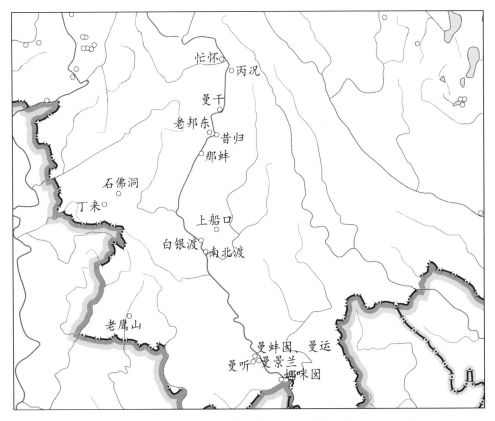

图 3.17　澜沧江下游流域新石器时代（含过渡期）遗址分布示意图

第三节　横断山区

一　地理概况

横断山区作为连接云南高原和青藏高原的纽带，虽不属于云南高原，但属于西南区的一部分，自然环境最为特殊。高大的山脉和深切的河流在此呈南北向紧密地并行排列，既无较大的高原面，也无宽广的河谷盆地，残存的山顶面是主要的人类活动地点。由于是青藏高原向南的延伸，横断山区在整个西南区中海拔最高，平均达到 3000～4500 米，垂直变化明显。横断山区整体具有亚热带山地气候的特点，西南季风的迎风坡较为湿润，背风坡同时受高原极地气团影响，较为干燥。

　　本文所指的是狭义的横断山区，即北纬 30°以南山脉和河流排列最为紧密的地区，地理特征最为典型。南界大致在泸水－兰坪－丽江－宁蒗一线，该界线以北为干旱型植被，以南为湿润型植被。在今天的行政区划中对应的是怒江傈僳族自治州和迪庆藏族自治州。

二　发现与研究述评

　　横断山区的考古工作起步虽不算晚，但发展最为缓慢，直到近年来才有了较大进展，大致分为两个阶段。

（一）20 世纪 50 年代至 21 世纪初期

　　1958 年发现维西哥登遗址，实为金沙江支流河岸岩厦，调查采集较多磨制石器和少量夹砂陶片、骨器，认为是新石器遗存①。直到 1985 年哥登遗址的资料才整理发表，以夹砂灰褐陶为主，石器多磨制刃部，认为陶、石器工艺的粗糙反映了生产技术的落后，推测人群以农业为主、狩猎为辅，上限不早于藏东高原昌都卡若遗址、下限不晚于洱海地区宾川白羊村遗址，似有意将哥登遗址作为卡若文化南传的中间环节②。

　　1959 年和 1963 年、1983 年、1984 年分别在福贡、碧江、泸水采集 19 件石器标本，其中打制石器 10 件、磨制石器 9 件，认为福贡境内的打制双肩石斧或铲属澜沧江下游流域的忙怀类型，填补了忙怀打制石器与雅安打制石器之间的空白，碧江、泸水境内的磨制石器可能属洱海地区的白羊村类型③。

　　1975、1981 年在云龙县境内采集 5 件磨制石器，澜沧江东岸石门地区的较精细，与剑川海门口遗址近似，澜沧江西岸漕涧地区的器形较大且粗糙，认为受到澜沧江中上游遗存的影响，原因在于云龙"处于洱海地区新石器文化的边沿地带"④。

---

①　熊瑛：《云南维西县新发现石器时代居住山洞》，《文物参考资料》1958 年第 10 期。

②　云南省博物馆：《云南维西哥登村新石器》，《云南文物》1985 年第 2 期。

③　张兴永、黄德荣、包秀芬：《云南怒江州发现的新石器》，《云南文物》1986 年第 1 期。

④　云龙县文化馆：《云龙县发现新石器》，《云南文物》1982 年第 1 期。

1977 年泸沽湖沿岸调查，在以北的盐源乌丘遗址采集夹砂红陶片和石器残件，在东北的盐源格萨村土坑墓采集泥质灰陶罐、铜武器、金饰片①。

20 世纪 70 年代至 80 年代还陆续清理了一批青铜时代墓葬，如德钦永芝石棺葬和土坑墓②、德钦石底土坑墓③、德钦纳古石棺葬④、宁蒗大兴土坑墓⑤、丽江大具、格子、红岩、长水马鞍山石板墓⑥、中甸克乡和布独石棺葬⑦等。遗存面貌基本一致，陶器与横断山以北地区均有不同程度的相似性，铜器与洱海、滇池地区更接近，年代大致在战国至西汉时期，纳古、克乡和布独石棺葬或可早至西周时期，其中纳古 M2 人骨碳十四测定数据为距今 2900 ± 100、2815 ± 100 年⑧，布独 M2 人骨碳十四测定数据范围在距今 2958 ~ 2783 年、M06 人骨碳十四测定数据范围在距今 2936 ~ 2763 年⑨。另有学者在文章中提及丽江巨甸古渡采集到红铜斧和石斧，但无其他共存物，不能确定时代⑩。

李昆声、肖秋首先以哥登遗址命名了滇西北的新石器文化类型，认为其内涵与藏东、川西和甘青地区相近，之后多成为定式⑪。王大道根据石器的主要特征，将哥登类型与大墩子、白羊村、大花石早期、石佛洞类型归入磨制梯形石斧和半月形、长方形穿孔石刀系统⑫。有学者通过对怒江中、下游流域双肩石器的研究，认为福贡打制石器与磨制石器共存的现象不同于怒江下游流域有较多陶器与磨制石器共存，可能是由地形因素决定的，并进一步提出打制双肩石斧或铲的使用者是山地民族⑬。

---

①　黄承宗：《泸沽湖畔出土文物调查记》，《考古》1983 年第 10 期。

②　云南省博物馆文物工作队：《云南德钦永芝发现的古墓葬》，《考古》1975 年第 4 期。

③　云南省博物馆文物工作队：《云南德钦县石底古墓》，《考古》1983 年第 3 期。

④　云南省博物馆文物工作队：《云南德钦县纳古石棺墓》，《考古》1983 年第 3 期。

⑤　云南省博物馆文物工作队：《云南宁蒗县大兴镇古墓葬》，《考古》1983 年第 3 期。

⑥　木基元：《丽江金沙江河谷石棺葬初探》，《云南民族学院学报》1986 年第 1 期。

⑦　云南省文物考古研究所：《云南中甸县的石棺墓》，《考古》2005 年第 4 期。

⑧　中国社会科学院考古研究所实验室：《放射性碳素测定年代报告》（八），《考古》1981 年第 4 期。

⑨　中国社会科学院考古研究所：《中国考古学中碳十四年代数据集（1965 ~ 1991）》，北京：文物出版社，1992 年。

⑩　木基元：《云南纳西族地区考古发现与研究综述》，《南方文物》1995 年第 2 期。

⑪　李昆声、肖秋：《试论云南新石器时代文化》，《文物集刊》(2)，北京：文物出版社，1980 年。

⑫　王大道：《再论云南新石器时代文化的类型》，《西藏考古》（第 1 辑），成都：四川大学出版社，1994 年。

⑬　耿德铭：《试论怒江中游新石器时代的双肩石器》，《云南民族学院学报》1990 年第 1 期。

另有学者认为哥登与福贡、泸水石器上部保留自然面、下部及刃部磨制的制法相同，起源于藏东、川西地区，沿横断山脉向南传播至怒江下游流域，"这一地区古代居民之间，有着一定的联系"①。

横断山区的考古学研究与费孝通从民族学角度提出的"藏彝走廊"的概念有一定相关性，横断山区属于藏彝走廊的一部分，但民族学多涉及历史时期的民族形成和变迁，主要通道是川西高原，直接通过横断山区的情况较为晚近②。之后西南民族研究学会组织的六江流域民族综合考察又提出了"六江流域"的概念，除横断山区的三条河流外，还包括雅砻江、大渡河、岷江，地理范围与藏彝走廊基本一致③。

横断山区也是童恩正"边地半月形文化传播带"的重要组成部分，他敏锐地总结出这条文化传播带上共有的典型因素，讨论了新石器晚期至青铜时代的传播情况，极具前瞻性和启发性，故此后凡涉及横断山区及其周边考古学文化的研究，往往都会引用童恩正提出的这个概念，认为横断山区从新石器时代开始就是考古学文化传播的通道。实际上童文中有关横断山区新石器遗存的内容仅有石棺葬一项，是将横断山区的石棺葬视作金沙江－雅砻江亚区石棺葬文化向南的延续，而金沙江－雅砻江亚区包括的地点均在川西高原和雅砻江下游流域，并未反映出直接通过横断山区的传播，直到青铜时代传播证据才比较明显④。

后来的研究似乎也注意到了这些问题并做出了相应的调整。如有学者认为横断山区的石棺葬出现于新石器时代后期，在青铜时代达到兴盛，并根据丽江、宁蒗境内采集的陶片和磨制石器与龙川江流域的大墩子类型相同⑤，认为虽然以往研究多侧重横断山区以北文化向南的传播，但也不排除大墩子遗存北上的可能性⑥。另有学者认为新石器时代的石棺葬遗存不一定遵循单线传播的模式，而更可能是因地制宜的产物，青铜时代随着人群迁徙能力的增强，通过横断山区进行的交流与融合使当地

---

①　王恒杰：《迪庆藏区的历史传统与自然因素》，《中国藏学》1992 年第 1 期。

②　费孝通：《关于我国民族的识别问题》，《中国社会科学》1980 年第 1 期。

③　李绍明：《六江流域民族考察述评》，《西南民族学院学报》（社会科学版）1986 年第 1 期。

④　童恩正：《试论我国从东北至西南的边地半月形文化传播带》，《文物与考古论集》，北京：文物出版社，1986 年。

⑤　木基元：《云南纳西族地区考古发现与研究综述》，《南方文物》1995 年第 2 期。

⑥　木基元：《丽江金沙江地区的考古发现与研究》，《中华文化论坛》2002 年第 4 期。

及周边文化呈现出更多的共性，同时也产生了变异的特点①。

（二）21 世纪初期至今

进入 21 世纪以后，随着发掘和整理工作的展开，横断山区新增了几个重要的遗址资料。

2005 年发掘的兰坪玉水坪洞穴是一处新、旧石器时代堆积相叠压的遗址，由于新石器堆积已被破坏，以旧石器堆积为主，年代可上溯到一万年以前，是横断山区考古发现的重大突破。旧石器遗存与滇东黔西诸多遗址类似，与怒江下游流域的塘子沟遗存也有很多相似之处。新石器堆积包含陶片、石器、兽骨、灰烬等，其中陶片为夹砂灰、红陶，石器为磨制的斧、锛，但具体情况不详②。

2013 年发掘澜沧江西岸的维西宗咱遗址，是一座独立小山，文化层堆积较厚，清理出石构建筑遗迹和沟、灰坑，遗物有陶、石、骨、铜、铁器，多夹砂灰陶和红褐陶，石器有打制和磨制，另有大量兽骨，浮选出粮食种子和炭化果核。认为锥状和扁平柳叶形石镞与纳古石棺葬所出相同，上层耳部装饰复杂的陶器与石棺葬文化联系较紧密、亚腰形打制石刀与辛店文化同类器相同，初步判断年代跨度为西周至汉代，石构建筑遗迹属汉代，是一座军事防御性质明显的城堡遗址③。

2013~2014 年发掘的泸水石岭岗遗址位于怒江西岸，同为独立山体，南高北低，北部堆积较厚。2003 年调查时采集陶、石、铜器，初步判断属于新石器至青铜时代。2008 年复查采集陶纺轮、石斧、铜斧、铜钺、铜矛，确认为青铜时代遗址。发掘清理了建筑遗迹和灰坑、墓葬，出土大量陶、石、骨、铜器，多夹砂红褐陶，石器以打制为主，铜器多为随葬，并认为与怒江下游流域的昌宁大甸山随葬相似，推测人群散居的居住模式与地形条件有关④，浮选的炭化稻碳十四校正数据为距今 2859~2339 年⑤。

---

① 霍巍：《论横断山脉地带先秦两汉时期考古学文化的交流与互动》，《藏彝走廊：历史与文化》，成都：四川人民出版社，2005 年。

② 《南方文物》编辑部：《2005 年度南方地区考古新发现》，《南方文物》2006 年第 3 期；闵锐：《兰坪县玉水坪石器时代洞穴遗址》，《中国考古学年鉴》（2006），北京：文物出版社，2007 年。

③ 云南省文物考古研究所：《滇西北发现汉时期城堡遗址》，《中国文物报》2014 年 11 月 25 日第 008 版。

④ 云南省文物考古研究所：《云南怒江发掘史前至青铜时代遗址》，《中国文物报》2014 年 8 月 1 日第 008 版。

⑤ 刘鸿高：《滇西北地区旧石器至青铜时代人类活动与动植物资源利用研究》，兰州大学博士学位论文，2016 年。

目前来看，横断山区最有可能的新石器遗存资料来自 1984 年发现、但 2016 年才整理公布的兰坪马鞍山遗址，遗址位于澜沧江支流的江边缓坡台地。1984 年调查在断面文化层采集陶片、磨制石器、兽骨、烧土、炭屑等，简报认为陶、石器与海门口一期近似，可取海门口一期的年代下限，为距今 3800 年左右，属新石器时代晚期①。

三　综合研究

相比于丰富的青铜时代遗存，横断山区的新石器遗存稍显单薄，而且早年调查遗存的性质往往仅根据有没有发现铜器来判断，甚至简单地将采集到的磨制石器称为新石器，所以还有必要对早年认为的横断山区的新石器遗存进行辨析。我们首先对横断山区青铜时代遗存的整体面貌有一个基本的把握，然后再来探讨横断山区的新石器时代遗存。

（一）青铜时代遗存的确认

1. 遗址

宗咱陶片除主要的夹砂灰陶和红褐陶外，包含少量泥质磨光红、黑陶，多素面，纹饰有绳纹、刻划纹、戳印纹、附加堆纹，小平底多有叶脉纹和布纹，石器有斧、锛、刀、镞、砺石，骨锥和骨管较多，另有骨镞和骨针，出土少量铜钱和铁爪镰。可分早晚，早期不见带耳陶器，侈口长颈罐典型，晚期遗存较丰富，多带耳陶器，耳部多有刻划、戳印、贴塑，常见乳钉、八字形、"M"形纹，折沿釜、带乳钉大宽耳罐典型，另有纺轮和管状网坠，出亚腰形打制石刀，并发现一枚西汉五铢。根据陶、石器的变化，我们认为宗咱遗址早、晚期区别较大，可能存在年代差距。

石岭岗亦包含少量泥质陶，但多见于晚期。早期为陶色不均的夹砂褐陶，晚期出橙黄陶，纹饰以压印为主，有绳纹、篮纹、方格纹，刻划纹次之，少量附加堆纹，平底为主，多有席纹，圜底和圈足次之，圆陶片和纺轮数量最多，圆陶片发掘者称陶拍，纺轮剖面呈长方形、梯形或菱形，另有罐、釜、盆形器、钵、豆、杯、器盖、

---

① 闵锐、和中华、段灿英：《云南怒江州兰坪县马鞍山遗址》，《南方文物》2016 年第 1 期。

弹丸、管状网坠、器耳、器足。石器以打制两侧缺口网坠为主，另有磨制的斧、锛、凿、刀、镞和石范，其中长条形、梯形、靴形石斧多磨制刃部，石锛有长条形和梯形，石凿有长条形和长方形，石刀带穿孔。骨器有锥、斧、抿子、簪、笛。随葬铜器多为武器和饰件。石岭岗早、晚期差别不大，应是连续的堆积。

两个遗址基本特征一致，陶片多夹砂褐色系，陶器共有罐、釜、纺轮、管状网坠，石器共有斧、锛、刀、镞，骨器共有锥，由于宗咱公布的信息较少，故所见各类器形均不如石岭岗丰富。两个遗址的差异也较明显，宗咱早期不见带耳陶器，上限应早于石岭岗，石岭岗不见耳部装饰的陶罐、平底叶脉纹、亚腰形打制石刀、铜钱、铁器，下限要早于宗咱晚期，大致可以排出"宗咱早期→石岭岗→宗咱晚期"的遗存序列。

2. 墓葬

石棺葬和土坑墓共存于横断山区，石棺葬均无底，两者随葬品无明显差异，共出铜武器和饰件。与铜器共存的陶器多为平底，以双耳罐为主，单耳罐次之，少量无耳罐，土坑墓中单耳罐和无耳罐的比重似大于石棺葬，除纳古和大兴多泥质灰陶外，余均以夹砂灰、褐陶为主。纳古双耳罐形制最为丰富，有菱形口、深腹瘦高、鼓腹矮胖、喇叭形圈足，最大腹径在上部、中部或下部，基本涵盖了横断山区所见的双耳罐类型，另有单耳深腹罐和敞口折腹平底钵。石底和永芝共有腹部带乳钉或饰旋涡纹的双耳罐，单耳罐为鼓腹，罐耳与口沿相接处亦有乳钉，侈口鼓腹平底罐与纳古敞口折腹平底钵近似，石底另有纺轮，永芝另有三耳罐和单耳匜。布独双耳罐均垂腹，单耳罐深腹瘦高。格子菱形口双耳罐罐耳与中腹相接处饰波浪纹，矮胖者平底凸棱。大兴单、双耳罐多深腹瘦高，短颈矮胖的多为单耳罐或杯，有矮圈足单耳罐或杯和疑似豆形器，另有纺轮，流行肩饰向上角形錾或波浪纹、平底叶脉纹，与其他墓葬所见差异较大。与铜器共存的石器较少，仅见锥形、扁平柳叶形石镞和石管、石珠。

中甸石棺葬随葬陶器类型简单，但有自身特点，可能属于当地稍早的遗存。北端的纳古石棺葬受横断山区以北文化影响最大，双耳罐类型最多，南端的大兴土坑墓则包含横断山区以东、以南的文化因素，两者内涵丰富，都出现了少量圈足器，下限可能较晚，大兴出铜柄铁剑，应晚于纳古。邻近的泸沽湖沿岸土坑墓采集泥质灰陶无耳罐、铜武器和金饰片，应与大兴年代相当。格子石板墓随葬双耳罐的波浪纹装饰与大兴相同，长水马鞍山石板墓采集金箔，年代亦相当。石底和永芝石棺葬和土坑墓随葬带乳钉或旋涡纹双耳罐、三耳罐、单耳匜不见于其他墓葬，永芝另出银饰件，下限较晚。

这些墓葬遗存中的陶罐多带耳且有装饰，符合宗咱晚期的特征，宗咱早期的侈口长颈罐可能类似无耳罐的形制，与石岭岗共有钵、豆、杯，与宗咱和石岭岗共有纺轮，但基本不见陶釜、圆陶片、网坠等。墓葬和遗址在石器种类和数量方面的差异更为明显，共见器形仅有石镞，随葬金属器的种类和数量也明显多于遗址。墓葬和遗址所见遗物的差异可能是实用器和随葬品的性质差异所致。根据共见因素，我们推测墓葬年代可能集中在宗咱早期以后。

（二）新石器时代遗存的探讨

由哥登1985年简报可知，遗址进行了布方试掘，文化层分两层，但遗物编号不明且重号较多，出土单位不详，仍只能作采集品处理。陶片以夹砂灰褐为主，夹砂黑陶次之，有少量泥质灰褐陶，陶色不均，纹饰多刻划、少压印，有竖线纹、波浪纹、绳纹，另有戳点纹和附加堆纹，素面亦不少，全为平底，有的边缘凸棱，底面有叶脉纹和布纹，简报所描述的敛口折沿罐和敛口直腹器较为罕见，其中敛口折沿罐很可能是侈口折沿罐或釜和折沿盆的形制，另有敛口深腹盆或钵、纺轮、管状网坠、陶环、陶珠等，器耳多为带耳罐上常见的宽扁大耳、个别弧形扁耳。石器仅磨制刃部，石斧和石刀数量较多，斧、锛均为长梯形，少量石斧为长条形，长方形或半月形石刀有的穿孔，另有柳叶形石镞、石针、石球、砺石、雕刻器、圆形穿孔石饰等。骨器有抿子和骨管（图3.18）。

不难看出，哥登陶片的基本特征与当地青铜时代遗址和墓葬均一致，边缘凸棱的平底见于格子双耳罐，平底叶脉纹和布纹与宗咱相同，折沿罐或釜类似宗咱晚期的折沿釜，盆或钵见于石岭岗，与宗咱和石岭岗共有纺轮和管状网坠，带耳罐是当地青铜时代遗址和墓葬的典型器，哥登的宽扁大耳多为连接口沿和肩部的形制，少量连接颈部和腹部，同样符合时空背景，弧形扁耳则见于邻近的雅砻江下游流域木里情人堡青铜时代遗址。哥登石器磨制刃部的特征与石岭岗一致，种类较丰富，大致涵盖宗咱和石岭岗所见，不见宗咱晚期的亚腰形打制石刀和石岭岗的打制两侧缺

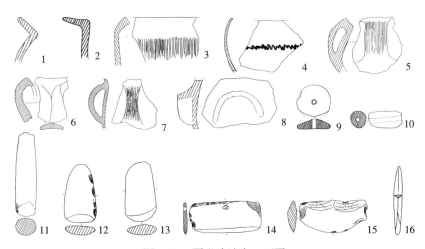

图 3.18   哥登遗址陶、石器

陶器：1. 折沿罐/釜   2. 折沿罐/盆   3. 敛口器   4. 敛口盆/钵   5~8. 器耳   9. 纺轮   10. 网坠
石器：11. 长条形石斧   12. 梯形石斧   13. 梯形石锛   14. 长方形石刀   15. 半月形石刀   16. 柳
叶形石镞

口网坠、石范。哥登骨器较少，与宗咱共有骨管，与石岭岗共有骨抿子，不见宗咱
和石岭岗共有的骨锥。我们认为哥登在陶器方面与石岭岗和宗咱晚期相似度最高，
石器与石岭岗更相似，哥登与宗咱同在维西县境内，邻近遗存面貌相似，年代也应
相当，应同属青铜时代遗存，哥登不见铜器，可能稍早。

　　横断山区采集的遗物以石制品为主。宁蒗境内有细绳纹夹砂红陶和石斧、石
锛、石凿、穿孔石刀、石矛、石网坠，其中石斧多为长梯形。丽江境内有夹砂陶
片和磨制斧、锛、凿，均为长梯形，以石斧为大宗。打制双肩石器集中见于福贡
境内，另有磨制长梯形石斧。碧江、泸水以磨制梯形石斧为大宗，短梯形较多，
碧江另有长条形石凿。云龙境内有磨制斧、凿和半月形双孔石刀。宁蒗境内的细
绳纹夹砂红陶表明横断山区绳纹最为普遍，石器则以磨制梯形石斧为主，地理位
置靠北的遗存多长梯形石斧，短梯形石斧多见于靠南的遗存，较常见的还有石锛、
石凿、穿孔石刀，采集种类不如遗址出土丰富，除福贡打制双肩石器较特殊外，
余大致不超出青铜时代所见范畴。横断山区磨制石器制作粗糙，多保留自然面、
仅磨制刃部，云龙县境内澜沧江以东的磨制石器制作精细、澜沧江以西的磨制石
器器形较大且粗糙，后者符合横断山区磨制石器的特点。福贡以打制双肩石器为
主的情况与怒江、澜沧江下游流域高山峡谷地区的打制双肩石器遗存类似，应是
相似生存环境下的产物（图 3.19）。

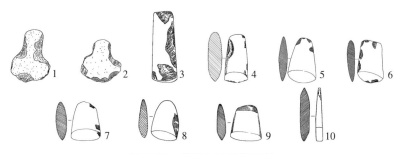

图 3.19　横断山区采集石器

1、2. 双肩石斧（福贡采 3、福贡采 7）　　3 ~ 6. 长梯形石斧（碧江采 1、福贡采 11、碧
江采 2、碧江采 3）　　7 ~ 9. 短梯形石斧（碧江采 4、碧江采 5、泸水采 1）　　10. 长条形
石凿（碧江采 6）

　　早年提出的横断山区新石器时代哥登类型主要建立在哥登遗址发掘资料的
基础上，还包括调查采集的石器遗存，同时期发掘的青铜时代遗存又多为墓葬，
研究并没有把两者联系起来，实际上哥登类型建立的依据是较为单薄的。得益
于横断山区考古工作的最新进展，经科学发掘的宗咱和石岭岗遗址确定为青铜
时代遗存，横断山区青铜时代的整体内涵随之确定。经过比较，我们发现哥登类
型与青铜时代遗存有诸多相似，面貌符合青铜时代的特征，并没有能够早到新石器
时代的明确证据，所以我们建议暂不将哥登类型作为横断山区新石器时代遗存的
代表。

　　由于玉水坪新石器遗存的具体情况暂不清楚，目前最有可能代表横断山区新石
器遗存的就是兰坪马鞍山遗址。兰坪马鞍山调查的断面文化层距地表深约 80 ~ 100、
厚约 60 ~ 80 厘米，堆积比较单一。采集陶片 20 片，均手制，火候高，夹砂九成、泥
质一成，灰黑为主、灰褐次之，纹饰有刻划的平行线和折线纹、戳点纹、压印席纹，
内壁亦有刻划，口沿和内壁多磨光或抹平，可辨侈口卷沿或折沿深腹罐，以平底为
主，圈足有镂孔和花边足沿的现象。石制品以磨制为主，但磨制不精，器形多石刀，
有长条形和弯月形，带单孔或双孔，两面钻孔或划槽钻孔，斧、锛次之，有长条形
和长梯形，锛的体形较小，另有个别打制石球和扁圆石器。可以看出兰坪马鞍山遗
存的整体面貌与横断山区青铜时代遗存既有联系又有区别，尤其是典型特征方面区
别较大，简报已指出兰坪马鞍山遗存与海门口一期最为相似，而且两个遗址距离较
近，可看作同一类型，兰坪马鞍山以北不远即为玉水坪，其新石器遗存亦可能属同
一类型。根据我们之前对海门口一期的探讨，推测以兰坪马鞍山为代表的遗存是目

前横断山区最接近新石器时代的遗存，参照海门口一期最新的碳十四校正数据，为距今 3700～3400 年[1]，相当于新石器时代向青铜时代过渡的阶段，与横断山区青铜时代遗存是接续发展的（图 3.20）。

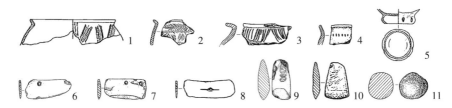

图 3.20　兰坪马鞍山遗址陶、石器

陶器：1～3. 折沿罐（MAS-018-13、MAS-064-8、MAS-018-12）　4. 卷沿罐（MAS-018-11）
5. 圈足（MAS-063）
石器：6～8. 石刀（MAS-21-2、MAS-03-1、MAS-32）　9. 石斧（MAS-38）　10. 石锛（MAS-262）　11. 石球（MAS-18-2）

（三）遗迹现象及生计方式探讨

由于兰坪马鞍山只公布了陶、石器的情况，所以我们主要以青铜时代的遗存为参考。

1. 遗迹现象

宗咱的遗迹均为石构，早期有沟，用圆石垒砌而成，建筑集中在晚期，平面呈方形，用石块垒砌墙体，石缝填以黏土，底面近墙处有石板，可能为柱础，居住面铺黄土，没有发现明显的门道和灶坑，并且建筑分两排呈弧形环绕山体，分布于山顶和山腰，故推测是具有军事防御性质的城堡，不是一般的居址。石岭岗均为近长方形木构建筑，F1 为地面式，居住面垫土，有门道和较为明显的活动面，不见火塘和墙体，F2 柱洞高低不平，推测是干栏式，灰坑为圆形和不规则的普通垃圾坑，石岭岗的遗迹可能更接近一般形制。

2. 生计方式

宗咱"肉眼可见的植物遗存有麦类作物"[2]，表明麦类至迟在青铜时代见于横断山区，但石岭岗鉴定出的 16 个植物种属不见麦类，而是以稻为主，另有块根块茎类、

① 刘鸿高：《滇西北地区旧石器至青铜时代人类活动与动植物资源利用研究》，兰州大学博士学位论文，2016 年。

② 李小瑞：《云南植物考古现状》，《南方文物》2016 年第 1 期。

粟、黍、棕榈、坚果等，家养动物和野生动物种类均较丰富，渔猎、采集、栽培、驯养兼营，反映出多元的生计方式①。石岭岗和宗咱分别位于横断山区的南北两端，我们推测两地生计方式的差异主要是环境因素造成的。位于横断山区中部的兰坪马鞍山的植物遗存情况可参考邻近的海门口，海门口一期以稻为主，粟次之；二期稻、粟并重，出现麦类作物；三期麦类迅速增长。根据碳十四校正数据，石岭岗与海门口三期年代相当，宗咱早期早于石岭岗，兰坪马鞍山又早于宗咱早期，我们大致可以看出横断山区稻、粟、麦三种主要作物可能的传播源流，同时可以看到横断山区早期人群对植物资源利用的选择性所反映的垂直地带性差异。

横断山区发现的作物遗存表明其存在早期农业活动，但农具难以确定。民族学资料可以提供一定参考，如在 20 世纪 50 年代的怒江傈僳族地区，由于坡耕土厚薄不均，土层下又多是岩石，加之铁犁较贵且不容易买到，使用的时候还容易被岩石碰坏，所以人们更常使用木犁②，这或许是农具很难在考古遗存中保存下来的原因之一。木制工具的使用在云南地区较为普遍，这有助于拓展我们对新石器遗存的认识。

又如网坠、石镞、石球等多被看作渔猎工具，根据这些工具在横断山区的出土情况，我们推测从新石器时代到青铜时代渔猎活动呈现强化的趋势，石岭岗以打制两侧缺口网坠为主的现象可能表明其人群对渔业的依赖性较强。横断山区的岩画资料也反映出当地丰富的野生动物资源，这些岩画多分布在金沙江及其支流沿岸的岩厦或岩洞壁上，下有较大面积的平台，"在调查过的 50 多处地点近百幅画面中，90% 以上是野生动物"③，另有人物、自然物、工具、符号，颜色以红色为主，用笔或手指绘制。

3. 体质人类学

根据石岭岗遗址墓葬出土人骨的研究我们可以得知，石岭岗人群主要死于中年，未见老年个体，可测量的 3 例男性颅骨标本均属蒙古人种，但表现为两种不同的类

① 刘鸿高：《滇西北地区旧石器至青铜时代人类活动与动植物资源利用研究》，兰州大学博士学位论文，2016 年。

② 王连芳：《王连芳云南民族工作回忆》，昆明：云南人民出版社，1999 年。

③ 李刚：《金沙江岩画的考察和保护初探》，《中华文化论坛》2007 年第 1 期。

型，一组更接近东亚和南亚类型，另一组更接近北亚类型，符合横断山区作为迁徙通道而呈现的人群体质特征较为复杂的特点。对肢骨的研究一方面与更北的从事猎牧经济的人群进行对比，能够反映不同的生计方式；另一方面能够推算出石岭岗人群的平均身高：男性 164.90 厘米、女性 159.19 厘米，其中石岭岗女性平均身高与同时期其他女性相比明显较高①。

四　小　结

由于横断山区新石器时代遗存不如青铜时代遗存那么丰富且清晰，所以我们通过对青铜时代遗存整体内涵的确认来验证新石器时代遗存的性质（图 3.21）。我们发现早年认为的新石器时代遗存与青铜时代遗存有诸多相似，尤其哥登类型与青铜时

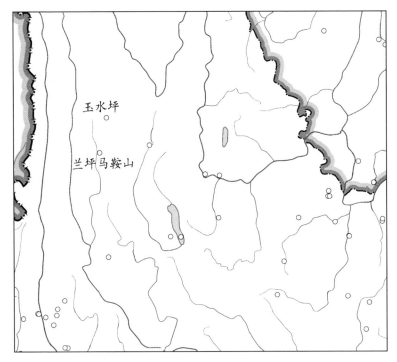

图 3.21　横断山区新石器时代（含过渡期）遗址分布示意图

---

① 赵东月、朱泓、康利宏、李志丹：《云南怒江石岭岗遗址人骨研究》，《江汉考古》2016 年第 2 期。

代遗存重合度较高，我们认为暂不宜将其看作新石器时代遗存。就目前的资料来看，横断山区仅有一处与海门口一期类似的兰坪马鞍山遗址，邻近的玉水坪遗址的新石器遗存具体情况不详，但很有可能与兰坪马鞍山类似，参照海门口一期的测年数据，横断山区这类新石器时代向青铜时代过渡的遗存大致距今 3700～3400 年，之后接续的可能是以哥登、宗咱早期、石岭岗为代表的青铜时代遗存。横断山区的新石器时代仍然有相当大的空白需要填补，这直接影响到将其作为文化传播通道的相关研究。我们认同霍巍提出一种可能是横断山区特殊的自然地理条件阻碍了文化的传播，直到青铜时代人群迁徙能力的增强突破了环境的限制，横断山区才开始在文化传播方面发挥越来越重要的作用①。

---

① 霍巍：《论横断山脉地带先秦两汉时期考古学文化的交流与互动》，《藏彝走廊：历史与文化》，成都：四川人民出版社，2005 年。

第四章　云南地区新石器时代考古学文化综述与比较研究

　　以上我们按照以点苍山－哀牢山为界所分的2个大区分别对云南地区9个地理单元的新石器时代考古学遗存进行了全面的梳理。在以往发现和研究的基础上，结合科技考古如测年、动植物分析、体质人类学等的最新成果，我们重新考量了每个地理单元原有的文化类型和相关遗存，尝试构建出每个地理单元从新、旧石器过渡阶段到青铜时代早期的考古学时空框架并还原当地人群的生存面貌。从每个地理单元内部遗存之间的相关性来看，基本符合我们所分的2个大区9个地理单元。虽然目前云南地区新石器时代考古学文化中还存在很多缺环，但并不妨碍我们以这2个大区9个地理单元为基础继续探讨云南地区的区域性、整体性以及与周边地区的关系。

第一节　云南地区新石器时代考古学文化综述

一　点苍山－哀牢山以东

　　点苍山－哀牢山以东明确的新石器遗存集中分布在滇中川西高原湖盆区的北部，

包括雅砻江下游流域、洱海地区和龙川江流域。

雅砻江下游流域目前已知的新石器遗存年代上限不超过距今 5000 年，但在距今 5000～4000 年间是连续发展的。在盐源盆地以皈家堡遗址为代表，安宁河谷的横栏山文化和董家坡遗存则分别以西昌和德昌为中心，关联性更强。在新石器时代向青铜时代过渡的阶段，安宁河谷北部有高坡遗存，多认为是北方地区南下文化与当地遗存相结合的产物，遗存中没有发现铜器并存在向乌蒙山西侧发展的过程，所以我们暂时仍将其看作过渡阶段的遗存；安宁河谷中部有礼州遗存，是在当地横栏山文化基础上发展而成，相当于早年提出的礼州类型的早期，礼州类型的晚期属青铜时代，所以礼州类型作为新石器文化地方类型已不能成立；安宁河谷南部会理地区相当于过渡阶段的遗存可能受到邻近的董家坡遗存的影响，也与隔金沙江相望的龙川江流域大墩子类型存在关联。雅砻江下游流域大致在距今 3500 年左右进入青铜时代，随着人群迁徙能力和资源开发能力的增强，在安宁河谷遍布外来特征明显的大石墓遗存，会理地区和盐源盆地也分别因铜和盐这两种重要资源的开发而兴盛起来。

洱海地区目前已知最早的银梭岛一期测年数据上限在距今 5000 年左右，其与雅砻江下游流域皈家堡遗址的关系值得进一步探讨。早年提出的白羊村类型可分早晚，早期是明确的新石器遗存，包括白羊村遗址早期和枣子坪遗址，年代大致在距今 4200～4000 年，可能在银梭岛一期基础上与雅砻江下游流域、龙川江流域有一定关联，晚期则包括白羊村遗址晚期、银梭岛二期、海门口一期等，是处在新石器时代向青铜时代过渡阶段的遗存，所以白羊村类型的主体应是早期遗存。参照海门口二期的测年数据，我们认为洱海地区进入青铜时代的时间应不晚于距今 3400 年左右。值得注意的是，洱海地区从过渡阶段开始呈现出一定的内部差异，如洱海以北多带耳、平底陶器，洱海以南多无耳、圜底陶器，至青铜时代区别更加明显，可能有来自不同文化传统的影响。

龙川江流域目前已知最早的大墩子类型与洱海地区的白羊村类型情况类似，也分早晚，早期包括大墩子遗址早期、菜园子遗址、大粟树箐遗址、磨盘地石板墓等，属新石器时代，晚期包括大墩子遗址晚期、磨盘地遗址、方家屯遗址、维的石板墓等，可能是过渡阶段，磨盘山遗址和墓葬则延续早晚。大墩子遗址未经校正的碳十四测定数据为距今 4000~3600 年，我们认为偏晚，大墩子类型的主体是早期遗存，年代范围应与白羊村类型相当。大墩子类型集中分布在龙川江流域北部靠近金沙江的下游地区，金沙江以北即雅砻江下游流域的会理地区。靠南的龙川江流域上游地区以墓葬遗存为主，多属青铜时代，年代可能要晚于距今 3600 年，反映出龙川江流域从新石器时代到青铜时代人群自北向南的流动。

点苍山 – 哀牢山以东其他 3 个地理单元的新石器时代遗存尚不十分明确，可能整体要晚于上述 3 个地理单元。

滇池地区早年提出的最具代表性的石寨山类型与青铜时代的石寨山文化高度重合，应是同一遗存，所以我们暂不使用石寨山类型的提法。滇池地区目前最有可能的新石器遗存是分布在杞麓湖沿岸的海东遗存，测年数据范围在距今 4200~4000 年，由于海东遗存有与青铜时代遗存接近或共存的现象，所以相关问题仍有待进一步明确。同样需要明确的是分布在滇池周边的诸多遗存，有的可能早至新石器时代，有的可能接近或属于青铜时代，由于信息量有限暂无法准确判断。同在杞麓湖沿岸的兴义二期是较为明确的青铜时代遗存，上限可能在距今 3600 年左右。滇池地区的青铜时代在距今 3000 年左右进入石寨山文化阶段并开始走向鼎盛，石寨山文化很可能是由滇池周边遗存向心发展而成。

滇东南地区的新石器遗存由于缺乏测年数据的支持，我们仅就其呈现的面貌做初步判断。滇东南地区的典型陶、石器具有整体性的特点，并与青铜时代遗存关联性较强，但存在内部差异。西部以倘甸遗址为代表，与当地青铜时代遗存接续发展，东部则更接近早年提出的小河洞类型，下限可能已进入青铜时代。所以小河洞类型的内涵需要再明确之后，方可作为滇东南地区新石器时代的一个地方类型，同理，倘甸遗址作为地方类型也需要更充分的资料。参考滇东南地区青铜时代未经校正的测年数据，我们认为其新石器时代的下限至少在距今 3000 年以前，但更进一步的认识仍有待考古工作的继续展开。

乌蒙山西侧虽然目前还没有发现明确的新石器遗存，但存在一类具有地方特色和过渡性质的遗存，以中水盆地的鸡公山遗址为代表，早期不见铜器，晚期出现小件铜器，早晚虽有差异但延续性较强。早期可能相当于新石器时代向青铜时代过渡的阶段，上限在距今 3400 年左右，晚期已进入青铜时代，应不晚于距今 3000 年。早期包括的小东门墓地位于乌蒙山西侧与雅砻江下游流域相接处，可以反映两地具有一定关联。同属早期的闸心场遗址由于资料有限且典型性不强，学界已基本不再使用早年提出的闸心场类型。晚期以昭鲁盆地的野石山遗址最为强势，受雅砻江下游流域高坡遗存影响明显，进而影响到中水盆地。乌蒙山西侧诸遗址之间的交流互动始终存在，反映出当地从新石器时代向青铜时代转变的过程。

二　点苍山－哀牢山以西

点苍山－哀牢山以西的怒江下游流域和澜沧江下游流域的共同特点是均发现了新、旧石器过渡阶段的遗存，但后续缺环较大。我们认为一种可能是当地优越的自然环境使人群能够相对容易地获取生存资源，而无须依赖如作物栽培或陶器制作等高投入的行为，导致新石器文化发展极为缓慢，难以在考古学面貌上呈现出明显的变化，直到较晚阶段甚至青铜时代前后才有了突破。

怒江下游流域新、旧石器过渡时期的塘子沟遗存分布在怒江和澜沧江之间的坝区，奠定了这一地区的石器技术传统，年代在距今8000～7000年。松山遗存可能是塘子沟遗存最早的继承者，相当于新石器早、中期，但年代仍然存疑。相当于新石器晚期的阶段，位于澜沧江以东的新光遗存内涵尤为丰富，并向西一直影响到瑞丽江流域，称新光类型，是整个点苍山－哀牢山以西最具代表性的新石器遗存，年代在距今4600～4100年。早年提出的大花石早期类型实际上相当于新石器时代向青铜时代过渡的阶段，年代在距今4000～3500年。大花石晚期遗存则属于青铜时代，年代在距今3300年左右。怒江下游流域所见的打制双肩石器多分布在怒江和澜沧江沿岸的高山峡谷地带，磨制双肩石器多分布在靠南的坝区和台地，是明确的青铜时代工具，最早可能出现在新石器时代向青铜时代过渡的阶段。

澜沧江下游流域处在新、旧石器过渡时期的娜咪囡遗址位于流域南端与东南亚接壤的地带，年代在距今22000～10000年，延续时间很长。后续的流域北部忙怀类型、流域中部石佛洞类型和流域南部曼蚌囡类型主体均已进入青铜时代，青铜时代的上限不超过距今3500年，可能存在新石器时代向青铜时代过渡阶段的遗存。澜沧江下游流域沿岸打制双肩石器因素的典型性随地势自北向南降低而递减，在中部和南部分别以小型磨制梯形石器和大型磨制梯形石器为主，可能与不同环境下人群的生存方式有关。

横断山区目前已知最早的兰坪马鞍山遗址与海门口一期内涵近似、年代相当，同为新石器时代向青铜时代过渡的遗存，大致距今 3700～3400 年，我们推测与兰坪马鞍山邻近的玉水坪遗址很可能也属同类遗存。横断山区青铜时代遗存的整体内涵较为明确，基本可以建立起"宗咱早期→石岭岗→宗咱晚期"的序列，年代不早于距今 3000 年。通过比较我们发现早年提出的哥登类型与青铜时代遗存高度重合，已不能作为横断山区新石器时代考古学文化的代表，横断山区新石器时代仍存在相当大的空白。打制双肩石器也见于横断山区的高山深谷中，但暂时没有早于青铜时代的证据。

三　小　结

通过研究我们可以看到，云南地区与新石器时代相关的最早遗存均位于点苍山－哀牢山以西的怒江、澜沧江下游流域的南部，属新、旧石器过渡时期，预示着新石器文化本地起源的可能性，但与后续新石器遗存之间有很多缺环需要填补。云南地区明确的新石器遗存多位于点苍山－哀牢山以东的北部地区，包括雅砻江下游流域的皈家堡遗存、横栏山文化、董家坡遗存，洱海地区的银梭岛一期和白羊村早期，龙川江流域的大墩子早期，点苍山－哀牢山以西仅有怒江下游流域的新光类型，可能还包括滇池地区的海东遗存以及滇东南地区的倘甸遗存和小河洞类型，年代范围大致在距今 5000～4000 年，横断山区、乌蒙山西侧和澜沧江下游流域暂未发现典型新石器遗存的线索。我们认为云南地区存在一个从新石器时代向青铜时代过渡的阶段，遗存普遍分布于多个地理单元，年代范围大致在距今 4000～3500 年，点苍山－哀牢山以东有雅砻江下游流域的高坡、礼州、会理地区遗存，洱海地区的白羊村晚期、银梭岛二期、海门口一期，龙川江流域的大墩子晚期，乌蒙山西侧的鸡公山遗存，点苍山－哀牢山以西有怒江下游流域的大花石早期，澜沧江下游流域的忙怀类型、石佛洞类型、曼蚌囡类型，横断山区的兰坪马鞍山遗存。在距今 3500～3000 年的阶段，云南地区各地先后进入青铜时代（图 4.1，表 4.1）。

表4.1　云南地区新、旧石器过渡阶段至青铜时代早期考古学文化序列

分区 / 年代	点苍山－哀牢山以西			点苍山－哀牢山以东					
	横断山区	怒江下游流域	澜沧江下游流域	雅砻江下游流域	洱海地区	龙川江流域	滇池地区	滇东南地区	乌蒙山西侧
距今3500~3000年	哥登	大花石晚期	石佛洞	大石墓、盐源、会理	银梭岛三期、海门口二期、清华洞	孙家屯	兴义二期		鸡公山、野石山
距今4000~3500年	兰坪马鞍山	大花石早期	忙怀、曼蚌囡	礼州早期、会理、高坡	银梭岛二期、白羊村晚期、海门口一期	大墩子晚期		倘甸、小河洞?	
距今5000~4000年		新光		皈家堡、横栏山、董家坡	银梭岛一期、白羊村早期、枣子坪	大墩子早期	海东		
距今7000~5000年		松山?							
距今8000~7000年		塘子沟							
距今22000~10000年			娜咪囡						

第二节　云南地区新石器时代考古学文化比较研究

在对云南地区 2 个大区 9 个地理单元新石器时代考古学文化面貌进行纵向梳理的基础上，可以展开横向的比较。比较不仅限于云南地区内部，而是涉及整个云南地区的外围。我们将分别以各地理单元为中心，考察其与周边地区新石器时代考古学文化的关系，以探讨这些遗存在发展过程中交流互动的可能性。

一　以雅砻江下游流域为中心的比较

雅砻江下游流域位于云南高原的最北端，处在连接云南高原和川西高原、四川盆地的关键位置，是云南地区新石器时代遗存年代较早、内涵较丰富且序列较完整的地理单元，对于探讨云南地区新石器文化的源流至关重要。

川西高原和四川盆地最早的新石器遗存均位于北部，分别以大渡河上游流域的哈休遗存和岷江上游流域的营盘山文化为代表，两者时空范围接近，面貌亦相似。哈休遗存陶片多泥质灰、褐色系，绳纹逐渐被素面取代，唇部饰绳纹或锯齿纹和平底的特征典型，器形以侈口卷沿深腹罐为主，另有敛口或敞口的盆、钵和小口尖底瓶、喇叭口瓶，早期多磨制石器，晚期打制石器和细石器渐增[1]。营盘山文化与之区别主要在于陶片夹砂、纹饰、小平底和磨制小型石器较多，有部分圈足[2]。由于两者均包含庙底沟类型和马家窑文化的因素，年代明显较早，上限可至距今 5500 年左右，奠定的传统可能影响到雅砻江下游流域，横栏山文化比董家坡遗存更接近这两类遗存（图 4.2）。

晚于哈休遗存和营盘山文化的有大渡河中游流域的罕额依遗存、大渡河下游流

① 阿坝藏族羌族自治州文物管理所、成都文物考古研究所、马尔康县文化体育局：《四川马尔康县哈休遗址 2006 年的试掘》，《南方民族考古》（第六辑），北京：科学出版社，2010 年。

② 成都市文物考古研究所、阿坝藏族羌族自治州文管所、茂县博物馆：《四川茂县营盘山遗址试掘报告》，《成都考古发现》（2000），北京：科学出版社，2002 年。

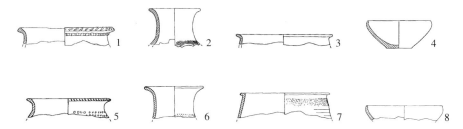

图 4.2 川西高原、四川盆地与雅砻江下游流域早期陶器对比

1、5. 侈口罐（哈休 H5：41、横栏山 T201③：22） 2、6. 喇叭口瓶/壶（茂县营盘山 T10④：33、横栏山 H2：1） 3、7. 折沿盆（哈休 H2：27、横栏山 2004T201④：50） 4、8. 敛口钵（茂县营盘山 T8①：1、经久马鞍山 H4：6）

域的汉源地区遗存和成都平原的宝墩文化。宝墩文化仍以灰、褐色系陶片为主，泥质逐渐被夹砂取代，纹饰丰富，有压印、刻划、戳点、镂孔、附加堆纹等，但唇部装饰减少，器形呈现出折沿、钵形口、圈足的发展趋势，侈口罐和喇叭口罐或壶典型，磨制小型石器精细①。汉源地区以麦坪、龙王庙遗址为代表，以夹砂红褐陶为主，纹饰同样丰富，唇部装饰和外沿下附加堆纹、卷沿、平底仍然典型，有部分圈足，器形以侈口罐、喇叭口罐或壶、敞口钵为主，少量打制石器中有两侧缺口网坠②。邻近的雅安打制双肩石器属青衣江流域，与青铜时代遗物共存③。罕额依遗存从夹砂红褐陶、细绳纹向泥质灰陶、素面转变，后出带耳罐、圈足器、细石器，下限较晚④。这些遗存明显是在哈休遗存和营盘山文化的基础上发展起来，相比于成都平原的宝墩文化，横栏山文化和董家坡遗存更接近大渡河下游流域的面貌，汉源地区与雅砻江下游流域北部接壤，交流最为直接，罕额依则可能与高坡遗存有关（图 4.3）。

① 中日联合考古调查队：《四川新津县宝墩遗址 1996 年度发掘简报》，《考古》1998 年第 1 期。

② 大渡河中游考古队：《四川汉源县 2001 年度的调查与试掘》，《成都考古发现》（2001），北京：科学出版社，2003 年；四川省文物考古研究院、雅安市文物管理所、汉源县文物管理所：《四川汉源县麦坪新石器时代遗址 2007 年的发掘》，《考古》2008 年第 7 期；四川省文物考古研究院、雅安市文物管理所、汉源县文物管理所：《四川汉源龙王庙遗址 2009 年发掘简报》，《东方考古》（第 8 集），北京：科学出版社，2011 年；四川省文物考古研究院、雅安市文物管理所、汉源县文物管理所：《四川汉源县龙王庙遗址 2008 年发掘简报》，《四川文物》2013 年第 5 期。

③ 四川省文物考古研究院、雅安市文物管理所：《2005 年雅安沙溪遗址发掘简报》，《四川文物》2007 年第 3 期。

④ 四川省文物考古研究所、甘孜藏族自治州文化局：《丹巴县中路乡罕额依遗址发掘简报》，《四川考古报告集》，北京：文物出版社，1998 年。

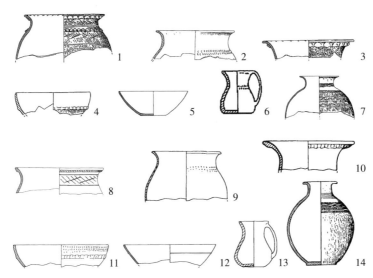

图4.3　川西高原、四川盆地与雅砻江下游流域晚期陶器对比

1、2、8、9. 侈口罐（龙王庙 T3945⑧：7、麦坪 H4：2、横栏山 2004T102④：52、经久马鞍山 H1：8）
3、7、10、14. 喇叭口罐/壶（龙王庙 T3881、龙王庙 T3649⑦：2、西昌营盘山 T3⑥：16、礼州 BM4：24）
4、5、11、12. 敞口钵（麦坪 H4：13、麦坪 IIH77：3、经久马鞍山 T1⑧：50、横栏山 H3：8）　6、13. 垂
腹罐（罕额依 90DZhT1⑥：84、大洋堆 M9：3）

　　可以看到，从川西高原和四川盆地到雅砻江下游流域的新石器遗存一脉相承，
自北向南上限越来越晚，其中川西高原的大渡河流域是雅砻江下游流域新石器遗存
的主要来源，有研究认为雅砻江下游流域与四川盆地中心区的联系似乎因高山的阻
隔显得比较间接①。

　　云南地区内部与雅砻江下游流域关系最为紧密的是洱海地区和龙川江流域。

　　洱海地区新石器遗存的上限虽然早于雅砻江下游流域，但两地现有的资料仍然
具有可比性。银梭岛一期陶色偏灰黑，细密点线纹典型，与绳纹多构成网格纹，有
唇部装饰和外沿下附加堆纹，器形以喇叭口罐或壶和侈口卷沿或折沿的罐或盆为主，
钵为敛口，纹饰和器形的基本特点与雅砻江下游流域一致，石器中打磨两侧缺口网
坠数量最多的特点反映了银梭岛一期人群对渔业的依赖性较大，磨制石器偏小型。
白羊村早期从年代和特征上更接近雅砻江下游流域，枣子坪遗存尤为明显。但从新
石器时代向青铜时代过渡阶段开始，两地逐渐呈现出不同的面貌。我们认为雅砻江

---

① ［德］安可·海因著，张正为译，李永宪校：《青藏高原东缘的史前人类活动——论多元文化"交汇
点"的四川凉山地区》，《四川文物》2015 年第 2 期。

下游流域对洱海地区新石器遗存的形成和发展有着重要影响，两地互动的趋同程度在新石器时代呈上升趋势，交流的路径除了雅砻江、安宁河、金沙江等河谷地带，可能还包括盐源盆地，盐源盆地的重要性有待考古发现去证明（图4.4）。

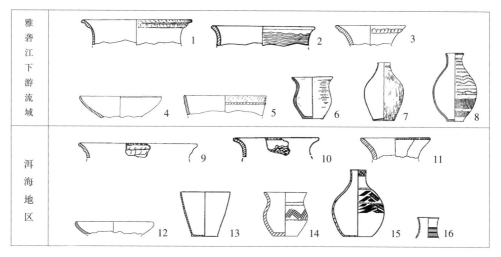

图4.4　雅砻江下游流域与洱海地区陶器对比

1、2、6、9、10、14. 侈口罐（经久马鞍山H1：3、西昌营盘山T3⑥：54、杨家山M3：7、银梭岛T23⑰：55、银梭岛T24⑰：52、枣子坪H35：7）　　3、11. 喇叭口罐/壶（经久马鞍山T1⑦：19、银梭岛T23⑭：14）　　4、5、12、13. 敞口钵（经久马鞍山H1：7、横栏山T203④：2、银梭岛T10⑰：15、枣子坪M22：2）　　7、8、15、16. 小口罐/壶（小营盘XM20：1、礼州AM10：99、枣子坪H35：1、枣子坪T58③：258）

雅砻江下游流域与龙川江流域隔金沙江相望，两地新石器遗存的相似性已多有论及。大墩子早期陶片几乎均夹砂，陶色从灰黑、灰褐向红褐转变，以刻划纹和点线纹为主，多平底或小平底，有少量圈足，器形以侈口折沿罐为主，唇部或口沿内侧多饰纹，另有喇叭口罐或壶、敛口或敞口钵、瓶类器等，与横栏山文化和董家坡遗存相似度均较高。大墩子晚期变化较大，多夹砂红陶，素面大宗，出现泥质陶、器耳，小平底多内凹，侈口罐多为卷沿，体型高大近瓮类，与礼州遗存和会理地区处在过渡时期的遗存类似。龙川江流域石器变化不大，始终以磨制梯形或长条形斧、锛、凿为主。由于大墩子早期年代上限晚于雅砻江下游流域的新石器遗存，其形成和发展过程应受到雅砻江下游流域的较大影响，与地理位置接近的董家坡遗存和会理地区联系更为紧密（图4.5）。

雅砻江下游流域与乌蒙山西侧的联系主要体现在高坡遗存的南传，典型器的基本形态在两地保持一致，年代差距不大，表现为较快速的传播，应有更早的交流奠定

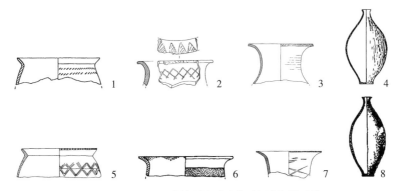

图 4.5　雅砻江下游流域与龙川江流域陶器对比

1、2、5、6. 侈口罐（横栏山 T201③：29、董家坡 T1④：12、菜园子 T5250④：6、磨盘地 T4040②：7）
3、7. 喇叭口罐/壶（横栏山 H3：13、大墩子 T5⑧：1）　　4、8. 小口瓶（小营盘 09SHLXM21：1、大墩子 T3③：6）

基础。小东门随葬侈口折沿罐、喇叭口罐或壶和鸡公山文化钵形口罐的唇部装饰，以及向上角形鏊罐侈口卷沿或折沿的原始形态，均可能来自横栏山文化和董家坡遗存的影响（图 4.6）。

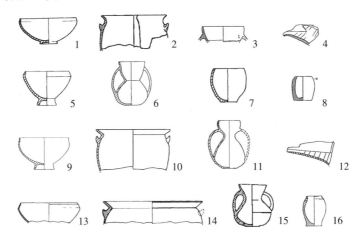

图 4.6　雅砻江下游流域与乌蒙山西侧陶器对比

1、5、9、13. 折肩钵/豆（高坡 T1③：1、大洋堆 M4：1、野石山 DT1013③下：39、鸡公山 K3：3）　　2、
10、14. 侈口罐（高坡 T1③：51、野石山 DT1214③下：10、威宁中水营盘山 ⅢT0701③：27）　　3、6、
11、15. 垂腹罐（高坡 TS02E03③：3、大洋堆 M9：1、野石山 DT1013③下：16、鸡公山 K39：1）
4、12. 管状流（高坡 T1③：13、野石山 DT1012③中：50）　　7、8、16. 敛口杯（大洋堆 M2：3、小东门 M16：3、鸡公山 K4：13）

早年凉山州调查在州境东北的马边发现类似雅安的打制双肩石器，在南部的会理、会东发现的有段石锛是金沙江以南的因素，在雅砻江以西发现的长条形多孔石刀与齐家文化同类器非常相似，这些都是探讨雅砻江下游流域与周边地区交流互动

的线索，但简报中认为的打制长条形石锄与忙怀类型的联系则较难成立①。

　　雅砻江下游流域作为云南地区与以北地区交流的重要通道，最早受到南下的北方文化的影响，并首先与洱海地区共同奠定了本地新石器文化的传统，稍晚影响到金沙江以南的龙川江流域，最后影响了乌蒙山西侧过渡时期的遗存。主要的传播顺序和方向大致可概括为先自北向南、后自西向东，其新石器文化的主要来源是北方地区。

二　以洱海地区为中心的比较

　　洱海地区相比于滇池地区，在新石器时代就形成了文化的中心，并很快与周边地区建立联系。

　　洱海地区与怒江下游流域的新光类型地理位置最为接近，面貌亦有诸多相似。新光类型泥质陶比例较高的情况与银梭岛一期相同，两地均以夹砂灰、褐陶为主且红陶逐渐增多。洱海地区最早流行的细密点线纹与新光类型特色的细密刻划纹构成的平行线纹、折线纹、网格纹一致，之后均以刻划纹为主。新光类型曲线纹饰的衰微可能与洱海地区的影响有关，同样衰微的还有外沿下附加堆纹，唇部装饰相对较多。两地均以平底为主，晚期圜底、圈足渐多，典型器均为侈口卷沿罐。虽然陶器群差异较大，但仍可见一些交流的因素（图4.7）。

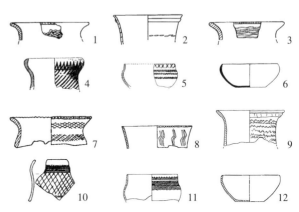

图 4.7　洱海地区与怒江下游流域陶器对比

1、7. 侈口罐（银梭岛 T24⑰：52、新光 T1104⑤A：62）
2、3、8、9. 喇叭口罐/壶（枣子坪 T59④：138、银梭岛 T23⑬：17、新光 T39⑦B：15、新光 T40⑪：20）　4、10. 敛口罐/壶（白羊村 T5：61、新光 T11⑤A：19）　5、11. 直口钵（白羊村 T5：90、新光 T1207⑪：32）　6、12. 敛口钵（马龙、新光 T1608G3③：3）

　　洱海地区与龙川江流域的新石器遗存均主要受雅砻

①　黄承宗：《四川凉山州新石器时代文化调查》，《考古与文物》1990 年第 4 期。

江下游流域影响，基本特征一致。洱海地区最早流行的点线纹可能影响了董家坡遗存和大墩子晚期点线纹的流行，但龙川江流域与雅砻江下游流域的联系更为紧密，小平底较多，圜底少见，以侈口折沿罐为主。龙川江流域还与怒江下游流域的新光类型共有口沿内侧饰纹的装饰风格并包含新光类型典型的直口罐，洱海地区南部边缘可能存在交流的通道，釜亦多见于龙川江上游较晚的墓葬遗存中。

洱海以北的横断山区虽然新石器遗存面貌暂不清楚，但在新石器时代向青铜时代过渡的阶段出现了与海门口一期非常近似的兰坪马鞍山遗存，表明洱海地区人群在青铜时代以前就开始向横断山区拓展（图4.8）。

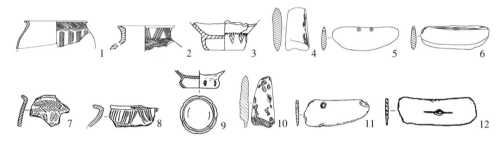

图4.8　洱海地区与横断山区陶、石器对比

陶器：1. 卷沿罐（海门口 DT1304⑧：50）　　2. 喇叭口罐/壶（海门口 DT1801⑧：107）　　3、9. 圈足器（海门口 DT1801⑨：112、兰坪马鞍山 MAS-063）　　7、8. 折沿罐（兰坪马鞍山 MAS-064-8、兰坪马鞍山 MAS-018-12）

石器：4、10. 石斧（海门口 AT2004⑧：1、马鞍山 MAS-19）　　5、6、11、12. 石刀（海门口 DT1005⑨：1、海门口 AT2001⑧：1、马鞍山 MAS-21-2、马鞍山 MAS-32）

洱海以南的澜沧江下游流域受无量山、哀牢山的阻隔，与洱海地区联系有限。祥云、弥渡境内发现的打制石器不一定要与藏东高原的卡若文化建立联系，而更可能与忙怀类型相关，石佛洞类型典型的陶釜则可能是洱海地区圜底因素的来源。

三　以龙川江流域为中心的比较

龙川江流域由于东、西均有山脉分布，南北向的交通更为直接，故早于龙川江流域的新石器遗存对其的影响以雅砻江下游流域为主，洱海地区次之。大墩子早晚期丰富的石、骨、角、牙、蚌器工具与洱海沿岸以外的宾川、永胜、剑川等地遗存所见种类和器形的一致性较强，可能人群的生计方式相似。早年阚勇在大墩子类型的研究中提及元谋龙街和下棋柳遗址出土少量高足陶杯，应与会理地区青铜时代墓葬所出同类器相似。

龙川江流域与滇池地区的联系从新石器时代延续到青铜时代。大墩子类型及过渡时期遗存与滇池地区早期遗存陶器基本特征变化一致，滇池地区少见的侈口折沿罐应是受大墩子类型影响，大墩子遗址晚期出现一件特殊的鸡形陶壶则是海东遗存典型的仿生式陶器，交流的中介在禄丰境内的星宿江流域，两地石器种类和器形亦相似，有资料提及大墩子遗址 1981 年发现有段石锛①，应是来自邻近的星宿江流域或禄劝营盘山遗址。龙川江流域上游以青铜时代遗存为主的孙家屯墓葬与石寨山文化有较多相似的因素，如束颈小瓶见于安宁太极山土坑墓②、底部带叶脉纹的单耳罐见于昆明羊甫头土坑墓③、平底小盘与石寨山遗址 1955 年文化层所出平底小钵类似，表明孙家屯墓地下限已经非常接近石寨山文化。另外，大墩子遗址晚期典型的侈口深腹罐可能是石寨山文化侈口弦纹罐的原型（图 4.9、4.10）。

由于山脉的阻隔，龙川江流域与乌蒙山西侧、澜沧江下游流域在新石器时代的联系并不明显。

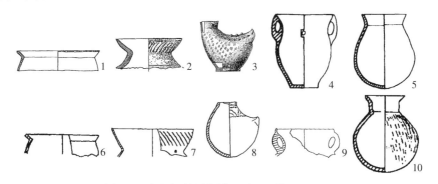

图 4.9　龙川江流域与滇池地区早期陶器对比

1、2、6、7. 侈口罐（菜园子 T5252④：31、大墩子 T10⑧：1、禄劝营盘山 89YLY：70、禄劝营盘山 89YLY：51）　3、8. 鸡形壶（大墩子 W9：2、海东采：04）　4、9. 双耳罐（孙家屯 M34：1、禄劝营盘山 89YLY：74）　5、10. 釜（孙家屯 M15：4、海东 TG1②：2）

①　葛季芳：《对元谋大墩子遗址社会性质的探讨》，《云南社会科学》1987 年第 4 期。

②　云南省文物工作队：《云南安宁太极山古墓葬清理报告》，《考古》1965 年第 9 期。

③　云南省文物考古研究所、昆明市博物馆、官渡区博物馆：《云南昆明羊甫头墓地发掘简报》，《文物》2001 年第 4 期。

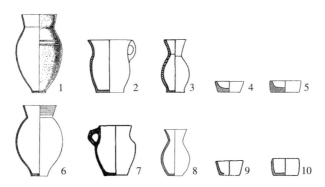

图 4.10　龙川江流域与滇池地区石寨山文化陶器对比
1、6. 侈口罐（大墩子 W12：1、上马村五台山 M9：4）　2、7. 单耳罐（孙家屯 M24：11、
羊甫头 M337：2）　3、8. 束颈瓶（孙家屯 M7：14、太极山 M12：10）　4、5. 平底盘（孙
家屯 M33：2、孙家屯 M18：6）　9、10. 平底钵（均为石寨山 1955）

四　以乌蒙山西侧为中心的比较

乌蒙山西侧除东北部外，周围均有连续的山脉分布，地理环境较为封闭，新石器遗存起源较晚，多处在新石器时代向青铜时代过渡的阶段，明显受到雅砻江下游流域的影响，但自身也形成了独具特色的器物群，钵形口罐和细长颈小平底瓶在整个云南地区最为典型。

乌蒙山西侧与滇池地区的联系主要体现在滇池以北的禄劝境内遗存，除禄劝营盘山遗址外，还有营盘包石板墓①，两地在共同受到雅砻江下游流域影响的基础上存在一定交流，至青铜时代由于青铜冶铸而兴起的东川玉碑地遗址成为连接两地的重要中介②。早年被纳入石寨山类型的宣威格宜尖角洞遗址代表了乌蒙山区的洞穴遗存，我们认为这类遗存的年代已经非常接近石寨山文化，数量最多的钵形口罐应与乌蒙山西侧的典型因素有关，仍有唇部装饰和口沿附加堆纹的现象（图 4.11）。

乌蒙山东侧是贵州高原新石器遗存集中分布的地区，大致可分为以六枝老坡底遗址群为代表的南部和以毕节瓦窑遗址为代表的北部。老坡底夹砂黄褐陶偏红、方格

---

① 昆明市博物馆、凉山州博物馆、禄劝县文物管理所、会理县文物管理所：《金沙江中游地区两处新石器时代石棺葬的发掘》，《考古》2007 年第 11 期。

② 蒋志龙、朱忠华：《云南东川玉碑地遗址考古发掘的重要收获》，《中国文物报》2014 年 1 月 3 日第 008 版。

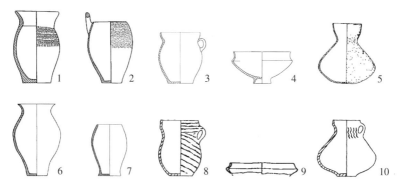

图 4.11　乌蒙山西侧与滇池地区陶器对比

1、6. 侈口罐（小东门 M9：1、营盘包 AM3：2）　　2、7. 敛口杯（小东门 M11：1、营盘包 AM6：1）
3、8. 单耳罐（野石山 DT1114③上：46、禄劝营盘山 89YLY：38）　　4、9. 折肩钵/豆（野石山
DT1012③中：49、小平山 T13⑤：5）　　5、10. 垂腹罐（马厂、禄劝营盘山 89YLY：45）

纹和陶釜典型①，瓦窑夹砂黄褐陶偏灰、绳纹和陶罐典型②，前者可能来源于六枝以
南的圜底器系统，后者可能来源于贵州高原中部的平坝飞虎山洞穴遗存③。瓦窑遗址
叠压新石器遗存的文化层包含石范和小件铜器，陶器以夹砂红褐陶为主，泥质陶
和黑皮陶增多，纹饰和器形种类均较丰富，小平底有的内凹，圈足次之，器形有
侈口罐、喇叭口束颈罐或壶、长颈罐或壶、敞口钵或豆、纺轮、穿孔网坠等，窑
址火孔内木炭的碳十四测年数据为距今 2950 ± 125 年、树轮校正为距今 3210 ± 175
年④，年代与鸡公山遗存相当，但面貌差异较大。孙华认为两地"距离不过二三十千
米，在同一时期同一地域的文化，其文化面貌不可能有如此大的差异"⑤，因此怀疑
瓦窑遗址碳十四测年数据的真实性。实际上瓦窑遗址与鸡公山遗存所在的中水盆地直
线距离近 120 千米，两者分别位于乌蒙山东、西两侧，地理阻隔造成的面貌差异十分正
常，瓦窑遗址多受到以北的四川盆地同时期遗存的影响⑥。整个乌蒙山区新石器时代

①　《中国文物报》编辑部：《贵州六枝老坡底抢救发掘新石器时代聚落遗址群》，《中国文物报》2005 年
　　10 月 5 日第 001 版。
②　贵州省博物馆：《贵州毕节瓦窑遗址发掘简报》，《考古》1987 年第 4 期；张合荣：《毕节青场瓦窑商
　　周遗址发掘主要收获》，《贵州文史丛刊》2010 年第 1 期。
③　李衍垣：《贵州的新石器与飞虎山洞穴遗址》，《贵州社会科学》1982 年第 4 期。
④　贵州省博物馆：《贵州毕节瓦窑遗址发掘简报》，《考古》1987 年第 4 期。
⑤　孙华：《滇东黔西青铜文化初论——以云南昭通及贵州毕节地区的考古材料为中心》，《四川文物》
　　2007 年第 5 期。
⑥　张合荣：《毕节青场瓦窑商周遗址发掘主要收获》，《贵州文史丛刊》2010 年第 1 期。

向青铜时代过渡阶段的遗存也有一些共性,如包含少量泥质陶,小平底和圈足较多,其中尖角洞和瓦窑小平底内凹,除瓦窑外均发现有肩有段石器,应是来自以南地区的因素。

乌蒙山西侧东北部虽与四川盆地相连,但新石器面貌不明确,多为青铜时代巴蜀文化的遗存。

五　以滇东南地区为中心的比较

滇东南地区新石器遗存分东、西部。西部典型因素为夹砂红陶、素面、侈口折沿罐或釜、敞口盆或钵、浅腹盘、磨制长梯形或长条形斧或锛,东部典型因素为夹砂灰褐陶、绳纹、侈口卷沿罐或釜、磨制平肩斧或锛。

滇东南西部与澜沧江下游流域虽以哀牢山为界,但面貌有一定相似性。夹砂红陶见于北部的忙怀类型,其他因素差异较大;陶釜在中部的石佛洞类型最为典型;相似度最高的是南部的曼蚌囡类型,陶器的种类和石器的主要形制一致,亦有磨制平肩斧、锛,应是地理位置和自然环境最为接近所致。

滇东南东部与广西盆地相连,广西盆地丰富的新石器遗存可以补充滇东南东部资料的不足,同时也是滇东南新石器遗存可能的来源。我们通过对广西盆地新石器遗存基本面貌的把握并结合许永杰、彭万的研究[1],大致将其分为早、中、晚三期。广西盆地西部最早的新石器遗存集中出现在百色盆地和南宁地区,以百达一期的大量打制石器为典型[2],陶器均为夹砂、绳纹、釜罐类,顶蛳山一期遗物较少,似稍早于百达一期,一件直口釜口沿附加堆纹且唇部压印纹[3],年代范围在距今10000～8000年。新石器中期繁荣的顶蛳山文化除了顶蛳山二、三期和豹子头早、晚期[4],还

---

① 许永杰、彭万:《广西盆地新石器时代遗存分期及相关问题》,《北方文物》2013年第3期。

② 《南方文物》编辑部:《2005年度南方地区考古新发现》,《南方文物》2006年第3期。

③ 中国社会科学院考古研究所广西工作队、广西壮族自治区文物工作队、南宁市博物馆:《广西邕宁县顶蛳山遗址的发掘》,《考古》1998年第11期。

④ 中国社会科学院考古研究所广西工作队、广西壮族自治区文物工作队、南宁市博物馆:《广西南宁市豹子头贝丘遗址的发掘》,《考古》2003年第10期。

应包括百达二期、革新桥①、北大岭早期②、鲤鱼坡③、扶绥敢造和江西岸④，涵盖了广西盆地西部的大部分地区，以夹砂褐陶为主，多饰绳纹和篮纹，陶釜典型，直口微敛或微敞，腹部或直或鼓，有少量高领罐，多磨制梯形斧、锛，其中百达二期、革新桥、北大岭早期为石器制造场所，年代范围在距今8000~5000年。新石器晚期泥质陶、圈足器和磨制双肩石器开始兴起，亦有少量打制双肩石器，纹饰和器形种类均较丰富，陶器仍以夹砂、绳纹、圜底为主，以北大岭晚期和大龙潭⑤为代表的大石铲遗存可能稍早于感驮岩一期⑥，年代范围在距今5000~4000年。我们认为不能忽视感驮岩二期早段出土的石范和二期晚段诸多明显偏晚的因素，表明感驮岩二期可能已进入青铜时代，测年范围在距今3800~2800年，与岜马山岩洞葬内涵接近⑦，顶蛳山四期与感驮岩二期有很多相似的因素，两者年代也应相当。广西盆地西部靠南的左江流域崇左地区几处遗存均以打制石器为主，冲塘和江边不见陶器，何村仅见几片夹砂釜罐类残片，其中冲塘最为特殊，早期流行磨制小型石器、晚期流行打制大型石器，大量玻璃陨石器另见于顶蛳山一、二期，这几处遗存年代可能较早⑧。广西盆地西部新石器遗址类型以河岸贝丘为主，集中分布在南宁地区的左、右江和邕江沿岸，百色盆地的右江流域多河岸台地遗址，与滇东南东部最为接近的那坡境内为洞穴遗址，遗存年代自东向西越来越晚，表明文化存在自东向西传播的过程，滇东南东部小河洞类型也符合广西盆地西部的文化传统，应主要受后者影响。值得注意的是，广

①　广西壮族自治区文物工作队：《广西百色市革新桥新石器时代遗址》，《考古》2003年第12期。

②　林强、谢广维、宁永勤：《广西都安北大岭遗址考古发掘取得重要成果》，《中国文物报》2005年12月2日第001版。

③　王年红：《隆安发现一处贝丘遗址》，《南宁日报》2008年6月23日第001版。

④　广西壮族自治区文物考古训练班、广西壮族自治区文物工作队：《广西南宁地区新石器时代贝丘遗址》，《考古》1975年第5期。

⑤　广西壮族自治区文物工作队：《广西隆安大龙潭新石器时代遗址发掘简报》，《考古》1982年第1期。

⑥　广西壮族自治区文物工作队、那坡县博物馆：《广西那坡县感驮岩遗址发掘简报》，《考古》2003年第10期。

⑦　广西壮族自治区文物工作队、南宁市文物管理委员会、武鸣县文物管理所：《广西武鸣岜马山岩洞葬清理简报》，《文物》1988年第12期。

⑧　何安益、陈曦：《广西崇左冲塘新石器时代贝丘遗址发掘新收获》，《中国文物报》2008年5月9日第005版；何安益、杨清平、宁永勤：《广西左江流域贝丘遗址考古新发现及初步认识》，《中国历史文物》2009年第5期。

西盆地新石器墓葬以长方形竖穴土坑墓为主，各式屈肢葬特色，另有蹲踞葬和肢解葬，多不见随葬，少有石、骨、蚌器，有大石压身的现象，这些葬俗在当地起源均较早，且延续时间很长，可作为云南地区类似葬俗来源的参考（图4.12）。

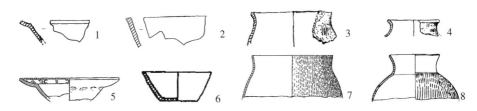

图 4.12　滇东南地区与澜沧江下游流域、广西盆地陶器对比

1、5.敞口盘（倘甸93GTT5④：11、石佛洞T30⑦：168）　2、6.敞口盆/钵（倘甸93GTT5④：19、曼景兰）　3、7.侈口罐/釜（铜木犁、豹子头T127⑤：2）　4、8.高领罐（铜木犁、感驮岩AT01②：69）

　　滇东南以南进入越南北部红河平原，新石器起源同样较早。有研究梳理了红河平原新石器遗存的文化序列，大致为"北山文化→多笔文化→冯原文化"[①]。北山文化陶器粗糙，绳纹逐渐流行，磨刃石器典型，年代范围在距今8000~6500年，是在新、旧石器过渡的和平文化的基础上发展而成。和平文化的单面打制砾石石器传统在整个东南亚地区具有普遍意义，上限可早至距今12000年。多笔文化多贝丘遗址，以夹砂灰褐陶为主，有绳纹和篮纹，器形为单一的釜，敞口、敛口或直口，石器以磨制梯形斧、锛为主，年代范围在距今6500~5000年。冯原文化陶片多绳纹和刻划纹，出现圈足，器形明显丰富，磨制石器更加精细，多小型梯形近正方形或长方形斧、锛，新增双肩和靴形石器，年代上接多笔文化，下限已进入青铜时代。越南北部沿海地带为"查卑文化→下龙文化"的发展序列，共有饰绳纹、刻划纹、贝印纹的圜底或平底粗陶和磨制双肩石器，查卑文化双肩石器较原始，下龙文化有有肩有段石器和大石铲。屈肢葬最早见于和平文化，多笔文化另有蹲踞葬，不见肢解葬。不难看出，越南北部红河平原及其沿海地带与广西盆地的新石器文化面貌、发展过程一致性较强，应共同对滇东南地区产生影响（图4.13）。

　　滇东南地区的新石器遗存很可能主要来源于广西盆地和红河平原，并有可能进一步影响到滇池地区。

---

① 张利敏：《越南北部红河下游地区史前文化研究》，广西师范大学硕士学位论文，2013年。

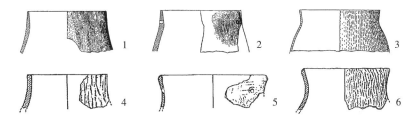

图 4.13　广西盆地与红河平原陶器对比

1、2、4. 直口釜（豹子头 T4∶H3、西津 Td2∶2b∶43、多笔）　　3、5、6. 侈口釜（豹子头 T127⑤∶2、多笔、多笔）

六　以滇池地区为中心的比较

　　滇池地区虽与洱海地区同为云南历史时期至今的两个中心，但其新石器遗存暂不如洱海地区明确。我们认为滇池地区青铜时代的石寨山文化是由周边遗存向心发展而成，实际上石寨山文化之前的滇池地区就已经体现出丰富的内涵。

　　海东遗存包含的唇部装饰、口沿附加堆、钵形口、肩部向上角形鋬、平底或小平底陶器和梯形石器等因素多见于滇池以北地区，绳纹、圜底陶器和有肩有段石器等因素多见于滇池以南地区，早期受滇池以北地区影响较大，晚期受滇池以南地区影响较大，带流、连弧口、仿生式陶器则是其自身特色。海东遗存贝丘多作为墓地使用、土坑墓多屈肢葬的特征与华南及东南沿海贝丘遗址相同，是此类遗存的普遍特征，在滇池地区一直延续到石寨山文化时期，相比于广西盆地多不见随葬的情况，海东遗存大都有随葬，为陶、石、骨、角器，可能是年代较晚的表现。

七　以怒江下游流域为中心的比较

　　怒江向南出国境所称的萨尔温江从掸邦高原中部流过，怒江下游流域和掸邦高原以西为伊洛瓦底江河谷平原，瑞丽江即为伊洛瓦底江上游支流。

　　缅甸境内调查采集多为磨制石器，位于掸邦高原西部边缘石灰岩地带山麓的巴登林洞穴遗址可能代表了当地较早的新石器遗存。遗址洞口朝南，发掘出土大量打制石器，制作粗糙，保留自然面，大多数可看作半成品，有单平面砾石手锤、石片石器、砍砸器、刮削器、研磨器、手斧等，两面带凹窝的扁圆石器可能与两面对穿的石环相关，一件双肩近平的石锛刃呈靴形，形态原始且较特殊，打制石器细化的同时存在磨制技术，有少量磨刃石器和几乎通体磨光的小石核工具，另有绳纹陶片和大量兽骨、木炭，洞内顶部有赤铁矿岩画。发掘者认为遗址不仅用于居住，也是石器制造场所，处在新、旧石器转变的阶段，主体属新石器时代早期，与东南亚地区普遍存在的和平文化和北山文化相似，碳十四测年数据集中在距今 8000～6000 年，上限可至距今 13000 年左右①。我们认为巴登林洞穴遗存的面貌和特征与邻近的怒江下游流域塘子沟遗存相似度最高，两者测年数据也相当，应是共同地域背景下同一类与新石器起源相关的遗存，我们推测两地新石器可能有着共同的起源，奠定的石器传统一直延续。巴登林洞穴发现陶片，石器制作技术较进步，不见塘子沟遗存发达的骨、角、牙器，下限应晚于塘子沟遗存（图4.14）。

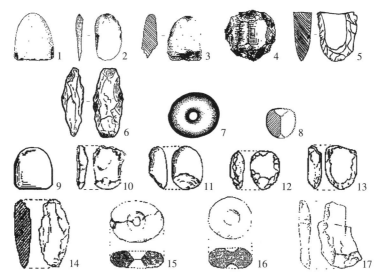

图4.14　怒江下游流域与掸邦高原巴登林洞穴石器对比

1、9. 单平面砾石手锤（塘子沟 YP151、巴登林）　2、10. 石片石器（塘子沟 YP216、巴登林）　3～5、11～13. 砍砸器（塘子沟 YP032、塘子沟 YP035、孔家山 BPK73、巴登林、巴登林、巴登林）　6、14. 手斧（木城马鞍山、巴登林）　7、15. 石环（新光 T10⑪A：28、巴登林）　8、16. 凹窝石器（仙人楼、巴登林）　17. 双肩石器（巴登林）

① ［缅］乌·阿乌讷格·萨乌：《缅甸巴登林洞穴的"新石器"文化》，《民族考古译文集》①，昆明：云南省博物馆，1985 年。

　　澜沧江下游流域的娜咪囡洞穴遗址出大量骨、角、蚌器的情况与塘子沟遗存一致，包含少量陶片的情况与巴登林洞穴遗存一致，三地共有单平面砾石手锤、局部磨制石器、研磨器以及东南亚地区自和平文化以来典型的砾石打制石片石器，应是共同的地域传统。有的学者将这类遗存归属中石器时代，不认同中石器时代概念的学者则认为属于新石器时代早期，我们认为新、旧石器过渡是一个逐渐发展的过程，不一定要归属某一特定时代，通过这类遗存的面貌至少可以看到点苍山－哀牢山以西、横断山区以南包括中南半岛北部的广大地区在新石器起源的阶段就呈现出较强的一致性。王大道早年已指出怒江、澜沧江下游流域与缅甸接壤的区域在新石器晚期普遍流行磨制精细的小型梯形石器，这两个流域的文化很可能是"中国内地文化、缅甸史前文化之间衔接交融的系统"[1]。虽然这一广大地区在新、旧石器过渡和新石器晚期的遗存之间仍有较大缺环，但共性始终存在。怒江下游流域的新光类型可能对澜沧江下游流域的石佛洞类型产生了较大影响，尤其在陶器纹饰方面，曲线风格应是本地特色。怒江和澜沧江的高山峡谷地带多分布有打制双肩石器，磨制双肩石器则多分布在边境沿线海拔较低的地带，但双肩石器的流行年代较晚，主要在青铜时代（图4.15）。

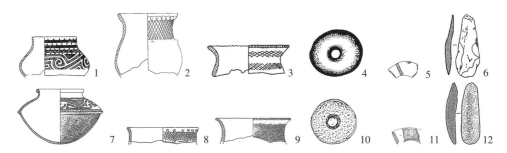

图4.15　怒江下游流域与澜沧江下游流域陶、石器对比

陶器：1. 直口罐（新光 T1104⑪：65）　　2、3、8、9. 侈口罐（新光 T1709⑪：1、新光 T1104⑤A：62、石佛洞 T12④D：57、石佛洞 T21⑧：53）　7. 折肩釜（石佛洞 T2③：147）

　　石器：4、5、10、11. 石环（新光 T10⑪A：28、新光 T39⑤A：6、思茅 S1：03、石佛洞 T21⑤：46）6、12. 石锄（豆地坪、石佛洞 T21④D：33）

八　以澜沧江下游流域为中心的比较

　　澜沧江下游流域除了新、旧石器过渡阶段的娜咪囡遗址外，多为青铜时代遗存，

---

① 　王大道：《再论云南新石器时代文化的类型》，《西藏考古》（第1辑），成都：四川大学出版社，1994年。

不见铜器的遗存上限可能在新石器时代向青铜时代过渡的阶段。以北的怒江下游流域、以东的滇东南地区和以南的掸邦高原的新石器遗存上限可能均要早于澜沧江下游流域，南碧桥简报曾提出一种可能，当地遗存是从华南或东南亚迁来①。

掸邦高原的新石器遗存集中在南部边缘的泰国北部地区。泰国西北部的仙人洞遗址早期遗物以打制砾石石器为主，有石核、石片和磨石，晚期新增绳纹陶片和磨制石器，另有丰富的动植物遗存，学者多将其看作和平文化遗存②，结合测年数据，我们认为仙人洞与巴登林洞穴最为近似，同样反映了新、旧石器过渡阶段的面貌。泰国东北部的能诺它和班清均为包含大量墓葬的土丘遗址，共有仰身直肢葬土坑墓，能诺它另有二次葬，班清另有屈肢葬和儿童瓮棺葬，最早即出青铜器，早年的碳十四测定数据可至距今5500年以前③，当时在学界引起较大轰动，但由于存在地层扰乱和标本污染等问题，这些青铜器的上限一直存在争议。有学者根据周边其他的发现，如泰国中部偏北的柯恰伦遗址陶器与能诺它遗址一致而不见青铜器，认为这些遗址分布的地区并没有明确早于距今3500年的青铜器④；另有学者将泰国的青铜器遗存与红河平原的青铜时代遗存进行对比，也认为两者的年代差距不应如此悬殊⑤。泰国北部地区与青铜器共存的陶器多以稻糠为掺合料，陶色偏黑，饰绳纹和曲线刻划纹，圜底或小圈足，面貌与澜沧江下游流域和红河平原新石器时代向青铜时代过渡的遗存相当，这一广大地区青铜时代的上限应不早于距今4000年。班清遗址典型的精美彩绘陶则与铁器共存，时代更晚，但刻划纹仍延续曲线的传统。

作为澜沧江下游流域重要遗存之一的沧源岩画，目前来看与当地石佛洞类型的关联性最强，但暂无明确早至新石器时代的证据。掸邦高原的岩画遗存可以提供一些参考，如巴登林洞穴发现磨过的赤铁矿石和可能用作颜料原料的石片与地层中的

---

① 云南省博物馆文物工作队：《南碧桥新石器时代洞穴遗址》，《云南文物》1984年第2期。

② 童恩正：《近二十年来东南亚地区的考古新发现及国外学者对我国南方古文明起源的研究》，《西南民族学院学报》(哲学社会科学版)1983年第3期；彭南林：《泰国考古札记》，《东南亚》1986年第4期。

③ 童恩正：《近二十年来东南亚地区的考古新发现及国外学者对我国南方古文明起源的研究》；刘稚：《泰国考古材料所见百越文化考》，《云南社会科学》1987年第4期。

④ 彭南林：《泰国考古札记》，《东南亚》1986年第4期；傅宪国：《泰国早期青铜文化的发现与研究》，《华夏考古》1996年第4期。

⑤ [日]量博满著，霍巍译，石应平校：《东南亚的土著文明——兼论班清文化》，《东南亚》1987年第1期。

石器共存，洞内岩画可能是较早的新石器遗存，岩画内容以牛的形象为主，另有人手、太阳、鹿、象、鱼等，与沧源岩画有诸多类似，但对两地遗存之间关系的探讨还有待资料的积累。另外，泰国东北部班菩遗址的赤铁矿岩画绘有人像、人手、动物、几何纹等，动物可辨牛、猪、鹿、鸟，与沧源岩画非常相似，有学者认为反映了两地原始宗教信仰的同一性①。

我们认为澜沧江下游流域与周边的怒江下游流域、掸邦高原、红河平原在考古学文化上有着不可忽视的整体性，是不同于点苍山－哀牢山以东地区的另一个系统。

九　以横断山区为中心的比较

横断山区目前比较明确的是一类与洱海地区海门口一期相当的遗存，表明至少在新石器时代向青铜时代过渡的阶段，横断山区就开始与周边地区进行交流。除了洱海地区之外，怒江下游流域、龙川江流域、雅砻江下游流域早于或相当于过渡阶段的因素也在兰坪马鞍山遗存中有所体现，均为横断山区青铜时代遗存的发展奠定了基础。

虽然横断山区自身新石器遗存暂不明确，但可以看到横断山区以北的藏东高原卡若文化与云南地区新石器遗存有诸多相似，如陶器的刻划折线纹、外沿下附加堆纹、小平底等因素多见于点苍山－哀牢山以东的滇中、川西高原湖盆区，刻划折线纹和外沿下附加堆纹另见于怒江下游流域，小平底另见于乌蒙山西侧。卡若文化上限较早，在距今5000年左右②，故多将其看作与川西高原和四川盆地同时期遗存一样自北向南传播，是云南地区新石器遗存的主要来源之一。打制双肩石器的分布似乎反映出这一因素沿怒江和澜沧江传播的路径，但卡若文化的打制双肩石器并不典型，横断山区的打制双肩石器均为采集，怒江和澜沧江下游流域的打制双肩石器则明确与铜器共存，流行年代较晚，难以作为新石器时代文化交流的证据，我们更倾向于认为打制双肩石器是高山峡谷生存环境的产物。另一处打制双肩石器集中分布的地区在四川盆地最西端的雅安，同样与青铜时代遗存共存。邻近雅安的大渡河下

---

① 段立生：《泰国文化遗址班菩探秘》，《东南亚研究》1994年Z2期。
② 西藏自治区文物管理委员会、四川大学历史系：《昌都卡若》，北京：文物出版社，1985年。

游流域汉源地区与卡若文化有一定关联，共见外沿下、肩、腹附加堆纹装饰和双联罐。藏东、川西高原的新石器遗存本身具有相似性，目前来看，卡若文化最早可能是与川西高原遗存一道经汉源地区进入云南地区，从藏东高原直接南下进入横断山区的证据尚不明确。至青铜时代，横断山区与藏东高原、洱海地区的交流明显增强，横断山区作为地理通道的作用开始显现（图4.16）。

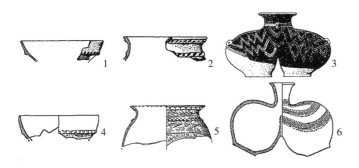

图4.16　藏东高原与大渡河下游流域陶器对比
1、4. 敞口盆/钵（卡若 T59④：16、麦坪 H4：13）　2、5. 侈口罐（卡若 T102③：019、龙王庙 T3945⑧：7）　3、6. 双联罐（卡若 F9：46、大窑）

横断山区的金沙江岩画表面标本碳十四校正数据得出作画年代最晚在距今5400～4170年，表现了大量野生动物形象和少量人物、几何图形，推测是狩猎采集人群所作，并认为云南高原与东南亚地区在岩画形式、风格上相似，两地人群也存在基因联系，可能有一定交流①。由于横断山区暂时没有发现与金沙江岩画测年数据相对应的遗存，还需要横断山区及其周边地区的考古工作提供支持。

十　小　结

通过各地理单元与周边地区的比较研究，我们认为云南地区以点苍山－哀牢山为界，在新石器时代就体现出内部差异。点苍山－哀牢山以东偏北的雅砻江下游流域、洱海地区、龙川江流域联系较为紧密，多受藏东、川西高原和四川盆地较早的新石器遗存南下的影响，以折线纹饰、平底陶器为典型因素，带耳陶器较晚传入，在青铜时代普遍流行于这些地区，其中川西高原是最主要的地理通道。乌蒙山西侧

---

① 吴沄：《写实与抽象：金沙江岩画考古认知》，《大众考古》2015年第2期。

受雅砻江下游流域直接影响，与乌蒙山东侧的贵州高原西部遗存差异较大，虽然上限较晚，但形成了鲜明的地方特色。滇东南地区资料相对薄弱，邻近的广西盆地和越南北部红河平原均有较为完整的新石器时代考古学文化序列，滇东南地区应主要受两者影响，以绳纹、圜底陶器为典型因素。滇池地区新石器遗存不如洱海地区明确，可能由周边遗存向心发展而成，既受滇池以北地区影响，也受滇池以南地区影响，至青铜时代成为与洱海地区并立的两个中心之一。点苍山－哀牢山以西偏南的怒江、澜沧江下游流域是与掸邦高原自然相连的整体，新石器遗存有着共同的起源，但发展缓慢，以曲线纹饰、圜底陶器为典型因素。横断山区的新石器遗存暂不明确，其作为地理通道的重要性在青铜时代开始显现。虽然云南地区各地理单元之间存在交流，但复杂的自然环境始终制约着互动的程度，故云南地区从新石器时代开始，考古学文化就呈现出多样性的特点，难以形成一致性较强的面貌。

以往研究从石器工具方面也能找到一些共同特点，如雅砻江下游流域、龙川江流域、洱海地区、横断山区的磨制梯形石器系统，乌蒙山西侧和滇池地区的磨制有段石器系统，滇东南的磨制双肩石器系统，怒江、澜沧江下游流域的打制双肩石器系统等，当然石器具有较强的普遍性，在形制和分布上多有重合。我们结合陶器基本特征和自然地理概况，大致以北纬25°为界，界线以北使用磨制梯形石器的遗存主要反映北方地区传统，其中乌蒙山西侧和滇池地区磨制有段石器较多，是起源于东南沿海的因素，界线以南磨制双肩石器较多，主要反映的是东南亚和华南地区的传统，怒江、澜沧江下游流域的磨制梯形石器偏小型，具有当地特色。打制双肩石器作为横断山区南北新石器时代考古学文化交流的证据并不充分，我们更倾向于是高山峡谷地带共同的产物，在云南地区多与青铜时代遗存相关。另有一类特殊的石器——方格纹或平行线纹石拍的分布似乎也说明北纬25°以南的文化具有更强的一致性。

发现的动植物遗存亦可作为补充说明。

处在新、旧石器过渡阶段的娜咪囡和塘子沟均发现了丰富的动植物遗存，反映出很强的生物多样性，应是一种广谱的经济形态，以渔猎采集为主，尚无动植物驯化的证据。有意思的是，娜咪囡还发现了利用棕榈科植物的迹象，同样的现象见于东南亚新石器遗存和横断山区南端石岭岗青铜时代遗存，直至今天，点苍山－哀牢

山以西地区的人们仍然将棕榈科植物作为食物，这对于我们今后探讨这一地区植物
利用的传统有一定启发。

　　云南地区以北更早的新石器遗存的生计方式存在地区差异。川西高原的哈休遗
址动物资源利用以野生动物为主，暂时能确定的家养动物只有狗，植物遗存只发现
了粟，是相对单一的以狩猎为主的生计方式①。四川盆地北部的茂县营盘山遗址浮选
的植物种子中粟、黍和秋熟旱田杂草占到总数的95%，且两者相契合，属于典型的
北方旱作农业，同时也发现了大量的野生植物资源②，动物遗存以家养动物为主，种
类有猪、狗、疑似黄牛，以猪为主，野生动物种类亦较丰富，综合来看，茂县营盘
山遗址人群兼营旱作农业和家畜饲养，渔猎采集也是不可或缺的重要补充，呈现出
比较稳定的生存状态③。藏东高原卡若遗址的生计方式更接近哈休遗址，但也与茂县
营盘山遗址有着年代相当的共性，动物遗存以野生动物为主，家养动物有猪，植物
遗存以粟为主，也有黍和野果，研究认为卡若的粟、黍很有可能是距今5000年左右
从川西高原或甘青地区传入，早于麦④，总的来看，卡若遗址农作物和家畜种类单
一，渔猎采集仍占很大比重，遗址堆积的不连续性也反映出人群的流动性。

　　云南地区新石器时代的粟、黍应是来源于藏东、川西高原或四川盆地。雅砻江
下游流域的皈家堡遗址就是粟、黍并重的旱作农业，暂未发现稻，但在横栏山遗址
中形成了以稻作为主的农业形态。龙川江流域的大墩子遗址则为稻、粟、黍并重的
混作农业，怒江下游流域的新光遗址也发现了稻，目前尚不明确的是云南地区新石
器时代稻的具体来源。洱海地区银梭岛一期家养动物的情况与四川盆地北部茂县营
盘山遗址非常类似，龙川江流域大墩子遗址家养动物的种类则更加丰富，符合从早
到晚的发展趋势。可以看到，云南地区新石器时代已知的作物栽培和家畜饲养多见
于点苍山－哀牢山以东与藏东、川西高原或四川盆地最为接近的地区，但由于云南

①　何锟宇：《马尔康哈休遗址史前文化与生业——兼论岷江上游地区马家窑类型的生业方式》，《考古》
　　2015年5期。

②　赵志军、陈剑：《四川茂县营盘山遗址浮选结果及分析》，《南方文物》2011年第3期。

③　何锟宇：《马尔康哈休遗址史前文化与生业——兼论岷江上游地区马家窑类型的生业方式》，《考古》
　　2015年5期。

④　玳玉、吕红亮、李永宪、班若波、吴小红、马克·奥尔登德弗：《西藏高原的早期农业：植物考古学
　　的证据》，《南方民族考古》（第十一辑），北京：科学出版社，2015年。

地区拥有丰富的资源和多样的环境，在整个新石器时代，渔猎采集也一直是重要的生计方式，并且有着因地制宜的选择。

云南地区在新石器时代向青铜时代过渡的阶段，雅砻江下游流域高坡遗址、乌蒙山西侧鸡公山遗址、洱海地区海门口一期、怒江下游流域昌宁营盘山遗址的作物遗存均以稻占绝对优势，呈现出稻作农业全面发展的状态。

进入青铜时代以后，云南地区动植物资源的利用在前期基础上又有了新的变化。洱海地区的海门口二期首先出现了麦，但以稻、粟为主；滇池地区的兴义二期有稻；澜沧江下游流域的石佛洞遗址稻的数量异常突出，另有少量粟，但却没有发现稻的淀粉粒。兴义二期和石佛洞遗址还出现了家养的牛，而且很可能是水牛。对于这类相当于青铜时代早期的遗存，一方面值得注意的是稻、粟、麦以及水牛的源流问题，另一方面需要明确的是当时人群对野生动植物资源仍然有着很强的依赖性。至云南地区青铜时代的鼎盛期，麦作农业迅速发展，不仅深入横断山区北端的宗咱遗址，而且在滇池地区石寨山文化核心区形成了稻麦混作农业，但在点苍山－哀牢山以西的绝大部分地区尚未发现。

第五章 结 论

　　本文作为区域考古学的基础研究,对云南地区新石器时代的考古学文化进行了一次全面的梳理。通过对云南地区新石器时代相关遗存发现与研究概况的整体把握,将考古学文化区系类型划分与综合自然地理分区相结合,本文把云南地区分为 2 个大区 9 个地理单元,然后分别考察这 9 个地理单元新石器时代的考古学文化面貌,以检验分区的正确性,研究结果显示分区基本符合云南地区新石器时代考古学文化的实际情况。

　　与以往研究相比,我们对云南地区 9 个地理单元的新石器遗存既有共识、也有新知。雅砻江下游流域的皈家堡遗存、横栏山文化和董家坡遗存是明确的新石器遗存,礼州类型的内涵并不单纯,早期可能与高坡遗存、会理地区遗存同处在新石器时代向青铜时代过渡的阶段,晚期已属青铜时代。洱海地区目前最早的新石器遗存是银梭岛一期,白羊村类型亦可分早晚,早期与枣子坪遗存同属新石器时代,晚期则与银梭岛二期、海门口一期同为过渡阶段遗存。龙川江流域的大墩子类型与白羊村类型情况类似,早期属新石器时代,晚期为过渡阶段。乌蒙山西侧的闸心场类型学界已基本不用,鸡公山遗存(也称鸡公山文化)和野石山遗存代表了一类具有当地特色的过渡阶段遗存。滇东南的小河洞类型不足以涵盖整个地区的新石器遗存,需要更多资料加以完善。滇池地区的石寨山类型与青铜时代的石寨山文化高度重合,实为同一遗存,建议暂不沿用石寨山类型的提法,海东村类型则可能属于新石器时代，但有待进一步明确，建议称海东遗存。怒江下游流域的塘子沟遗存和澜沧江下游流域的娜咪囡遗存同为新、旧石器过渡阶段，但后续缺环较大。新光类型可以代表怒江下游流域的新石器遗存，大花石早期类型则处在新石器时代向青铜时代过渡的阶段。澜沧江下游流域的石佛洞类型是比较明确的青铜时代遗存，忙怀类型和曼蚌囡类型与之相当，这三个地方类型均可能有早至过渡阶段的遗存。横断山区的哥登类型则与当地青铜时代遗存基本一致，目前仅有兰坪马鞍山一类相当于新石器时代向青铜时代过渡的遗存。

由于云南地区暂时没有发现早于距今 5000 年的明确的新石器遗存，所以新、旧石器过渡阶段的遗存可看作重要线索。云南地区新、旧石器过渡阶段的遗存出现在点苍山－哀牢山以西的怒江和澜沧江下游流域，距今 22000 ~ 10000 年的娜咪囡遗存和距今 8000 ~ 7000 年的塘子沟遗存在较大的时间差，文化面貌也有一定区别。娜咪囡与东南亚地区典型的和平文化更为近似，塘子沟则更多地体现出中国南方地区的技术传统并形成了本地特色，与掸邦高原同时期遗存近似。与塘子沟在空间和面貌上最为接近的松山遗存囿于资料，尚不能确定为新石器遗存，所以在距今 7000 ~ 5000 年的阶段，云南地区考古遗存有一个明显的断层。

从距今 5000 年左右开始，云南地区的考古遗存逐渐增多。

在距今 5000 ~ 4000 年的云南地区新石器时代，最早的遗存出现在点苍山－哀牢山以东的洱海地区和雅砻江下游流域，银梭岛一期和皈家堡遗存之间的关系和源流值得进一步探讨。稍晚形成的横栏山文化和董家坡遗存则明显受到雅砻江下游流域以北藏东、川西高原或四川盆地的影响，表明雅砻江下游流域作为地理通道至迟在距今 4500 年左右已发挥作用。与此同时，在怒江下游流域形成了点苍山－哀牢山以西新石器时代最具代表性的新光类型，其早期与银梭岛一期最为近似，应受银梭岛一期影响较大。与新光晚期年代相当的阶段，在洱海地区和龙川江流域分别是白羊村早期和大墩子早期，两者均与雅砻江下游流域新石器遗存关系密切。滇池地区的海东遗存年代亦与之相当，但其内涵和源流有待明确。同样需要明确的还有滇东南地区的倘甸遗存和小河洞类型，可能与广西盆地和红河平原相关。

我们将距今 4000 ~ 3500 年看作云南地区新石器时代向青铜时代过渡的阶段，是与当地青铜时代密切相关但尚未出现金属器的阶段。这一阶段的遗存在云南地区有较为普遍的发现，大多是在当地新石器遗存的基础上发展而成，如洱海地区的银梭岛二期和白羊村晚期、雅砻江下游流域的礼州早期和会理地区遗存、怒江下游流域的大花石早期以及龙川江流域的大墩子晚期。也有这一阶段新出现的遗存，如雅砻江下游流域的高坡遗存、洱海地区的海门口一期、横断山区的兰坪马鞍山遗存以及澜沧江下游流域的忙怀类型和曼蚌囡类型，反映出北方地区文化的持续南下和周边文化对横断山区的开发。

从距今3500年左右开始，云南地区各地先后进入青铜时代。在过渡阶段的基础上，青铜文化发展的强度迅速显现。遗存涵盖了各地理单元内部的小地理单元，地理单元之间互动的方向变得多样，交流的因素也更加丰富。

通过辨析、梳理和比较，我们认为：点苍山－哀牢山以东偏北的雅砻江下游流域、洱海地区、龙川江流域的新石器遗存主要来源于藏东、川西高原或四川盆地，以川西高原的影响为主，文化自北向南传播，乌蒙山西侧较晚受雅砻江下游流域影响，与乌蒙山东侧的贵州高原差异较大；点苍山－哀牢山以东最南的滇东南地区新石器遗存主要来源于广西盆地和红河平原，文化自东向西传播；滇池地区受南、北文化的共同影响，至青铜时代发展成为石寨山文化，与洱海地区并列云南地区青铜时代的两个中心；点苍山－哀牢山以西靠南的怒江和澜沧江下游流域与掸邦高原联系紧密，新石器起源较早但缺环较大的原因可能是资料的缺失，也可能是发展进程缓慢所致，文化传播的方向主要是自南向北，与点苍山－哀牢山以东的互动则可通过洱海地区实现；点苍山－哀牢山以西最北端的横断山区较晚受洱海地区影响，至青铜时代成为重要的地理通道。由于考古学文化的主要来源不同，云南地区形成了不同的面貌，北部更接近北方地区传统，南部更接近华南和东南亚地区传统，虽然彼此之间存在交流，但始终受制于复杂的自然环境，云南地区文化的多样性在新石器时代即已奠定。

我们还可以从青铜时代的相关研究中获得一些启发。有研究推测中国西南早期青铜时代距今3500～2900年，与我们认为的云南地区新石器时代下限相衔接，更重要的是该研究认为中国西南早期青铜时代"与东南亚地区青铜时代的技术系统有着相近之处"[1]。长期以来，国外学界对东南亚青铜技术的来源主要有两种看法，一种

---

① 周志清：《中国西南早期青铜时代刍议》，《成都考古研究》（三），北京：科学出版社，2016年。

认为源于中原地区①，另一种认为源于欧亚草原②，而东南亚与欧亚草原之间似乎有更为明显的证据链，也就是中国西南地区，"西南地区史前时期一直深受西北地区古代文化的影响，并深刻影响了西南地区的社会发展进程"③。不论从早期青铜时代倒推，还是从史前时期梳理，我们都能看到云南地区作为重要的中间环节在文化的交流互动中发挥的作用，这有助于我们更好地理解云南地区新石器时代考古学文化的特点。

虽然本文是区域考古学的基础研究，但多参考地理学的基本概念，研究过程带有一定的验证性，与传统的考古学研究相比是一种方法上的尝试。由于个人能力有限，目前只得出了初步的结论，仍有待今后的考古发现与研究不断修正并完善。

① C. Higham, Early Cultures of Mainland Southeast Asia. Bangkok：River Books, 2002.

② 乔伊斯·怀特、伊丽莎白·汉密尔顿著，陈玮译，吕红亮校：《东南亚青铜技术起源新论》，四川大学博物馆、四川大学考古学系、成都文物考古研究所编：《南方民族考古》（第七辑），北京：科学出版社，2011 年。

③ 周志清：《中国西南早期青铜时代刍议》，《成都考古研究》（三），北京：科学出版社，2016 年。

参考文献（截至 2016 年）

一　简报、报告

阿坝藏族羌族自治州文物管理所、成都文物考古研究所、马尔康县文化体育局：《四川马尔康县哈休遗址 2006 年的试掘》，《南方民族考古》（第六辑），北京：科学出版社，2010 年。

白肇禧：《云南禄劝县营盘山新石器时代洞穴遗址调查》，《考古》1993 年第 3 期。

保山地区文管所、施甸县文管所：《云南施甸火星山石器遗址调查简报》，《云南文物》1987 年第 2 期。

保山地区文物管理所、保山市博物馆：《保山蒲缥孔家山新石器遗址调查》，《云南文物》1995 年第 1 期。

保山地区文物管理所、龙陵县文物管理所：《云南龙陵怒江流域新石器时代遗址调查》，《考古》1991 年第 6 期。

保山市博物馆：《云南保山二台坡新石器时代遗址调查》，《考古》1992 年第 9 期。

宾川县文管所：《宾川县石棺墓、土坑墓调查简报》，《云南文物》1992 年第 1 期。

沧源崖画联合调查组：《沧源丁来新石器时代遗址清理报告》，《云南文物》1985 年第 1 期。

陈泰敏：《通海杨山贝丘遗址》，《云南文物》2003 年第 1 期。

陈万煜：《昭通县发现古文化遗址》，《文物参考资料》1959 年第 9 期。

成都市文物考古研究所、阿坝藏族羌族自治州文管所、茂县博物馆：《四川茂县营盘山遗址试掘报告》，《成都考古发现》（2000），北京：科学出版社，2002 年。

成都市文物考古研究所、凉山州博物馆、会理县文物管理所：《四川会理县雷家山一号墓的发掘》，《考古》2010 年第 4 期。

成都文物考古研究所、甘孜藏族自治州文物局、九龙县旅游文化局：《四川九龙县查尔村石棺葬墓地发掘简报》，《成都考古发现》（2006），北京：科学出版社，2008 年。

成都文物考古研究所、会理县文物管理所、四川大学考古系、凉山州博物馆：《2009 年度会理县新发乡考古调查简报》，《成都考古发现》（2008），北京：科学出版社，2010 年。

成都文物考古研究所、凉山彝族自治州博物馆、德昌县文物管理所：《2010 年德昌县董家坡遗址发掘简报》，《成都考古发现》（2010），北京：科学出版社，2012 年。

成都文物考古研究所、凉山彝族自治州博物馆、冕宁县文物管理所、北京联合大学：《2011 年凉山彝族自治州冕宁县高坡遗址发掘简报》，《成都考古发现》（2011），北京：科学出版社，2013 年。

成都文物考古研究所、凉山彝族自治州博物馆、冕宁县文物管理所：《2010 年凉山彝族自治州冕宁县高坡遗址调查简报》，《成都考古发现》（2010），北京：科学出版社，2012 年。

成都文物考古研究所、凉山彝族自治州博物馆、西昌市文物管理所：《四川西昌市大兴横栏山遗址调查试掘简报》，《成都考古发现》（2004），北京：科学出版社，2006 年。

成都文物考古研究所、凉山彝族自治州博物馆、西昌市文物管理所：《四川西昌市经久乡马鞍山遗址调查试掘简报》，《成都考古发现》（2005），北京：科学出版社，2007 年。

成都文物考古研究所、凉山彝族自治州博物馆、西昌市文物管理所：《四川西昌市营盘山遗址发掘简报》，《成都考古发现》（2005），北京：科学出版社，2007 年。

成都文物考古研究所、凉山彝族自治州博物馆、西昌市文物管理所：《西昌市大兴乡横栏山遗址 2011 年试掘简报》，《成都考古发现》（2012），北京：科学出版社，2014 年。

成都文物考古研究所、凉山州博物馆、德昌县文管所：《2009 年四川德昌县董家坡遗址发掘简报》，《南方民族考古》（第七辑），北京：科学出版社，2011 年。

成都文物考古研究所、凉山州博物馆、会理县文物管理所：《2006 年度四川会理县东咀遗址发掘简报》，《成都考古发现》（2006），北京：科学出版社，2008 年。

成都文物考古研究所、凉山州博物馆、冕宁县文物管理所：《2010 年四川省冕宁县赵家湾遗址调查简报》，《成都考古发现》（2009），北京：科学出版社，2011 年。

成都文物考古研究所等：《四川凉山州德昌县汪家坪遗址调查简报》，《成都考古发现》（2007），北京：科学出版社，2009 年。

楚雄彝族自治州文管所、云南省博物馆文物队：《云南永仁永定镇石板墓清理简报》，《文物》1986 年第 7 期。

崔玉珍：《鲁甸马厂遗址的调查》，《贵州社会科学》1980 年第 1 期。

大渡河中游考古队：《四川汉源县 2001 年度的调查与试掘》，《成都考古发现》（2001），北京：科学出版社，2003 年。

大理白族自治州博物馆：《云南祥云红土坡 14 号墓清理简报》，《文物》2011 年第 1 期。

大理白族自治州文物管理所、祥云县文物管理所：《云南祥云大波那土坑木椁墓（M3）抢救清理简报》，《大理民族文化研究论丛》（第五辑），北京：民族出版社，2012 年。

大理州博物馆：《弥渡龙潭山新石器遗址调查简报》，《云南文物》1993 年第 2 期。

大理州文管所、祥云县文化馆：《云南祥云大波那木椁墓》，《文物》1986 年第 7 期。

大理州文管所：《黄坪土坑墓调查、清理简报》，《云南文物》1993 年第 2 期。

大理州文物管理所、祥云县文化馆：《云南祥云检村石椁墓》，《文物》1983 年第 5 期。

戴宗品：《云南云县曼干遗址的发掘》，《考古》2004 年第 8 期。

渡口市文物管理处：《四川盐边县石棺葬发掘简报》，《考古与文物》1986 年第 2 期。

段志刚：《大姚大粟树箐新石器遗址调查简报》，《云南文物》2002 年第 2 期。

段志刚：《元谋县再次发现石棺墓》，《云南文物》1993 年第 1 期。

付丽娅、李田广：《楚雄永兴岩画调查》，《楚雄师范学院学报》2013 年第 12 期。

耿德明、李枝彩、张绍全：《滇西新石器考古获两项重要新成果》，《云南民族学院学报》1990 年第 2 期。

耿德铭、乐琪、杨升义：《施甸县新石器时代文化遗存》，《保山史前考古》，昆明：云南科技出版社，1992 年。

耿德铭、朱文仙、罗睿、李惠兰：《保山坝新石器时代文化遗存》，《保山史前考古》，昆明：云南科技出版社，1992 年。

耿德铭：《保山马鞍山遗址》，《保山史前考古》，昆明：云南科技出版社，1992 年。

耿德铭：《滇西潞江坝的新石器遗址》，《东南文化》1991 年第 1 期。

耿德铭：《施甸新发现八处石器文化遗址》，《云南文物》1988 年第 1 期。

广西壮族自治区文物工作队、那坡县博物馆：《广西那坡县感驮岩遗址发掘简报》，《考古》2003 年第 10 期。

广西壮族自治区文物工作队、南宁市文物管理委员会、武鸣县文物管理所：《广西武鸣岜马山岩洞葬清理简报》，《文物》1988 年第 12 期。

广西壮族自治区文物工作队：《广西百色市革新桥新石器时代遗址》，《考古》2003 年第 12 期。

广西壮族自治区文物工作队：《广西隆安大龙潭新石器时代遗址发掘简报》，《考古》1982 年第 1 期。

广西壮族自治区文物考古训练班、广西壮族自治区文物工作队：《广西南宁地区新石器时代贝丘遗址》，《考古》1975 年第 5 期。

贵州省博物馆：《贵州毕节瓦窑遗址发掘简报》，《考古》1987 年第 4 期。

贵州省博物馆：《贵州威宁中河发现新石器时代遗物》，《文物》1973 年第 1 期。

贵州省文物考古研究所、四川大学历史文化学院考古系、威宁县文物保护管理所：《贵州威宁县鸡公山遗址 2004 年发掘简报》，《考古》2006 年第 8 期。

贵州省文物考古研究所、四川大学历史文化学院考古系、威宁县文物保护管理所：《贵州威宁县吴家大坪商周遗址》，《考古》2006 年第 8 期。

郭开云：《姚安县营盘山墓葬出土的青铜器》，《云南文物》1992 年第 1 期。

杭建荣：《安宁马家村石洞新石器遗址》，《云南文物》1993 年第 1 期。

何安益、陈曦：《广西崇左冲塘新石器时代贝丘遗址发掘新收获》，《中国文物报》2008 年 5 月 9 日第 005 版。

红河州文管所、个旧市博物馆：《云南个旧市倘甸新石器时代遗址》，《考古》1996 年第 5 期。

黄承宗：《泸沽湖畔出土文物调查记》，《考古》1983 年第 10 期。

黄承宗：《四川凉山州新石器时代文化调查》，《考古与文物》1990 年第 4 期。

黄桂枢：《云南思茅地区新石器时代遗址调查》，《考古》1993 年第 9 期。

黄展岳、赵学谦：《云南滇池东岸新石器时代遗址调查记》，《考古》1959 年第 4 期。

会理县文物管理所、凉山彝族自治州博物馆、四川省文物考古研究所：《四川会理县粪箕湾墓群发掘简报》，《考古》2004 年第 10 期。

吉林大学边疆考古研究中心、云南省文物考古研究所、玉溪市文物管理所、澄江县文物管理所：《云南澄江县学山遗址试掘简报》，《考古》2010 年第 10 期。

吉学平、Nina G. Jablonski、George Chaplin、刘建辉、董为、李枝彩、王黎锐：《云南保山塘子沟遗址2003 年发掘简报》，《第九届中国古脊椎动物学学术年会论文集》，北京：海洋出版社，2004 年。

吉学平、马娟、邱开卫：《云南沧源首次发现洞穴崖画》，《中国文物报》2009 年 2 月 27 日第 002 版。

建水县文管所：《建水燕子洞新石器遗址清理简报》，《云南文物》1990 年第 1～2 期。

姜楚：《元谋大墩子新石器时代遗址石棺墓清理简报》，《云南文物》1994 年第 2 期。

蒋志龙、徐文德：《云南昆明天子庙贝丘遗址发掘获重要收获》，《中国文物报》2005 年 9 月 16 日第 001 版。

蒋志龙、朱忠华：《云南东川玉碑地遗址考古发掘的重要收获》，《中国文物报》2014 年 1 月 3 日第 008 版。

举芳：《云南禄丰新石器时代遗址》，《考古》1983 年第 7 期。

阚勇：《永仁菜园子遗址试掘记略》，《云南文物》1984 年第 2 期。

康利宏：《元谋磨盘山新石器时代遗址发掘收获》，《中国文物报》2013 年 3 月 15 日第 008 版。

昆明市博物馆、晋宁县文物管理所、云南省文物考古研究所：《晋宁石寨山——第五次发掘报告》，北京：文物出版社，2009 年。

昆明市博物馆、凉山州博物馆、禄劝县文物管理所、会理县文物管理所：《金沙江中游地区两处新石器时代石棺葬的发掘》，《考古》2007 年第 11 期。

礼州遗址联合考古发掘队：《四川西昌礼州发现的汉墓》，《考古》1980 年第 5 期。

礼州遗址联合考古发掘队：《四川西昌礼州新石器时代遗址》，《考古学报》1980 年第 4 期。

李加能、白天明：《广南县八宝铜木犁洞新石器遗址调查》，《云南文物》1985 年第 1 期。

李小瑞：《云南江川光坟头遗址考古发掘收获》，《中国文物报》2013 年 6 月 21 日第 008 版。

李衍垣：《贵州的新石器与飞虎山洞穴遗址》，《贵州社会科学》1982 年第 4 期。

李永衡、王涵：《昆明市西山区王家墩发现青铜器》，《考古》1983 年第 5 期。

李枝彩、王锦麟、吕蕴琪：《龙川江流域新石器时代文化遗存》，《保山史前考古》，昆明：云南科技出版社，1992 年。

李枝彩、张绍全：《云南昌宁德斯里发现的新石器》，《东南文化》1991 年第 5 期。

凉山彝族地区考古队：《四川凉山喜德拉克公社大石墓》，《考古》1978 年第 2 期。

凉山彝族自治州博物馆、成都文物考古研究所、西昌市文物管理所：《四川西昌市咪咪啷遗址调查试掘简报》，《成都考古发现》（2004），北京：科学出版社，2006 年。

凉山彝族自治州博物馆、冕宁县文物管理所：《四川凉山冕宁三分屯遗址试掘简报》，《四川文物》2006 年第 5 期。

凉山彝族自治州博物馆、普格县文化馆：《四川普格县新石器时代遗址调查简报》，《考古与文物》1982 年第 5 期。

凉山彝族自治州博物馆、四川大学考古学系、昭觉县文物管理所：《四川昭觉县好谷村古墓群的调查和清理》，《考古》2009 年第 4 期。

凉山彝族自治州博物馆：《米易弯丘的两座大石墓》，《考古学集刊》（第 1 集），北京：中国社会科学出版社，1981 年。

凉山州博物馆、西昌市文管所：《安宁河流域的古遗址》，《四川文物》2000 年第 1 期。

林强、谢广维、宁永勤：《广西都安北大岭遗址考古发掘取得重要成果》，《中国文物报》2005 年 12 月 2 日第 001 版。

林声：《沧源崖画调查续记》，《文物》1983 年第 2 期。

临沧地区文物管理所、临沧县文化体育局：《临沧采花坝"仙人脚印"摩崖石刻调查简报》，《云南文物》2003 年第 3 期。

刘启益：《广西云南所见古文化遗址》，《文物参考资料》1958 年第 3 期。

刘世旭：《西昌杨家山新石器时代晚期遗存》，《文物资料丛刊》（5），北京：文物出版社，1981 年。

龙陵县文物管理所：《云南龙陵县新石器时代遗址调查》，《考古》1992 年第 4 期。

潞西县政协：《潞西县首次发现新石器时代石斧》，《云南文物》1988 年第 1 期。

马靖华：《云南组织工作组检查昆明市附近的文物》，《文物参考资料》1954 年第 1 期。

马长舟：《基诺山新石器遗址调查记》，《云南文物》1989 年第 2 期。

马长舟：《云南孟连老鹰山的新石器时代岩穴遗址》，《考古》1963 年第 10 期。

闵锐、何林珊：《洱海地区史前文化的最新发现》，《中国文物报》2014 年 9 月 12 日第 008 版。

闵锐、和中华、段灿英：《云南怒江州兰坪县马鞍山遗址》，《南方文物》2016 年第 1 期。

闵锐：《兰坪县玉水坪石器时代洞穴遗址》，《中国考古学年鉴》（2006），北京：文物出版社，2007 年。

莫洪贵：《雅砻江二滩电站库区内文物考古调查记》，《四川文物》1995 年第 6 期。

《南方文物》编辑部：《2005 年度南方地区考古新发现》，《南方文物》2006 年第 3 期。

《南方文物》编辑部：《2006 年度南方地区考古新发现》，《南方文物》2007 年第 4 期。

曲靖地区文物管理所、宣威县文物普查办公室：《云南宣威县尖角洞新石器遗址调查》，《考古》1986年第1期。

石棉县文化馆：《四川石棉县考古调查》，《考古》1982年第2期。

四川凉山彝族自治州博物馆、四川盐源县文化馆：《四川盐源县轿顶山发现新石器时代遗址》，《考古》1984年第9期。

四川省金沙江渡口西昌段、安宁河流域联合考古调查队：《西昌坝河堡子大石墓发掘简报》，《考古》1976年第5期。

四川省文物考古研究所、甘孜藏族自治州文化局：《丹巴县中路乡罕额依遗址发掘简报》，《四川考古报告集》，北京：文物出版社，1998年。

四川省文物考古研究院、九龙县文化旅游局：《九龙县乌拉溪乡石棺葬墓调查清理简报》，《四川文物》2011年第1期。

四川省文物考古研究院、凉山彝族自治州博物馆、木里县文物管理所：《四川木里县娃日瓦村考古调查试掘简报》，《四川文物》2012年第6期。

四川省文物考古研究院、凉山彝族自治州博物馆、西昌市文物管理所：《凉山州西昌市麻柳村灰坑清理简报》，《四川文物》2006年第1期。

四川省文物考古研究院、凉山彝族自治州博物馆、西昌市文物管理所：《凉山州西昌市棲木沟遗址试掘简报》，《四川文物》2006年第1期。

四川省文物考古研究院、凉山彝族自治州博物馆、西昌市文物管理所：《四川西昌市棲木沟遗址2006年度试掘简报》，《成都考古发现》（2006），北京：科学出版社，2008年。

四川省文物考古研究院、凉山彝族自治州博物馆：《凉山州德昌县王家田遗址发掘简报》，《四川文物》2006年第1期。

四川省文物考古研究院、凉山彝族自治州博物馆：《四川德昌县毛家坎新石器时代遗址发掘简报》，《四川文物》2007年第1期。

四川省文物考古研究院、雅安市文物管理所、汉源县文物管理所：《四川汉源龙王庙遗址2009年发掘简报》，《东方考古》（第8集），北京：科学出版社，2011年。

四川省文物考古研究院、雅安市文物管理所、汉源县文物管理所：《四川汉源县龙王庙遗址2008年发掘简报》，《四川文物》2013年第5期。

四川省文物考古研究院、雅安市文物管理所、汉源县文物管理所：《四川汉源县麦坪新石器时代遗址2007年的发掘》，《考古》2008年第7期。

四川省文物考古研究院、雅安市文物管理所：《2005年雅安沙溪遗址发掘简报》，《四川文物》2007年第3期。

四川省文物考古研究院等：《四川石棉三星遗址发掘简报》，《四川文物》2008年第6期。

四川省文物考古研究院凉山州博物馆、会理县文物管理所：《四川会理城河下游考古调查报告》，《四川文物》2009 年第 4 期。

宋兆麟：《云南景洪附近的新石器时代遗址》，《考古》1965 年第 11 期。

唐丽华：《保山发现二台坡新石器遗址》，《云南文物》1987 年第 2 期。

陶鸣宽、赵殿增：《四川会理县发现瓦石田遗址》，《文物资料丛刊》（5），北京：文物出版社，1981 年。

腾冲县文化馆：《腾冲县发现新石器遗址》，《云南文物》1983 年第 1 期。

田怀清、谢道辛：《云南永平县出土青铜器》，《考古》2006 年第 1 期。

田怀清：《祥云大波那发现新石器遗址》，《云南文物》1995 年第 2 期。

王大道：《云南曲靖珠街八塔台古墓群发掘简报》，《云南考古文集——庆祝云南省文物考古研究所成立十周年》，昆明：云南民族出版社，1998 年。

王恒杰：《四川凉山彝族自治州喜德县的新石器时代遗址》，《考古》1979 年第 1 期。

王锦麟：《龙陵县发现新石器时代玉器》，《云南文物》1989 年第 1 期。

王年红：《隆安发现一处贝丘遗址》，《南宁日报》2008 年 6 月 23 日第 001 版。

王正举：《云南禄丰发现新石器时代遗址》，《考古》1991 年第 3 期。

文山州文管所、麻栗坡县文化馆：《麻栗坡岩腊山崖画调查》，《云南文物》1987 年第 2 期。

吴金鼎、曾昭燏、王介忱合著，曾昭燏缩写：《云南苍洱境考古报告》，国立中央博物院专刊乙种之一，1942 年。

吴学明：《云南永德崖画》，《云南文物》1992 年第 3 期。

西藏自治区文物管理委员会、四川大学历史系：《昌都卡若》，北京：文物出版社，1985 年。

西昌地区博物馆、四川省博物馆、四川大学历史系、西昌县文化馆：《西昌坝河堡子大石墓第二次发掘简报》，《考古》1978 年第 2 期。

西昌地区博物馆：《西昌河西大石墓群》，《考古》1978 年第 2 期。

西昌市文物管理所、四川省文物考古研究所、凉山彝族自治州博物馆：《四川西昌市经久大洋堆遗址的发掘》，《考古》2004 年第 10 期。

西昌市文物管理所：《四川西昌市横栏山新石器时代遗址调查》，《考古》1998 年第 2 期。

夏廷安：《永善发现新石器时代文物》，《云南文物》1995 年第 1 期。

熊瑛：《云南维西县新发现石器时代居住山洞》，《文物参考资料》1958 年第 10 期。

熊正益：《文山、广南、西畴三县考古调查记》，《云南文物》1985 年第 1 期。

徐惠平：《禄丰川街阿纳新石器遗址调查简报》，《云南文物》1998 年第 2 期。

晏祖伦：《威宁吴家大坪新石器时代遗址的调查》，《贵州文物》1983 年第 1 期。

杨德文：《大理洱海东岸石棺墓清理简报》，《云南文物》1992 年第 3 期。

杨玠：《云南西双版纳勐腊发现石器》，《考古》1963 年第 6 期。

杨升义：《云南施甸县半坡牛汪塘遗址调查简报》，《南方文物》1993 年第 4 期。

杨天佑：《麻栗坡大王岩崖画》，《云南文物》1984 年第 1 期。

杨天佑：《新发现的邱北、麻栗坡原始崖画》，《云南民族学院学报》1984 年第 1 期。

杨天佑：《云南元江它克崖画》，《文物》1986 年第 7 期。

姚安县文化馆：《云南姚安西教场黄牛山石棺墓》，《考古》1984 年第 7 期。

尹建华：《昌宁县发现新石器时代有肩石斧》，《云南文物》1987 年第 2 期。

游有山：《鲁甸野石新石器时代遗址调查报告》，《云南文物》1985 年第 2 期。

于非林：《永仁菜园子石棺墓清理简报》，《云南文物》1998 年第 1 期。

云龙县文化馆：《云龙县发现新石器》，《云南文物》1982 年第 1 期。

云南省博物馆、保山地区文物管理所、保山市博物馆：《云南保山塘子沟旧石器时代遗址发掘简报》，《考古与文物》1989 年第 6 期。

云南省博物馆：《元谋大墩子新石器时代遗址》，《考古学报》1977 年第 1 期。

云南省博物馆：《云南宾川白羊村遗址》，《考古学报》1981 年第 3 期。

云南省博物馆：《云南剑川海门口青铜时代早期遗址》，《考古》1995 年第 9 期。

云南省博物馆：《云南晋宁石寨山第三次发掘简报》，《考古》1959 年第 9 期。

云南省博物馆：《云南晋宁石寨山古墓第四次发掘简报》，《考古》1963 年第 9 期。

云南省博物馆：《云南晋宁石寨山古墓群发掘报告》，北京：文物出版社，1959 年。

云南省博物馆：《云南维西哥登村新石器》，《云南文物》1985 年第 2 期。

云南省博物馆：《云南永仁菜园子新石器时代遗址调查》，《考古》1985 年第 11 期。

云南省博物馆保管部：《云南永胜金官龙潭出土青铜器》，《云南文物》1986 年第 1 期。

云南省博物馆筹备处：《剑川海门口古文化遗址清理简报》，《考古通讯》1958 年第 6 期。

云南省博物馆考古发掘工作组：《云南晋宁石寨山古遗址及墓葬》，《考古学报》1956 年第 1 期。

云南省博物馆文物工作队、个旧市群众艺术馆：《云南个旧石榴坝青铜时代墓葬》，《考古》1992 年第 2 期。

云南省博物馆文物工作队：《南碧桥新石器时代洞穴遗址》，《云南文物》1984 年第 2 期。

云南省博物馆文物工作队：《云南呈贡七步场东汉墓》，《考古》1982 年第 1 期。

云南省博物馆文物工作队：《云南德钦县纳古石棺墓》，《考古》1983 年第 3 期。

云南省博物馆文物工作队：《云南德钦县石底古墓》，《考古》1983 年第 3 期。

云南省博物馆文物工作队：《云南德钦永芝发现的古墓葬》，《考古》1975 年第 4 期。

云南省博物馆文物工作队：《云南麻栗坡县小河洞新石器时代洞穴遗址》，《考古》1983 年第 12 期。

云南省博物馆文物工作队：《云南弥渡苴力战国石墓》，《文物》1986 年第 7 期。

云南省博物馆文物工作队：《云南宁蒗县大兴镇古墓葬》，《考古》1983 年第 3 期。

云南省博物馆文物工作队：《云南永仁维的石棺墓地发掘记略》，《云南文物》1986 年第 1 期。

云南省博物馆文物工作队：《云南云县忙怀新石器时代遗址调查》，《考古》1977 年第 3 期。

云南省历史研究所调查组：《云南沧源崖画》，《文物》1966 年第 2 期。

云南省文物工作队：《东川普车河古墓葬》，《云南文物》1989 年第 2 期。

云南省文物工作队：《云南安宁太极山古墓葬清理报告》，《考古》1965 年第 9 期。

云南省文物工作队：《云南滇池周围新石器时代遗址调查简报》，《考古》1961 年第 1 期。

云南省文物工作队：《云南祥云大波那木椁铜棺墓清理报告》，《考古》1964 年第 12 期。

云南省文物工作队：《云南昭通马厂和闸心场遗址调查简报》，《考古》1962 年第 10 期。

云南省文物工作队：《云南昭通文物调查简报》，《文物》1960 年第 6 期。

云南省文物考古研究所、保山市博物馆、昌宁县文物管理所：《云南昌宁县大甸山墓地发掘简报》，《考古》2016 年第 1 期。

云南省文物考古研究所、大理白族自治州文物管理所、祥云县文物管理所：《云南祥云县清华洞遗址 2010 年试掘报告》，《南方民族考古》（第九辑），北京：科学出版社，2013 年。

云南省文物考古研究所、大理市博物馆、大理市文物管理所、大理州文物管理所：《云南大理市海东银梭岛遗址发掘简报》，《考古》2009 年第 8 期。

云南省文物考古研究所、大理州文物管理所、剑川县文物管理所：《云南剑川县海门口遗址第三次发掘》，《考古》2009 年第 8 期。

云南省文物考古研究所、大理州文物管理所、永平县文物管理所：《永平新光遗址第二次发掘报告》，《云南文物》2004 年第 1 期。

云南省文物考古研究所、大理州文物管理所、永平县文物管理所：《永平新光遗址第四次发掘报告》，《云南文物》2007 年第 1 期。

云南省文物考古研究所、大理州文物管理所、永平县文物管理所：《云南永平新光遗址发掘报告》，《考古学报》2002 年第 2 期。

云南省文物考古研究所、红河州文物管理所、个旧市文物管理所：《云南个旧市麻玉田青铜时代墓葬的发掘》，《考古》2013 年第 3 期。

云南省文物考古研究所、晋宁县文物管理所：《云南晋宁县小平山遗址试掘简报》，《考古》2009 年第 8 期。

云南省文物考古研究所、昆明市博物馆、官渡区博物馆：《云南昆明羊甫头墓地发掘简报》，《文物》2001 年第 4 期。

云南省文物考古研究所、美国密歇根大学人类学系：《云南滇池地区聚落遗址 2008 年调查简报》，《考古》2012 年第 1 期。

云南省文物考古研究所、美国芝加哥大学、美国密歇根大学人类学博物馆：《云南滇池盆地 2010 年聚落考古调查简报》，《考古》2014 年第 5 期。

云南省文物考古研究所、思茅地区文物管理所、景东县文物管理所：《景东丙况遗址发掘简报》，《云南文物》2002 年第 1 期。

云南省文物考古研究所、西北大学文化遗产学院、吉林大学边疆考古研究中心、永胜县文物管理所：《云南永胜县枣子坪遗址发掘报告》，《边疆考古研究》（第 16 辑），北京：科学出版社，2014 年。

云南省文物考古研究所、玉溪市文管所、通海县文化局：《通海海东贝丘遗址发掘报告》，《云南文物》1999 年第 2 期。

云南省文物考古研究所、昭通市文物管理所、鲁甸县文物管理所：《云南鲁甸县野石山遗址发掘简报》，《考古》2009 年第 8 期。

云南省文物考古研究所、中国社会科学院考古研究所、成都文物考古研究所、临沧市文物管理所、耿马傣族佤族自治州文化体育局：《耿马石佛洞》，北京：文物出版社，2010 年。

云南省文物考古研究所、中国社会科学院考古研究所云南工作队、成都市文物考古研究所、楚雄州博物馆、永仁县文化馆：《云南永仁菜园子、磨盘地遗址 2001 年发掘报告》，《考古学报》2003 年第 2 期。

云南省文物考古研究所：《滇西北发现汉时期城堡遗址》，《中国文物报》2014 年 11 月 25 日第 008 版。

云南省文物考古研究所：《剑川鳌凤山古墓发掘报告》，《考古学报》1990 年第 2 期。

云南省文物考古研究所：《鲁甸马厂的一批文物》，《云南文物》2002 年第 2 期。

云南省文物考古研究所：《玉溪刺桐关青铜时代遗址发掘报告》，《云南省文物考古报告集》（之二），昆明：云南科技出版社，2006 年。

云南省文物考古研究所：《云南昌宁坟岭岗青铜时代墓地》，《文物》2005 年第 8 期。

云南省文物考古研究所：《云南南华县孙家屯墓地发掘简报》，《考古》2001 年第 12 期。

云南省文物考古研究所：《云南怒江发掘史前至青铜时代遗址》，《中国文物报》2014 年 8 月 1 日第 008 版。

云南省文物考古研究所：《云南省龙陵县大花石遗址发掘简报》，《四川文物》2011 年第 2 期。

云南省文物考古研究所：《云南元江县洼垤打篙陡青铜时代墓地》，《文物》1992 年第 7 期。

云南省文物考古研究所：《云南中甸县的石棺墓》，《考古》2005 年第 4 期。

云南省文物普查办公室：《保山德宏文物普查的主要收获》，《云南文物》1982 年第 1 期。

张合荣：《毕节青场瓦窑商周遗址发掘主要收获》，《贵州文史丛刊》2010 年第 1 期。

张家华、李剑明：《云南武定田心石棺墓调查简报》，《云南文物》1992 年第 1 期。

张绍全、何庆兰：《昌宁县出土新石器时代陶罐》，《云南文物》2000 年第 2 期。

张绍全：《昌宁县再次发现双肩石斧》，《云南文物》1996 年第 1 期。

张松：《永平县苏屯村发现新石器时代石刀》，《云南文物》1997 年第 2 期。

张绍全、杨绍和：《昌宁出土三件文物》，《云南文物》1996 年第 1 期。

张兴永、黄德荣、包秀芬：《云南怒江州发现的新石器》，《云南文物》1986 年第 1 期。

张兴永、赵云龙、蒋天忠：《云南江川、通海考古调查简报》，《云南文物》1987 年第 1 期。

昭通市文物管理所、巧家县文物管理所：《云南省巧家县小东门墓地清理简报》，《四川文物》2009 年第 6 期。

郑显文：《镇源发现新石器时代石斧》，《云南文物》1985 年第 1 期。

曾跃明、王林斌：《平远镇大山村崖画》，《云南文物》2001 年第 1 期。

曾跃明：《广南珠琳镇弄卡崖画调查》，《云南文物》1998 年第 2 期。

《中国文物报》编辑部：《贵州六枝老坡底抢救发掘新石器时代聚落遗址群》，《中国文物报》2005 年 10 月 5 日第 001 版。

中国社会科学院考古研究所广西工作队、广西壮族自治区文物工作队、南宁市博物馆：《广西南宁市豹子头贝丘遗址的发掘》，《考古》2003 年第 10 期。

中国社会科学院考古研究所广西工作队、广西壮族自治区文物工作队、南宁市博物馆：《广西邕宁县顶蛳山遗址的发掘》，《考古》1998 年第 11 期。

中日联合考古调查队：《四川新津县宝墩遗址 1996 年发掘简报》，《考古》1998 年第 1 期。

周剑平：《澜沧江文物考古调查——临沧段暨第一阶段成果》，《云南文物》2003 年第 1 期。

朱文仙：《保山市发现忙怀型新石器》，《云南文物》2002 年第 1 期。

二　研究论著

C. Higham, Early Cultures of Mainland Southeast Asia, Bangkok：River Books, 2002.

国家文物局主编：《中国文物地图集·云南分册》，昆明：云南科技出版社，2001 年。

李昆声：《云南考古学论集》，昆明：云南人民出版社，1998 年。

任美锷主编：《中国自然地理纲要》（修订第三版），北京：商务印书馆，1999 年。

童恩正：《中国西南民族考古论文集》，北京：文物出版社，1990 年。

汪宁生：《云南沧源崖画的发现与研究》，北京：文物出版社，1985 年。

汪宁生：《云南考古》，昆明：云南人民出版社，1980 年。

王连芳：《王连芳云南民族工作回忆》，昆明：云南人民出版社，1999 年。

徐志远： 《佤山行——云南西盟佤族社会调查纪实（1956～1957）》，昆明：云南大学出版社，2009 年。

杨帆、万扬、胡长城：《云南考古（1979～2009）》，昆明：云南出版集团公司、云南人民出版社，2010 年。

杨勇：《战国秦汉时期云贵高原考古学文化研究》，北京：科学出版社，2011 年。

云南省地方志编纂委员会：《云南省志·文物志》，昆明：云南人民出版社，2004 年。

云南省地质科学研究所、佛罗里达大学渔业及水产科学系、明尼苏达大学湖泊研究中心、西卡罗来纳大学生物系：《云南中部石灰岩地区高原湖泊古湖沼学研究》，昆明：云南科技出版社，1994 年。

张增祺：《中国西南民族考古》，昆明：云南人民出版社，2012 年。

中国科学院《中国自然地理》编辑委员会：《中国自然地理·总论》，北京：科学出版社，1985 年。

三　研究论文

［德］安可·海因著，张正为译，李永宪校：《青藏高原东缘的史前人类活动——论多元文化"交汇点"的四川凉山地区》，《四川文物》2015 年第 2 期。

［美］乔伊斯·怀特、伊丽莎白·汉密尔顿著，陈玮译，吕红亮校：《东南亚青铜技术起源新论》，四川大学博物馆、四川大学考古学系、成都文物考古研究所编：《南方民族考古》（第七辑），北京：科学出版社，2011 年。

［缅］乌·阿乌讷格·萨乌：《缅甸巴登林洞穴的"新石器"文化》，《民族考古译文集》①，昆明：云南省博物馆，1985 年。

［日］量博满著，霍巍译，石应平校：《东南亚的土著文明——兼论班清文化》，《东南亚》1987 年第 1 期。

C. Higham, Language and farming dispersals Austro – Asiatic languages and rice cultivation, in P. Bellwood and C. Renfrew（eds），Examining the Language Farming Dispersal Hypothesis, Cambridge McDonald Institute for Archaeological Research, 2002.

白子麒：《玉溪地区史前文化的思考》，《云南文物》1992 年第 2 期。

陈淳：《岭南史前研究的思考》，《岭南考古论文集》，广州：岭南美术出版社，2001 年。

陈明：《云南文山岩画红色主题浅说》，《民族艺术研究》2006 年第 4 期。

成都文物考古研究所、凉山彝族自治州博物馆、西昌市文物管理所：《西昌市横栏山遗址 2014 年浮选结果及初步研究》，《成都考古发现》（2014），北京：科学出版社，2016 年。

成都文物考古研究所、凉山彝族自治州博物馆、盐源县文物管理所：《2015 年盐源县皈家堡遗址、道座庙遗址出土植物遗存分析报告》，《成都考古发现》（2014），北京：科学出版社，2016 年。

玭玉、吕红亮、李永宪、班若波、吴小红、马克·奥尔登德弗：《西藏高原的早期农业：植物考古学的证据》，《南方民族考古》（第十一辑），北京：科学出版社，2015 年。

段立生：《泰国文化遗址班菩探秘》，《东南亚研究》1994 年 Z2 期。

段志刚：《从楚雄地区的新石器文化类型看我省的新石器文化分类》，《云南文物》1994 年第 2 期。

段志刚：《对元谋大墩子新石器时代遗址成人墓葬的几点看法》，《云南文物》1990 年第 1 – 2 期。

费孝通：《关于我国民族的识别问题》，《中国社会科学》1980 年第 1 期。

傅宪国：《泰国早期青铜文化的发现与研究》，《华夏考古》1996 年第 4 期。

葛季芳：《对元谋大墩子遗址社会性质的探讨》，《云南社会科学》1987 年第 4 期。

葛季芳：《云南发现的有段石锛》，《考古》1978 年第 1 期。

耿德铭、张绍全：《云南昌宁青铜器综说》，《考古》1992 年第 5 期。

耿德铭：《怒江流域史前文化探析》，《思想战线》1989 年第 6 期。

耿德铭：《怒江中游史前文化遗存综说》，《考古》1991 年第 7 期。

耿德铭：《试论怒江中游新石器时代的双肩石器》，《云南民族学院学报》1990 年第 1 期。

耿德铭：《塘子沟文化人类生活环境试探》，《云南民族学院学报》（哲学社会科学版）1995 年第 1 期。

郭继艳：《川滇地区石棺葬的区域类型》，四川大学硕士学位论文，2002 年。

何安益、杨清平、宁永勤：《广西左江流域贝丘遗址考古新发现及初步认识》，《中国历史文物》2009 年第 5 期。

何锟宇：《马尔康哈休遗址史前文化与生业——兼论岷江上游地区马家窑类型的生业方式》，《考古》2015 年 5 期。

胡雨帆、吴学明、史普南：《用孢粉化石考证古代崖画》，《化石》1984 年第 2 期。

黄家祥：《西昌礼州新石器时代遗址之检讨》，《四川文物》2000 年第 4 期。

黄家祥：《元谋大墩子新石器时代遗址的思考》，《考古》2003 年第 10 期。

霍巍：《论横断山脉地带先秦两汉时期考古学文化的交流与互动》，《藏彝走廊：历史与文化》，成都：四川人民出版社，2005 年。

姜铭、耿平、刘灵鹤、孙策、左志强：《冕宁县高坡遗址 2011 年度浮选结果鉴定简报及初步分析》，《成都考古发现》（2011），北京：科学出版社，2013 年。

江章华：《安宁河流域考古学文化试析》，《四川文物》2007 年第 5 期。

江章华：《试论高坡遗存》，《南方民族考古》（第九辑），北京：科学出版社，2013 年。

蒋志龙：《再论石寨山文化》，《文物》1998 年第 6 期。

金和天、刘旭、闵锐、李小瑞、吴小红：《云南元谋大墩子遗址浮选结果及分析》，《江汉考古》2014 年第 3 期。

金和天：《云南剑川海门口遗址炭化植物遗存综合研究》，北京大学博士学位论文，2014 年。

阚勇：《试论云南新石器文化》，《云南省博物馆建馆三十周年纪念文集》，昆明：云南省博物馆，1981 年。

阚勇：《云南耿马石佛洞遗址出土炭化古稻》，《农业考古》1983 年第 2 期。

李刚：《金沙江岩画的考察和保护初探》，《中华文化论坛》2007 年第 1 期。

李昆声、胡习珍：《云南考古 60 年》，《思想战线》2009 年第 4 期。

李昆声、李保伦：《云南曲靖发现炭化古稻》，《农业考古》1983 年第 2 期。

李昆声、肖秋：《试论云南新石器时代文化》，《文物集刊》（2），北京：文物出版社，1980 年。

李昆声：《55 年来云南考古的主要成就（1949～2004 年）》，《四川文物》2004 年第 3 期。

李昆声：《亚洲稻作文化的起源》，《云南文物》1984 年第 1 期。

李绍明：《六江流域民族考察述评》，《西南民族学院学报》（社会科学版）1986 年第 1 期。

李祥根：《大理盆地全新世沉积、活断层运动速度与洱海古湖岸变迁问题》，《第四纪研究》1989 年第

8 期。

李小瑞：《云南植物考古现状》，《南方文物》2016 年第 1 期。

李晓岑、韩汝玢：《云南剑川县海门口遗址出土铜器的技术分析及其年代》，《考古》2006 年第 7 期。

李意愿：《东南亚地区农业起源研究综论》，《东南文化》2011 年第 4 期。

刘鸿高：《滇西北地区旧石器至青铜时代人类活动与动植物资源利用研究》，兰州大学博士学位论文，2016 年。

刘旭、孙华：《野石山遗存的初步分析》，《考古》2009 年第 8 期。

刘稚：《泰国考古材料所见百越文化考》，《云南社会科学》1987 年第 4 期。

罗开玉：《川西南与滇西大石墓试析》，《考古》1989 年第 12 期。

马云喜：《攀枝花先秦考古发现与研究》，《中华文化论坛》2002 年第 4 期。

马长舟：《金沙江流域新石器遗址的文化类型问题》，《考古》1987 年第 10 期。

闵锐：《剑川海门口遗址综合研究》，《学园》2013 年第 15 期。

木基元：《丽江金沙江地区的考古发现与研究》，《中华文化论坛》2002 年第 4 期。

木基元：《丽江金沙江河谷石棺葬初探》，《云南民族学院学报》1986 年第 1 期。

木基元：《云南纳西族地区考古发现与研究综述》，《南方文物》1995 年第 2 期。

彭南林：《泰国考古札记》，《东南亚》1986 年第 4 期。

邱钟仑：《也谈沧源岩画的年代和族属》，《云南民族学院学报》（哲学社会科学版）1995 年第 1 期。

苏和平：《云南沧源崖画探析》，《西南民族学院学报》（哲学社会科学版）2002 年第 12 期。

孙华：《苍洱考古拾零》，《考古与文物》2009 年第 6 期。

孙华：《滇东黔西青铜文化初论——以云南昭通及贵州毕节地区的考古材料为中心》，《四川文物》2007 年第 5 期。

孙华：《四川盆地史前谷物种类的演变——主要来自考古学文化交互作用方面的信息》，《中华文化论坛》2009 年 S2 期。

童恩正：《近二十年来东南亚地区的考古新发现及国外学者对我国南方古文明起源的研究》，《西南民族学院学报》（哲学社会科学版）1983 年第 3 期。

童恩正：《试论我国从东北至西南的边地半月形文化传播带》，《文物与考古论集》，北京：文物出版社，1986 年。

童恩正：《中国南方农业的起源及其特征》，《农业考古》1989 年第 2 期。

汪宁生：《试论石寨山文化》，《中国考古学会第一次年会论文集》，北京：文物出版社，1979 年。

王大道：《滇池区域的青铜文化》，《云南青铜器论丛》，北京：文物出版社，1981 年。

王大道：《云南剑川海门口早期铜器研究》，《中国考古学会第四次年会论文集》，北京：文物出版社，1983 年。

王大道：《云南青铜文化与新石器晚期文化的关系》，香港中文大学中国考古艺术研究中心编《南中国及邻近地区古文化研究》，香港：香港中文大学出版社，1994 年。

王大道：《再论云南新石器时代文化的类型》，《西藏考古》（第 1 辑），成都：四川大学出版社，1994 年。

王国付：《试论楚雄地区的新石器文化》，《云南文物》2002 年第 1 期。

王恒杰：《迪庆藏区的历史传统与自然因素》，《中国藏学》1992 年第 1 期。

王林：《贵州威宁县鸡公山遗址初探》，《四川文物》2012 年第 4 期。

王祁：《云南澄江学山遗址植物大遗存分析》，山东大学硕士学位论文，2014 年。

王伟铭、张继效、高峰：《云南地区旧石器中晚期考古遗址的孢粉学研究进展》，《中国古生物学会孢粉学会第九届二次学术年会论文摘要集》，贵阳：中国古生物学会孢粉学分会、中国科学院地球化学研究所，2015 年。

文物保护技术研究所碳十四实验室：《碳十四年代测定报告》（五），《文物》1984 年第 4 期。

吴学明：《石佛洞新石器文化与沧源崖画关系探索》，《云南文物》1989 年第 1 期。

吴永昌：《沧源崖画综说》，《民族艺术研究》2003 年第 S1 期。

吴永昌：《石佛洞人与沧源崖画》，《云南文物》2001 年第 1 期。

吴沄：《写实与抽象：金沙江岩画考古认知》，《大众考古》2015 年第 2 期。

向安强、张文绪、李晓岑、王黎锐：《云南保山昌宁达丙营盘山新石器遗址出土古稻研究》，《华夏考古》2015 年第 1 期。

肖明华：《云南沧源丁来新石器及其崖画初探》，《云南文物》1985 年第 1 期。

肖明华：《云南考古述略》，《考古》2001 年第 12 期。

徐学书：《由石棺葬遗存谈对金沙江中游新石器时代文化的再认识》，《中华文化论坛》2002 年第 4 期。

许永杰、彭万：《广西盆地新石器时代遗存分期及相关问题》，《北方文物》2013 年第 3 期。

严文明：《再论中国稻作农业的起源》，《农业考古》1989 年第 2 期。

杨宝康：《论云南沧源崖画的年代》，《楚雄师范学院学报》2002 年第 5 期。

杨复兴：《关于塘子沟文化遗址的几个问题》，《云南民族学院学报》1990 年第 2 期。

杨薇：《云南河泊所和玉碑地遗址植物遗存分析》，山东大学硕士学位论文，2016 年。

杨勇：《石寨山考古的新成果和再认识——读〈晋宁石寨山——第五次发掘报告〉》，《文物》2011 年第 8 期。

杨正纯、肖永福、黎兴国、李凤朝：《杞麓湖畔中全新世人类和脊椎动物化石群》，《云南地质》1985 年第 3 期。

张合荣、罗二虎：《试论鸡公山文化》，《考古》2006 年第 8 期。

张可生：《禄丰新石器初论兼议举芳〈云南禄丰新石器时代遗址〉》，《云南文物》1994 年第 2 期。

张利敏：《越南北部红河下游地区史前文化研究》，广西师范大学硕士学位论文，2013 年。

张全超：《云南澄江县金莲山墓地出土人骨稳定同位素的初步分析》，《考古》2011 年第 1 期。

张兴永：《元谋大墩子新石器时代遗址出土的动物遗骨》，《云南文物》1985 年第 1 期。

张兴永：《云南第四纪哺乳动物化石及其动物群的划分》，《第四纪冰川与第四纪地质论文集》（第三集），北京：地质出版社，1987 年。

张兴永：《云南新石器时代的家畜》，《农业考古》1987 年第 1 期。

张增祺：《洱海区域的古代民族与文化》，《云南民族学院学报》1987 年第 4 期。

张振克、吴瑞金、朱育新、潘红玺、吴艳宏、夏威岚、李徐生：《云南洱海流域人类活动的湖泊沉积记录分析》，《地理学报》2000 年第 1 期。

章道昆：《昆明有色金属研究所光谱分析报告》，《云南沧源崖画的发现与研究》，北京：文物出版社，1985 年。

赵东月、朱泓、康利宏、李志丹：《云南怒江石岭岗遗址人骨研究》，《江汉考古》2016 年第 2 期。

赵东月、朱泓、闵锐：《云南宾川白羊村新石器时代遗址人骨研究》，《南方文物》2016 年第 1 期。

赵莹：《云南银梭岛遗址出土的动物遗存研究》，吉林大学硕士学位论文，2011 年。

赵志军、陈剑：《四川茂县营盘山遗址浮选结果及分析》，《南方文物》2011 年第 3 期。

赵志军：《对华南地区原始农业的再认识》，《华南及东南亚地区史前考古》，北京：文物出版社，2006 年。

中国科学院考古研究所实验室：《放射性碳素测定年代报告》（二），《考古》1972 年第 5 期。

中国科学院考古研究所实验室：《放射性碳素测定年代报告》（三），《考古》1974 年第 5 期。

中国社会科学院考古研究所：《中国考古学中碳十四年代数据集（1965～1991）》，北京：文物出版社，1992 年。

中国社会科学院考古研究所考古科技实验研究中心碳十四实验室：《放射性碳素测定年代报告》（三一），《考古》2005 年第 7 期。

中国社会科学院考古研究所实验室：《放射性碳素测定年代报告》（八），《考古》1981 年第 4 期。

中国社会科学院考古研究所实验室：《放射性碳素测定年代报告》（五），《考古》1978 年第 4 期。

周志清、蔡雨茂：《滇中三湖地区的新石器时代晚期文化刍议》，《成都考古研究》（二），北京：科学出版社，2013 年。

周志清：《浅析安宁河流域的新石器文化类型》，《成都考古研究》（一），北京：科学出版社，2009 年。

周志清：《浅析金沙江流域新石器时代文化类型》，《中华文化论坛》2002 年第 4 期。

周志清：《浅议澜沧江流域的新石器时代文化类型》，《成都考古研究》（一），北京：科学出版社，2009 年。

周志清：《中国西南早期青铜时代刍议》，《成都考古研究》（三），北京：科学出版社，2016 年。

朱泓、赵东月、刘旭：《云南永胜堆子遗址战国秦汉时期人骨研究》，《边疆考古研究》（第 16 辑），北京：科学出版社，2014 年。

宗冠福、黄学诗：《云南保山蒲缥全新世早期文化遗物及哺乳动物的遗存》，《史前研究》1985 年第 4 期。

左志强：《安宁河流域新石器文化初论》，《成都考古研究》（二），北京：科学出版社，2013 年。

四　网络资料

"云南考古"微信公众号：《东川玉碑地遗址——金沙江流域战国时期青铜冶炼遗存》，2015 年 3 月 16 日。

"云南考古"微信公众号：《景洪娜咪囡遗址——旧石器时代向新石器时代过渡的最佳遗址之一》，2015 年 4 月 20 日。

"云南考古"微信公众号：《澄江学山遗址——滇文化聚落遗址》，2015 年 8 月 17 日。

"云南考古"微信公众号：《金沙江流域早期考古学文化研究的标尺——堆子遗址》，2015 年 8 月 31 日。

"云南考古"微信公众号：《热点跟踪——兴义遗址田野考古发掘工作结束》，2016 年 11 月 2 日。

考古新视野

考古新视野
青年学人系列

2019 年

罗　伊：《云南地区新石器时代考古学文化研究》

赵献超：《二至十四世纪法宝崇拜视角下的藏经建筑研究》

2020 年

周振宇：《水洞沟遗址石制品热处理实验研究》

张　旭：《内蒙古大堡山墓地出土人骨研究》

2021 年（入选稿件）

马　强：《泾水流域商周聚落与社会研究》

金蕙涵：《七至十七世纪墓主之位的考古学研究》